# 서울 부동산 절대원칙

**초판 발행** | 2023년 1월 11일
**초판 3쇄 발행** | 2024년 4월 30일

**지은이** · 김학렬(빠숑) in 스마트튜브
**발행인** · 이종원
**발행처** · (주) 도서출판 길벗
**주소** · 서울시 마포구 월드컵로 10길 56(서교동)
**대표전화** · 02 ) 332 – 0931 | **팩스** · 02 ) 322 – 0586
**출판사 등록일** · 1990년 12월 24일
**홈페이지** · www.gilbut.co.kr | **이메일** · gilbut@ gilbut.co.kr

**책임편집** · 유나경(ynk@gilbut.co.kr)
**제작** · 이준호, 손일순, 이진혁 | **마케팅** · 정경원, 김진영, 김선영, 최명주, 이지현, 류효정
**유통혁신** · 한준희 | **영업관리** · 김명자, 심선숙, 정경화 | **독자지원** · 윤정아

**교정교열** · 안종군 | **디자인** · 장마 | **전산편집** · 김정미
**서울시 한장지도** · 스마트튜브 경제연구소
**CTP 출력 및 인쇄** · 상지사 | **제본** · 상지사

ISBN 979 – 11–407–0271–8  13320
(길벗 도서번호 070504)

정가 25,000원

**독자의 1초까지 아껴주는 길벗출판사**
**(주)도서출판 길벗** | IT교육서, IT단행본, 경제경영, 교양, 성인어학, 자녀교육, 취미실용  www.gilbut.co.kr
**길벗스쿨** | 국어학습, 수학학습, 어린이교양, 주니어 어학학습, 학습단행본  www.gilbutschool.co.kr

REAL
ESTATE
IN
SEOUL

일자리, 인구, 교통망, 학군, 인프라, 재개발&재건축 총망라

김학렬(빠숑) in 스마트튜브

길벗

# 부동산에 정답은 없지만, 서울은 늘 모범 답안이 될 것입니다!

## 👑 규제로 가득했던 서울의 5년

2022년은 윤석열 정부가 출범한 해입니다. 정권이 교체된 것이죠. 정권이 교체된 가장 큰 이유는 '부동산'이었습니다. 2017년부터 5년 동안 부동산 시장은 매우 불안정했습니다. 그중에서도 서울은 가장 불안정했습니다. 《서울 부동산의 미래》(알에이치코리아, 2017)가 출간된 이후 2021년까지 5년 내내 오르기만 했습니다(Ⓐ).

3년 동안 엄청나게 많은 정책이 쏟아졌습니다. 대부분 규제 정책이었습니다. 하지만 효과는 2019년 상반기(1~6월)뿐이었고(Ⓑ) 그 밖의 시기에는 계속 오르기만 했습니다. 사실 2019년 상반기 하락도 규제를 완화했을 때 발생했습니다. 다주택자 양도세를 일시적으로 중과 배제

## KB 부동산 전월 대비 아파트 시세 증감률

| | 전월 대비 증감률(%) | | | | | | | | | | | | 전년 말 대비 |
|---|---|---|---|---|---|---|---|---|---|---|---|---|---|
| | 1월 | 2월 | 3월 | 4월 | 5월 | 6월 | 7월 | 8월 | 9월 | 10월 | 11월 | 12월 | |
| 2016 | 0.11 | 0.15 | 0.07 | 0.12 | 0.28 | 0.40 | 0.54 | 0.56 | 0.44 | 0.72 | 0.66 | 0.10 | Ⓐ 4.22 |
| 2017 | 0.03 | 0.04 | 0.10 | 0.14 | 0.22 | 0.85 | 0.86 | 1.05 | 0.15 | 0.45 | 0.62 | 0.66 | 5.28 |
| 2018 | Ⓑ 1.12 | 0.99 | 1.25 | 0.81 | 0.40 | 0.39 | 0.53 | 1.17 | 3.83 | 1.84 | 0.40 | 0.11 | 13.56 |
| 2019 | -0.01 | -0.09 | -0.17 | -0.14 | -0.06 | -0.08 | 0.37 | 0.40 | 0.45 | 0.58 | 0.56 | 1.07 | 2.91 |
| 2020 | 0.67 | 0.51 | 0.73 | 0.15 | -0.00 | 0.52 | 2.14 | 2.05 | 2.00 | 0.74 | 1.54 | 1.32 | 13.06 |
| 2021 | 1.60 | 1.60 | 1.33 | 0.95 | 1.01 | 1.66 | 1.28 | 1.59 | 1.69 | 1.05 | 1.06 | 0.46 | 16.40 |
| 2022 | 0.23 | 0.09 | 0.05 | 0.11 | 0.21 | 0.13 | 0.03 | -0.15 | -0.19 | -0.67 | -1.42 | -1.43 | -2.96 |
| 2023 | -2.09 | -1.20 | -1.17 | -0.97 | -0.87 | -0.28 | -0.23 | -0.06 | 0.26 | 0.23 | 0.04 | -0.11 | -6.28 |
| 2024 | -0.19 | -0.12 | -0.15 | | | | | | | | | | -0.46 |
| 평균 | 0.76 | 1.01 | 0.67 | 0.71 | 0.08 | 0.09 | 0.53 | 0.83 | 0.85 | 0.30 | 0.13 | 0.23 | 6.73 |

했을 때 매물이 몰렸기 때문입니다. 결국 규제로는 집값을 잡을 수 없었고 시장의 자율 매매로 시세가 한시적으로 하락했습니다.

　지방을 규제하면 효과가 바로 나타납니다. 그 이유는 수요가 한정돼 있기 때문입니다. 하지만 서울이라는 입지는 조금 특별합니다. '보이는 수요'와 '보이지 않는 수요'가 있기 때문입니다. 오히려 '보이지 않는 수요'가 더 많을 수도 있습니다. 지난 5년간의 정책은 보이는 수요에만 집중하느라 보이지 않는 수요를 간과했고, 그 결과 2021년까지 말도 안 되게 폭등했습니다. 미래 수요까지 모두 흡수해버린 것이죠.

　그런데 2022년부터는 거래량이 급감합니다. 그 원인으로는 2022년 하반기의 급격한 시장 변화를 들 수 있습니다. 자이언트 스텝을 4번 연속 실행하는 미국 연준의 행보에 우리나라 부동산 시장은 모든 것이 멈춰버렸습니다. 정부, 기업 그리고 개인 모두 어떻게 해야 할지 모르고 있는 듯합니다.

## ♔ 혼란스러운 부동산 시장, 어떤 자세를 취해야 할까?

2017년 《서울 부동산의 미래》가 발간된 이후 저는 수없이 많은 문의를 받았습니다. 18만 명에 이르는 '빠숑의 세상 답사기' 블로그 이웃은 물론, 20만 명의 스튜TV 유튜브 구독자, 필자의 강의를 들었거나 책을 읽은 분 그리고 제 지인까지, 적어도 한 번 이상은 질문하셨습니다.

"극과 극을 오가는 혼란한 시장에서는 도대체 어떻게 해야 하나요?"

필자는 그럴 때마다 "20년 전이나 10년 전이나 5년 전이나, 작년이나 올해나, 가장 가까이는 2024년 1월 10일 부동산 대책이 발표된 이후로도 제 입장과 태도는 변함이 없다"라고 말씀드렸습니다. 필자는 시장을 단기적으로 보거나 당장 눈앞만 내다보고 부동산에 관련된 의사결정을 해 온 것이 아니었으니까요. 그래서 필자는 이런 질문을 접할 때마다 "지금까지 하던 대로 하면 된다"라고 이야기합니다.

## ♔ 서울, 긴 호흡의 정책 방향이 중요하다

필자의 현재 관심사는 '부동산 시장'이 아니라 '정부가 어떤 정책을 추진할 것인가?'입니다. 즉, '어떤 방향성을 갖고 정책을 펼쳐 나갈 것인가?' 하는 것이죠. 앞에서도 잠깐 이야기했듯이 이번 정부는 이전 정부의 부동산 정책 실패와 관련해 이를 극복해야 하는 숙제를 안고 있기 때문입니다. 적어도 부동산 문제에서는 이전 정부 대비 인사이트가 확실합니다. 그런 만큼 시장을 단기적으로 보고 정책을 펼치지는 않을 것으로 보입니다. 필자가 지금까지 그래왔고 지금도 그렇게 하고 있는 것처럼 말이죠. 당장 시장이 출렁거리든 출렁거리지 않든, 정부는 아마도 그동안 차분하게 준비해 온 정책들을 확실한 방향성을 갖고 지속적으로 추진해 나갈 것으로 봅니다. 당연히 그래야만 하고요.

따라서 현정책에 단기적으로 어떻게 대응할 것인지를 논하는 것은 큰 의미가 없습니다. 하지만 한 가지 확실한 사실은 단기적으로 보면 가는 길이 다양할 수 있지만, 장기적으로 보면 결국 목표 지점은 같다는 것입니다.

예를 들어 보겠습니다. 서울에서 세종특별시까지 가는 데는 여러 가지 방법이 있습니다. 자가용을 직접 운전해서 간다면 경부고속도로를 이용할 수도 있고 중부고속도로를 이용할 수도 있으며 국도를 이용할 수도 있습니다. 자가용이 아니라 고속버스를 타고 갈 수도 있죠. 또 KTX를 타고 청주 오송역까지 가서 간선급행버스체계(Bus Rapid Transit)로 갈아타는 방법도 있습니다. 공무원이라면 정부에서 제공하는 셔틀 버스를 타고 갈 수도 있겠지요. 대기업 회장이라면 개인 헬기를 타고 갈 수도 있을 테고요. 이 밖에 택시를 타고 가는 방법, 오토바이나 자전거를 타고 가는 방법도 있습니다. 물론 신발 끈 동여매고 걷거나 뛰어갈 수도 있고요. 불법적인 방법만 아니라면 어떠한 방법도 가능합니다. '서울에서 세종시까지 간다'라는 목적만 명확하게 정하고 이 중 자신에게 가장 적절한 방법을 선택하면 됩니다.

## ♔ 결론적으로 부동산은 무조건 서울을 공부하면 됩니다

실거주든, 투자든 부동산을 통해 무엇을 얻고자 하는지를 명확히 하는 것이 중요합니다. 목표에 이르는 길은 다양하므로 자신에게 적합한 길을 선택하면 되는 것입니다. 그런데도 '빠숑 김학렬'이라는 부동산 덕후의 생각이 궁금한 분이 많은 것 같아 이번 책에 필자의 생각을 담았습니다.

결론부터 말씀 드리겠습니다. 그냥 서울을 보면 됩니다. 서울을 공부하면 됩니다. 그리고 서울처럼 의사결정을 하면 됩니다. 김은숙 작가의 인기 드라마였던 공유, 김고은 주연의 〈도깨비〉에 다음과 같은 대사가 나옵니다.

"신은 그저 질문하는 자일 뿐, 운명은 내가 던지는 질문이다. 답은 그대들이 찾아라!"

신이 당신에게 "이제 이런 부동산 시장에서 어떻게 할 것인가?"라는 질문을 던졌습니다. 의사결정을 하는 것은 여러분의 몫입니다. 지금까지 부동산을 열심히 공부했으니 이제 실전에서 활용해야지요.

부동산 시세가 낮아지면 어떡하느냐고요? 낮아질 것 같으면 사지 않으면 됩니다. 부동산을 사지 않는다고 해서 우리 생활이 당장 어떻게 되는 것은 아닙니다. 그러다가 부동산 가격이 다시 올라 결국 못 사게 되면 어떡하느냐고요? 필자는 "미래 가치가 있는 것은 매수해도 된다"라고 말씀드렸습니다. 입지가 좋고 상품 경쟁력이 있고 내가 살 만한 가격이면 사도 된다고 빠숑과 스마트튜브 관련 채널을 통해 수천 번 말씀드렸지요. 정부에서도 무주택자들이나 1가구 1주택자의 갈아타기 매매는 오히려 지원하고 있습니다. 정부의 방향성과 부합하는 의사결정이라면 그대로 행동에 옮겨도 됩니다.

## 👑 투자를 감당할 자신이 없다면

왔다갔다하는 부동산 정책 때문에 의사결정하기가 힘들다고요? 당신의 삶에 그깟 부동산 정책이 뭐라고 그렇게 힘들어하시나요? 그것 때문에 삶이 너무 힘들다면 부동산에는 아예 관심을 갖지 않는 것이 현명한 선택입니다. 감당할 수 없다면 '헤어질 결심'을 하는 것이 더 바람직하다는 것입니다. 어떤 리스크도 감당할 자신이 없다면 차라리 은행에 저금을 하세요. 연금보험을 들어도 좋습니다. 일시불로 연금보험에 가입해 두면 마음도 편할 것이고 적어도 몇 년 동안은 보험사에서 명절마다 선물도 보내오고 VIP 대접도 해 줄 것입니다.

필자는 부동산을 매수하는 것은 모두 투자라고 생각합니다. 무주택자가 자기가 들어가 살 집 한 채만 매수하는 것도 일종의 투자입니다. 앞으로 집값이 떨어질 것이 확실하다면 집을 살 이유가 없습니다. 당연히 전세나 월세 등의 임차 형태로 거주하는 방법을 선택할 것입니다. 이런 경우라면 부동산 문제로 고민할 필요도 없겠지요.

그런데 일반 사람들은 대부분 집값이 더 떨어질까봐 걱정하는 것이 아니라 자신은 매수하지 않았는데 집값이 더 오를까봐 걱정합니다. 나는 집을 사지 않았는데 집값이 오르는 것만큼 배 아프고 속상한 일도 없으니까요.

따라서 필자는 '부동산을 매수하는 것은 무조건 투자여야 한다'라고 생각합니다. 투자에는 늘 불확실성이 존재합니다. 주식을 매수하는 것과 같습니다. 미래 가치가 상승할 것 같거나 가격이 떨어질 만큼 떨어진 듯해서 매수했다 하더라도 그 주식이 이후 오를지 내릴지는 아무도 모릅니다. 집 한 채를 매수할 때도 떨어질지 모른다는 리스크를 감수하면서 실행하는 것입니다. 그런 리스크조차 감당할 수 없는 사람이라면 부동산을 매수하면 안 됩니다. 집 한 채, 땅 한 평도요!

## 👑 부동산 투자는 결국 스스로 공부하고 결정하는 것

하느님은 부동산이라는 것을 사람을 통해 만드셨을 뿐입니다. 그것으로 투자를 하든, 실거주를 하든, 돈을 벌든 잃든 모든 것은 사람의 선택에 따라 결정됩니다. 기도를 하면 하느님께서 내가 산 집의 가격이 무조건 올라가게 해 주실까요? 강남 집값을 떨어뜨려 돈이 턱없이 부족한 나에게도 강남에 집을 살 기회를 주실까요? 어떤 질문이든 질문에 대한 답안은 내가 작성해야 합니다. 애초부터 정답은 없었습니다. 세상에는 오직 질문만 있을 뿐입니다.

필자는 이 질문에 대한 답변을 이 책에 담았습니다. 리스크를 낮추고 성공 확률을 높이는 부동산 의사결정을 하려면 어떤 준비를 해야 하는지 말이죠. 이 책에서 필자가 전할 메시지는 두 가지입니다.

**첫째, 시장의 방향성입니다.**

우리에게는 부동산 정보가 너무 많습니다. 동시다발적으로 쏟아지는 기사들과 수많은 책, 칼럼을 보면서 일반 부동산 관심층은 오히려 더 큰 혼란을 겪고 있습니다. 호재가 아닌데 호재로 오해할 만한 이슈들도 많습니다. 가짜 호재로 호도할 장사꾼들도 많고요. 필자는 앞으로 시장이 어떤 방향으로 나아갈 것인지를 객관적으로 짚어 드리고자 합니다. 이는 버릴 것과 취할 것을 결정하는 데 필요한 핵심 요소를 뽑아 내는 작업입니다.

**둘째, 투자 기회에 대한 제안입니다.**

앞서 뽑아 낸 핵심 요소들을 바탕으로 관심을 가져야 하는 입지와 상품들에 대해 성공 확률은 높고 리스크는 낮은 확실한 제안을 드리고 싶습니다. 앞으로 부동산 시장은 활황기를 맞을 수도 있고 불황기로 빠져들 수도 있습니다. 시장이 어떤 국면을 맞든 매수와 투자가 가능한 부동산이 무엇인지 정리해 드리고자 합니다. 이를 통해 독자 스스로 현명한 판단을 내릴 수 있도록 해 드리고 싶습니다.

이 책을 자신 있게 출간할 수 있었던 이유는 바로 '서울'이라는 부동산 입지를 다루기 때문입니다. 서울은 대한민국 부동산 투자에서 가장 정답에 가까운 곳입니다. 이는 다른 입지보다 성공 확률이 훨씬 높고 리스크가 낮은 투자처라는 의미입니다.

그럼 지금부터 서울이 왜 가장 정답에 가까운 모범답안인지 하나씩 설명해 드리겠습니다. 서울이 가장 중요한 이유는 여러분들이 알고 있는 대한민국에서 부자라고 하는 사람들은 서울에 가장 많이 살고 있기 때문입니다. 2위와 비교도 안 될 정도로 말이죠. 그들은 왜 서울에 살고 있을까요? 이 질문에 대한 답을 찾는 것이 서울을 공부해야 하는 가장 큰 이유입니다.

자, 그럼 서울 덕후 빠숑과 함께 서울 부동산 답사를 떠나 볼까요?

빠숑 김학렬
(스마트튜브 부동산조사연구소 소장)

## 제1부   서울만큼 완벽한 도시는 없다

### 1장   생애주기 따라 변하는 부동산 입지

### 2장   서울의 높은 위상, 데이터로 확인해 보자!

## 3장    서울 부동산 프리미엄은 언제부터 시작되었나

## 4장　지난 10년간 서울시의 부동산 개발

## 6장   서울에 세계의 일자리를 모이게 하라!

7장___ 교통·상권·입지로 보는 서울 부동산 미세분석

# 1부

## 서울만큼
## 완벽한 도시는 없다

1장

생애주기 따라 변하는
부동산 입지

# 평생을 함께하는
# 부동산과 생애주기

## 🏠 '좋은 부동산'은 나이마다 다르다

생애주기(life cycle, 生涯週期)는 사람의 생애를 개인이나 가족의 생활에서 발생하는 커다란 변화를 기준으로 구분한 과정이다. 인터넷 백과사전인 '두피디아'는 생애주기를 다음과 같이 표현하고 있다.

> 생애(生涯)는 한 사람이 태어나 사망할 때까지 한 평생의 기간이다. 한 생애 동안 사람은 한 사회의 구성원으로서 개인 생활과 가족 구성원으로서의 생활을 영위한다.
> 생애주기는 사람의 생애를 개인이나 가족의 생활에서 발생하는 커다란 변화를 기준으로 해 일정한 단계로 구분한 과정이다. 개인 생애주기는 일반적으로 개인의 발달 단계에 따라 영아기, 유아기, 아동기, 청소년기, 성년기, 중년기, 노년기 등으로 구분된다.
> 각각의 생애주기를 거치는 동안 각 단계마다 수행하도록 기대되는 역할이

있는데, 이를 '발달 과업'이라고 한다. 예를 들어 청소년기는 만 12~19세에 해당하는 연령대로, 이 시기에 성취해야 할 발달 과업으로는 자아 정체감을 형성하고 신체적·지적·사회적·도덕적으로 균형 있는 발달을 이루며 자신의 진로를 탐색하는 것이다. 각 시기의 발달 과업은 서로 밀접하게 연관돼 있어서 한 단계에서의 과업을 성공적으로 수행해야 다음 단계에서의 과업 수행이 원활해질 수 있으며 이를 통해 개인과 가족 모두가 만족스러운 삶을 영위할 수 있게 된다.

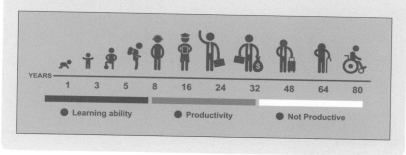

인간의 수명을 100세 정도라고 가정해 보자. 한 개인의 100년 역사를 생활과 역할을 기준으로 나눈 것이 생애주기라고 보면 될 듯하다. 생애주기에는 각 단계마다 기대되는 생활의 모습과 역할이 있다.

생애주기의 첫 번째 단계는 영·유아기(0~5세), 두 번째 단계는 아동·청소년기(6~18세), 세 번째 단계는 청년기(19~34세), 네 번째 단계는 중·장년기(35~64세)다. 마지막 단계는 어르신 단계(65세 이상)이다. 생애주기 단계별로 어떤 시설(부동산)이 필요한지 정리해 보자.

## 생애주기 개념이 가장 필요한 곳이 바로 부동산이다

생애주기는 마케팅에서 제품을 타깃팅할 때 많이 쓰이는 개념이다. 그런데 우리 삶에서 생애주기 개념이 훨씬 더 밀접하게 연관된 것이 바로 부동산이다. 21살 청년과 70세 노인의 생애주기가 다르듯이 세대별로 '좋은 부동산'을 정의하는 기준이 다르기 때문이다. 그러므로 내 집 마련 또는 부동산 투자를 염두에 둔다면 생애주기를 함께 알아두는 것이 좋다.

| 알아두면 좋을 TIP |

생애주기별 역할은 정부24에서도 알 수 있다. 정부24의 '생애주기별 서비스'는 부처 및 지방자치단체 등 총 9만 여 종의 서비스 중 주요 서비스를 안내하기 위해 영·유아부터 어르신까지 전 연령별 5단계 20개 분야 444종을 선정

해 제공 중이다. 이를 통해 대한민국 정부는 인간의 생애주기를 5단계로 나누고 있다는 것을 알 수 있다.

정부는 각 단계별로 필요한 서비스를 규정해 놓고 있다. 각 연령에 해당하는 각 부처와 지방자치단체의 각종 공공 서비스를 연계해 한 번에 처리할 수 있도록 공공 복지를 제공하고 있는 것이다. 예를 들어 영·유아기에는 양육 지원, 어린이집 보육 등의 서비스, 아동·청소년기에는 초·중등 교육 서비스, 청년기에는 학업, 창업, 일자리, 혼인, 출산, 이사 서비스, 중·장년기에서는 주택 마련, 금융 지원, 혼인, 출산, 일자리, 이사 등 가족 단위 서비스, 어르신 단계에서는 의료, 돌봄, 노후 자금, 상속 등의 서비스를 제공한다. 향후에는 좀 더 디테일하게 연령층을 나눠 서비스를 추가로 제공할 예정이라고 한다.

# 생애주기별로
# 필요한 부동산의 입지

## 🏠 병원과 함께하는 일상, 영·유아기 및 어르신 단계

먼저 영·유아 단계다. 일단 이 세상에 태어나야 한다. 탄생하려면 병원
이 있어야 한다. 산부인과가 필요할 것이다. 탄생 직후 산후조리원도
필요하다. 영·유아의 경우 각종 예방주사를 맞아야 하므로 소아과 병
원도 필요하다. 아무래도 영·유아기에는 병원이 가장 많이 필요한 듯
하다. 병원이 간절히 필요한 또 다른 단계가 바로 어르신 단계다. 어르
신들은 거의 모든 종류의 병과 불편함을 안고 살아간다. 내과, 이비인
후과, 치과, 외과, 심지어 정신과도 필요하다. 영·유아기 자녀가 있거나
어르신 단계의 분들은 주변에 병원이 없으면 상당히 불편할 것이다.

다음은 2022년 9월 7일자 메디컬투데이 기사이다.

## 산부인과, 소아청소년과가 압도적으로 많은 서울… '지역 쏠림' 심각
## 요양병원은 지방에 집중…서울 가장 적어

지역별로 생애주기별 의료 자원 격차가 여전히 심각한 것으로 나타났다. 국토연구원은 최근 발간한 '지역 간 삶의 질 격차'라는 보고서를 통해 이와 같은 차이를 지적했다. 연구원에 따르면 가임기 여성인 15~49세 여성 10만 명당 산부인과 의원 수는 서울이 16.6개로 가장 많았고 전남이 5.5개로 가장 적었다. 서울과의 격차가 11.1개나 된다. 특히, 전남은 전국에서 유일하게 5개의 병원만 있는 것으로 나타났다.

수도권은 경기 8.5개, 인천이 8.7개로 비슷한 수치를 기록했지만, 이 두 지역의 수치를 합해야만 서울보다 근소하게 앞서는 것으로 나타났다. 서울을 제외한 10개 이상 산부인과를 보유한 지역은 강원(10.9개), 충북(12.0개), 경북(10.6개), 대전(12.6개), 대구(16.1개), 울산(13.2개), 전북(13.7개), 광주(10.5개), 제주(15.5개)이다.

또한 질병에 취약한 소아·청소년 계층인 0~20세는 인구 10만 명당 소아청소년과 의원 역시 서울이 31.7개로 가장 많았고 전남이 8.5개로 가장 적었다. 특히, 전남은 전국에서 유일하게 소아청소년과 의원의 개수가 한 자리로, 타 지역에 비해 의료 자원이 굉장히 열악한 것으로 나타났다.

전남 바로 위 순위인 광주도 14.7개로 두 자리를 기록하고 있다. 서울을 제외한 20개 이상의 소아청소년과를 보유한 지역은 인천(26.3개), 경기(25.5개), 강원(22.3개), 세종(22.8개), 대전(22.1개), 대구(27.6개), 전북(20.9개), 부산(25.4개), 제주(25.0개)이다.

반면, 요양병원의 경우 서울이 지방에 비해 가장 적게 나타났다. 노인 계층인 65세 이상은 인구 10만 명당 요양병원이 광주가 28.1개로 가장 많았지만, 서울은 7.8개로 가장 적었다. 광주와 서울의 격차는 20.3개로, 소아청소년과 의원에 버금가는 수준인 것으로 나타났다.

서울 바로 위의 제주 역시 9.0개로 대부분의 지역이 최소 10개(강원 10.2개) 이상의 요양병원을 보유한 것보다 낮게 조사됐다. 요양병원이 광주와 근접한 지역은 대전과 경남이 각각 21.2개, 울산이 26.2개, 부산이 24.8개, 전북이 21.1개이다.

하나만 더 살펴보자. 2022년 10월 6일자 헬스포커스뉴스 기사다.

**최근 5년간 소아과 662개·산부인과 275개 사라져**
**송석준 의원 "소아과·산부인과 모두 없는 지방자치단체 16곳… 지원 대책 시급"**

최근 소아과와 산부인과가 줄폐업한 것으로 나타나 지원 대책이 시급하다는 지적이다. 6일 국회 국민의힘 송석준 의원(경기 이천시)이 보건복지부로부터 제출받은 자료에 따르면, 2017~2022년 8월 말 현재 소아과는 662개가 폐원해 5년간 연평균 132개가 폐원했고 산부인과는 275개가 폐원해 5년간 연평균 55개가 폐원했다.

개원과 폐원을 합친 총 개수는 같은 기간 소아과의 경우 3,308개에서 3,247개로 61개가 감소했고 산부인과는 개원도 늘어 2,051개에서 2,144개로 93개가 늘었다.

소아과와 산부인과의 지역적 편차는 컸다. 2022년 8월 말 현재 소아과와 산부인과가 하나도 설치돼 있지 않은 지방자치단체는 경상북도가 5곳(군위·청송·영양·봉화·울릉군)으로 가장 많았고 강원도가 4곳(평창·화천·고성·양양군), 전라북도가 3곳(무주·장수·임실군), 전라남도 2곳(곡성·구례군), 경상남도 2곳(하동·산청군) 순이었다.

반면, 서울시 강남구의 경우 산부인과 64개, 소아과 41개 합 105개로 가장 많았고 이어 경기도 부천시 산부인과 33개, 소아과 57개 합 90개, 경기도 화성시 산부인과 18개, 소아과 71개 합 89개, 대구시 달서구 산부인과 30개, 소아과 50개로 합 80개, 서울시 송파구 산부인과 31개, 소아과 43개 합 74개 순이었다.

한편, 산부인과는 없고 소아과만 1개 설치돼 있는 지방자치단체는 강원도 횡성·정선군, 충남 태안군, 전남 영암군, 경북 고령군, 경남 의령군이었고 산부인과 1개만 있고 소아과는 없는 지방자치단체는 경기도 연천군, 충북 괴산군, 전남 함평군·신안군이었다.

송석준 의원은 "2022년 2분기 현재 우리나라 합계출산율이 0.75명으로 매우 낮지만 출산과 보육 여건마저 지역적인 편차가 크다"라며 "출산과 보육 취약지에 대한 지원 대책 마련이 시급하다"라고 말했다.

이 기사를 작성하는 데 사용된 국토연구원의 결론을 살펴보자.

---

### 지역 간 보건 격차

□ **(의료자원의 생애주기별 격차 상존)** 의료인력 수는 지역 간 격차가 뚜렷하지 않으나, 산부인과, 소아청소년과는 서울에 편중된 반면, 요양병원은 서울이 가장 적다.

○ 시·도별 인구 10만 명 당 의료인력 수는 서울, 광주, 대구 순으로 높으며, 세종, 충북, 충남 순으로 낮아 수도권–비수도권 격차가 뚜렷하지 않게 나타남

○ 다만, 해당 인구 10만 명 당 산부인과와 소아청소년과 의원 수는 서울이 가장 많고, 전남이 가장 적게 나타났고, 요양병원 수는 광주가 가장 많고, 서울이 가장 적게 나타남

□ **(의료 접근성의 지역 간 격차 뚜렷)** 서울이 압도적으로 의료 접근성이 높으며, 경남, 강원, 경북 등 농촌지역은 의료 접근성이 매우 낮아 격차가 뚜렷하게 나타났다.

○ 시·도별 의료 접근성 분석 결과 서울(3분), 광주(7분), 부산·대전(각 8분)의 경우 차량으로 10분 안에 종합병원에 도착 가능하나, 경남(38분), 강원(37분), 경북(32분) 등은 30분 이상 운전해야 도착 가능한 것으로 나타남

○ 농촌의 경우 대도시, 중소도시에 비해 산부인과, 응급실 등의 의료서비스에 신속하게 접근하기 어려운 인구 비율이 매우 높아 지역유형별 의료 접근성 격차가 뚜렷하게 나타남

□ **(응급환자 사망률의 지역 간 격차 극심)** 평균 응급실 도착 이전 사망 환자 수는 25~30명 수준이나, 시·도별 편차가 60~70명으로 매우 크게 나타났다.

○ 시·도별로는 충북('20년 80명)이 2016년을 제외하고는 응급실 도착 이전 사망 환자 수가 가장 많고, 강원, 충남 등 지역이 높게 나타나는 반면, 세종('20년 3명)이 꾸준히 적은 것으로 나타남

---

## 의료 기관이 가장 밀집된 곳은 어디인가?

어떤 생각이 드는가? 질문을 바꿔 보자. 어떤 지역의 의료 서비스가 가장 좋은가? 다시 질문을 바꿔 보자. 어떤 지역에 살고 싶은가? 어떤 지역에서 태어나고 싶은가? 어떤 지역에서 늙고 싶은가? 대부분 아플 때 찾아갈 수 있는 병원이 많은 곳이라 답할 것이다.

**인구 10만 명당 생애주기별 의료 자원 수(2021년)**

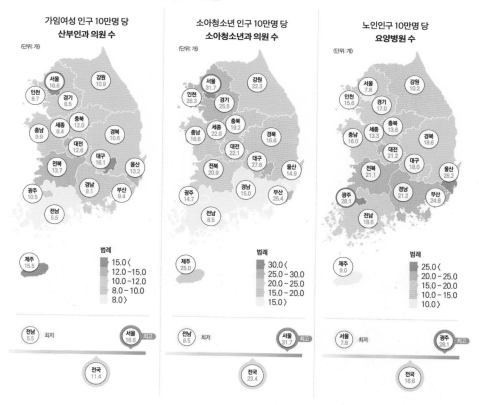

출처: 국토연구원

## 🏠 학교, 학원, 친구가 전부인 아동·청소년기

다음으로 아동·청소년기를 살펴보자. 초등학생, 중학생, 고등학생 때라고 간주해도 무방할 듯하다. 이때는 정답이 정해져 있다. 학부모님들은 '학교와 학원 외에는 필요 없다'라고 생각할 것이다.

초등학교는 집에서 가까울수록 좋다. 자동차가 다니는 길을 건너게 하고 싶지 않다. 그리고 등·하교를 내가 직접 눈으로 확인하고 싶다. 그리고 이왕이면 사립초가 좋다. 학교 근처에 국·영·수를 보충해 주는 보습 학원도 있으면 좋다. 하지만 초등학생 때까지는 다양한 활동을 해야 하므로 각종 운동 학원, 미술 학원, 음악 학원이 있는 것이 좋다.

**초품아**

**전국 공공 교육 기관의 수(2021년)**

(단위: 개)

| 시도 | 유치원 | 초등학교 | 중학교 | 고등학교 | | | | | | | 특수학교 | 공민학교 | 고등공민 | 고등기술학교 | 각종학교 | 계 |
|---|---|---|---|---|---|---|---|---|---|---|---|---|---|---|---|---|
| | | | | 계 | 일반계고 | 전문계고 | 일반고 | 특목고 | 특성화고 | 자율고 | | | | | | |
| 전국 | 8,660 | 6,157 | 3,245 | 2,375 | 0 | 0 | 1,616 | 161 | 488 | 110 | 187 | 0 | 3 | 7 | 72 | 20,706 |
| 서울 | 787 | 607 | 389 | 320 | 0 | 0 | 208 | 21 | 70 | 21 | 32 | 0 | 0 | 2 | 16 | 2,153 |
| 부산 | 397 | 304 | 171 | 142 | 0 | 0 | 89 | 14 | 32 | 7 | 15 | 0 | 0 | 1 | 2 | 1,032 |
| 대구 | 342 | 232 | 125 | 94 | 0 | 0 | 59 | 10 | 16 | 9 | 10 | 0 | 0 | 0 | 3 | 806 |
| 인천 | 399 | 258 | 139 | 126 | 0 | 0 | 81 | 10 | 28 | 7 | 10 | 0 | 0 | 1 | 4 | 937 |
| 광주 | 294 | 155 | 91 | 68 | 0 | 0 | 49 | 5 | 11 | 3 | 5 | 0 | 0 | 1 | 2 | 616 |
| 대전 | 253 | 148 | 88 | 62 | 0 | 0 | 39 | 6 | 10 | 7 | 6 | 0 | 0 | 0 | 3 | 560 |
| 울산 | 196 | 121 | 64 | 58 | 0 | 0 | 42 | 7 | 8 | 1 | 4 | 0 | 0 | 0 | 1 | 444 |
| 세종 | 62 | 51 | 26 | 21 | 0 | 0 | 15 | 3 | 2 | 1 | 1 | 0 | 0 | 0 | 0 | 161 |
| 경기 | 2,209 | 1,317 | 646 | 485 | 0 | 0 | 382 | 21 | 74 | 8 | 38 | 0 | 1 | 0 | 12 | 4,708 |
| 강원 | 363 | 348 | 163 | 116 | 0 | 0 | 85 | 7 | 23 | 1 | 8 | 0 | 0 | 0 | 2 | 1,000 |
| 충북 | 327 | 259 | 128 | 84 | 0 | 0 | 47 | 7 | 24 | 6 | 10 | 0 | 0 | 0 | 5 | 813 |
| 충남 | 498 | 412 | 184 | 117 | 0 | 0 | 70 | 9 | 30 | 8 | 9 | 0 | 0 | 1 | 3 | 1,224 |
| 전북 | 507 | 420 | 210 | 133 | 0 | 0 | 96 | 8 | 28 | 1 | 10 | 0 | 1 | 0 | 0 | 1,281 |
| 전남 | 524 | 430 | 250 | 144 | 0 | 0 | 81 | 12 | 43 | 8 | 8 | 0 | 0 | 0 | 0 | 1,360 |
| 경북 | 696 | 473 | 261 | 185 | 0 | 0 | 114 | 10 | 49 | 12 | 8 | 0 | 0 | 0 | 4 | 1,630 |
| 경남 | 683 | 509 | 265 | 190 | 0 | 0 | 137 | 9 | 34 | 10 | 10 | 0 | 1 | 1 | 7 | 1,667 |
| 제주 | 123 | 113 | 45 | 30 | 0 | 0 | 22 | 2 | 6 | 0 | 3 | 0 | 0 | 0 | 0 | 314 |

* 조사 기준일: 해당 연도 4월 1일
* 산출식: 1. 분교는 학교수에 포함하지 않음. 2. 폐교 제외, 휴교 포함. 3. 특수목적고 중 마이스터고의 경남 공군항공과학고등학교는 제외됨. 4. 고등학교는 2011년부터 2가지 유형에서(일반계고, 전문계고)에서 4가지 유형(일반고, 특목고, 특성화고, 자율고)으로 분류됨(초·중등교육법 시행령 제76조의 3, 2015. 9. 15)

출처: 한국교육개발원 교육통계서비스(kess.kedi.re.kr)

중학교도 집에서 가까운 것이 좋다. 중학교는 특별한 고등학교를 많이 보낸 실적이 많은 학교가 좋다. 영재고, 과학고, 자사고, 외고도 좋다. 그리고 중학생을 위한 학원가도 있는 것이 좋다.

고등학교는 당연히 선배가 좋아야 한다. 서울대나 의대를 많이 보내는 학교가 좋다. 학원가도 풍부해야 한다. 내 아이는 어떤 과목은 공부를 못하고 어떤 과목은 잘하기 때문에 내 아이에 특화된 커리큘럼이 있는 학원가가 좋다. 인강을 통해 배울 수도 있지만, 이는 상향 평준화된 일반적인 내용이므로 내 아이에게 맞춤 학습을 해 줄 오프라인 학원이 많은 것이 좋다.

### 학교와 학원이 가장 밀집된 곳은 어디인가?

어떤 생각이 드는가? 질문을 바꿔 보자. 어떤 지역의 교육 서비스가 가장 좋은가? 다시 질문을 바꿔 보자. 어떤 지역에 살고 싶은가? 여러분들의 자녀를 어떤 지역에서 공부하게 하고 싶은가? 어떤 지역에서 학원을 보내고 싶은가? 아마 안전하고 깨끗한 곳이라 대부분 답할 것이다.

## 🏠 버는 돈보다 쓰는 돈이 더 많은 청년기

다음으로 청년기를 살펴보자. 청년기는 가장 손이 많이 가는 생애주기다. 과거에는 완벽하게 독립을 할 만한 나이대였다. 하지만 세상이 바뀌었다. 청년기 연령대를 어르신이나 중·장년기 연령대 분들이 엄청나게 케어하고 있다. 실제로 가장 돈이 많이 드는 연령대이다.

대학 등록금만 1년에 1,000만 원 이상이다. 혹시라도 유학이나 로스쿨을 간다고 하면 1년에 1억 원 이상 지원해 줄 수 있어야 한다. 그런데 취직을 한다고 해도 대부분 30세 전후나 돼야 가능하고 혹시라도 청년기 때 결혼을 한다고 하면 억 단위의 결혼 자금을 지원해 줘야 한다.

서울시 전세 평균은 6억 원이다. 청년기에 6억 원이 있는 청년이 몇 명이나 될까? 그래서 아이를 예전보다 잘 안 낳으려고 하는지도 모르겠다.

부모의 목적은 어떻게든 독립을 시키는 것이다. 빨리 취직을 하고 보금자리를 구해 안정적인 사회생활을 하도록 유도해야 한다. 그래서 아동·청소년기에 그렇게 열심히 공부를 시킨 것이 아니던가? 좋은 직장에도 취직시켜야 한다. 그런데 여기서 딜레마가 발생한다. 좋은 직장은 대부분 서울에 있다. 경기도도 서울에 붙어 있기는 하지만, 별 실익이 없는 위치에 있다.

좋은 직장에 취직했더라도 독립을 시키려면 집을 구해 줘야 하는데 이런 입지들은 대부분 비싸다. 울며 겨자 먹기로 큰돈을 지원한다. 부모들은 싼 집은 앞으로도 쌀 가능성이 높고 비싼 집은 앞으로 더 비싸질 가능성이 높다는 것을 경험적으로 안다. 결국 자녀들의 취업과 보금자리는 어찌보면 똑같은 선택을 할 수밖에 없다.

**전국의 사업체수 및 종사자수(2022년)**  (단위: 개, 명)

| 행정 구역별 | 사업체수 | 종사자수 |
|---|---|---|
| 전국 | 6,139,899 | 25,217,123 |
| 경기 | 1,514,951 | 6,103,213 |
| 서울 | 1,180,025 | 5,795,417 |
| 부산 | 400,565 | 1,554,664 |
| 경남 | 397,699 | 1,529,668 |
| 경북 | 333,276 | 1,255,587 |
| 인천 | 317,133 | 1,250,203 |
| 충남 | 266,577 | 1,092,389 |
| 대구 | 279,223 | 1,014,987 |
| 전남 | 236,470 | 862,357 |
| 충북 | 197,158 | 838,620 |
| 전북 | 232,695 | 795,273 |
| 강원 | 203,375 | 727,557 |
| 대전 | 164,664 | 695,570 |
| 광주 | 170,894 | 675,251 |
| 울산 | 115,784 | 547,780 |
| 제주 | 96,334 | 320,419 |
| 세종 | 33,076 | 158,168 |

출처: 통계청

## 일자리가 가장 많은 곳은 어디인가?

어떤 생각이 드는가? 다시 질문을 바꿔 보자. 어떤 지역에 취업을 하고 싶은가? 여러분의 자녀가 어떤 곳에서 취업을 하게 하고 싶은가? 다시 질문을 바꿔 보자. 어떤 지역에 살고 싶은가? 여러분의 자녀가 어떤 지역에서 보금자리를 마련하게 하고 싶은가?

부동산은 개별성이 강해 사람마다 선택하는 지역이 다르겠지만, 많은 사람이 공통적으로 생각하는 지역은 대부분 같을 것이다.

(중·장년기는 어차피 아동·청소년기와 청년기를 함께 할 수밖에 없는 연령대이므로 별도로 이야기하지 않겠다.)

## 🏠 생애주기의 모든 단계를 만족시키는 곳, 바로 서울

지금까지 생애주기별로 필요한 부동산 입지에 대해 정리해 봤다. 결국 생애주기별 필요한 부동산이 가장 많은 곳이 가장 살기 좋은 곳이 될 것이다. 이 지역의 유일한 단점은 치러야 할 대가가 많다는 것이다. 대가란 단순히 말해 '돈'이다. 결국 내 경제력의 문제만 아니라면, 특별한 사정이 아니라면, 보편적인 생애주기별 희망 지역은 이미 누구나 예상할 수 있는 바로 그곳이다.

2장

서울의 높은 위상,
데이터로 확인해 보자!

# 서울의 위상에
# 확신을 주는 데이터

## 🏠 과거에도, 현재도 압도적인 서울의 부동산 가치

데이터로 확인할 수 있는 서울의 부동산은 어떨까? 대표적으로 매매시세와 전세시세, 그리고 매매시세 대비 전세가 비율을 살펴봤다. 절대적인 시세의 수준도 눈여겨봐야겠지만, 더 의미있게 살펴볼 점은 시세의 방향성이다. 시세의 수준이 높아지는가 낮아지는가, 그 수준은 어떠한가를 보면 해당 지역이 타 지역대비 어느 정도의 우위를 점하고 있는지 알 수 있기 때문이다.

다음의 표를 보면 2017년 11월 기준 전국 17개 광역 지방자치단체 중 시세가 가장 높은 지역은 단연 서울이었다. 매매 시세는 평당 2,263만 원, 전세 시세는 평당 1,421만 원, 매매가와 전세가 비율은 63%였다.

2022년 11월 기준 17개 광역 지방자치단체 중 시세가 가장 높은 지역은 역시 '서울'이다. 매매 시세는 평당 4,169만 원, 전세 시세는 1,993만 원, 전세가율은 47%다. 2017년부터 5년간 매매 시세는 평당 1,906만 원, 전세 시세는 572만 원 상승했고 전세가율은 16% 하락했다.

**전국 부동산 매매 시세**                                      (단위: 평당, 만 원, %)

| 2017년 | 지역 | 시세 | | | 2022년 | 지역 | 시세 | | |
|---|---|---|---|---|---|---|---|---|---|
| 순위 | 시·군·구 | 매매 | 전세 | 전세율 | 순위 | 시·군·구 | 매매 | 전세 | 전세율 |
| 1 | 서울 | 2,263 | 1,421 | 63 | 1 | 서울 | 4,169 | 1,993 | 47 |
| 2 | 제주 | 1,209 | 747 | 60 | 2 | 경기 | 1,865 | 1,124 | 59 |
| 3 | 경기 | 1,097 | 835 | 76 | 3 | 제주 | 1,754 | 1,056 | 58 |
| 4 | 세종 | 1,010 | 478 | 47 | 4 | 세종 | 1,625 | 723 | 44 |
| 5 | 부산 | 982 | 682 | 68 | 5 | 부산 | 1,411 | 837 | 57 |
| 6 | 인천 | 920 | 714 | 77 | 6 | 인천 | 1,392 | 882 | 63 |
| 7 | 대구 | 880 | 659 | 74 | 7 | 대전 | 1,216 | 819 | 66 |
| 8 | 울산 | 818 | 581 | 70 | 8 | 대구 | 1,086 | 742 | 67 |
| 9 | 대전 | 741 | 586 | 78 | 9 | 울산 | 1,017 | 761 | 73 |
| 10 | 광주 | 681 | 572 | 83 | 10 | 광주 | 1,014 | 707 | 68 |
| 11 | 경남 | 671 | 493 | 71 | 11 | 경남 | 856 | 678 | 76 |
| 12 | 충남 | 556 | 445 | 78 | 12 | 강원 | 765 | 621 | 76 |
| 13 | 강원 | 554 | 468 | 81 | 13 | 충북 | 746 | 635 | 81 |
| 14 | 충북 | 550 | 463 | 82 | 14 | 충남 | 743 | 604 | 78 |
| 15 | 전북 | 517 | 442 | 83 | 15 | 전북 | 687 | 580 | 79 |
| 16 | 경북 | 500 | 404 | 77 | 16 | 경북 | 636 | 566 | 84 |
| 17 | 전남 | 500 | 412 | 80 | 17 | 전남 | 624 | 512 | 77 |

출처: KB부동산

## 2017-2022 부동산 시세 비교

(단위: 평당, 만 원, %)

| | 매매 상승 | 전세 상승 | 전세가율 차이 | 매매 상승률 | 전세 상승률 |
|---|---|---|---|---|---|
| 서울 | 1,906 | 572 | -16 | 84.2 | 40.3 |
| 경기 | 768 | 289 | -17 | 70.0 | 34.6 |
| 제주 | 545 | 309 | -2 | 45.1 | 41.4 |
| 세종 | 615 | 245 | -3 | 60.9 | 51.3 |
| 부산 | 429 | 155 | -11 | 43.7 | 22.7 |
| 인천 | 472 | 168 | -14 | 51.3 | 23.5 |
| 대전 | 475 | 233 | -12 | 64.1 | 39.8 |
| 광주 | 333 | 135 | -15 | 48.9 | 23.6 |
| 대구 | 206 | 83 | -7 | 23.4 | 12.6 |
| 울산 | 199 | 180 | 3 | 24.3 | 31.0 |
| 경남 | 185 | 185 | 5 | 27.6 | 37.5 |
| 강원 | 211 | 153 | -5 | 38.1 | 32.7 |
| 충북 | 196 | 172 | -1 | 35.6 | 37.1 |
| 충남 | 187 | 159 | 0 | 33.6 | 35.7 |
| 전북 | 170 | 138 | -4 | 32.9 | 31.2 |
| 경북 | 136 | 162 | 7 | 27.2 | 40.1 |
| 전남 | 124 | 100 | -3 | 24.8 | 24.3 |

출처: KB부동산

　서울의 2017~2022년의 시황을 정리하면 매매 시세는 84.2%, 전세는 40.3% 상승했다. 매매 상승률은 전국 1위다. 상승 금액으로도 1위, 상승률로도 1위다. 만약 현거주 조건이나 경제력 능력을 제외하고 5년 전으로 타임머신을 타고 돌아간다면 무조건 서울을 매수하는 것이 옳다. 반론의 여지가 없다.

## 🏠 격차는 점점 더 벌어지고 있다

의미 없는 분석이라고 할지도 모른다. 이미 서울에 대한 가치는 2017~2022년의 수치가 아니라 서울이 한반도의 중심지가 됐던 조선 초기부터 이미 굳이 따질 필요가 없었으니까 말이다. 그런데 누구나 다 알 만한 서울 부동산 가치를 다시 언급하는 이유는 타 지역 대비 서울의 가치 격차가 점점 더 벌어지고 있기 때문이다. 이를 데이터로 확인해 보자.

**1위 대비 매매가 차이**

| 연도 | 1위 | 2위 | 17위 |
|------|------|------|------|
| 2017 | 100%(1억 원) | 53.4%(5,340만 원) | 22.1%(2,210만 원) |
| 2022 | 100%(1억 원) | 44.7%(4,470만 원) | 15.0%(1,500만 원) |

\* 괄호 안은 예시

2017년 전국 광역시도 1위인 서울 대비 2위인 경기도의 매매가 수준은 53.4%였다. 예를 들어 1위 서울 A의 집이 1억 원이라고 가정하면 2위의 경기도 집은 5,340만 원 정도라는 의미이다. 1위 서울 대비 17위 경상북도의 매매가는 22.1% 수준이었다. 똑같이 서울 A의 집이 1억 원이라면 경상북도의 집은 2,210만 원 수준이 된다.

2022년의 1위와 2위, 1위와 17위를 비교하면 그 격차가 더 벌어진 것을 확인할 수 있다. 2022년 1위 서울의 매매가 대비 2위인 경기도의 매매가 수준은 44.7%, 전라남도의 매매가 수준은 15.0%이다. 서울의 시세는 순위와 관계없이 그 가치의 격차가 점점 더 벌어지고 있다는 것을 알 수 있다.

## 🏠 전세 시세 격차는 왜 제자리걸음일까?

**1위 대비 전세가 차이**

| 년 | 1위 | 2위 | 17위 |
|------|------|------|------|
| 2017 | 100%(1억 원) | 52.6%(5,260만 원) | 28.4%(2,840만 원) |
| 2022 | 100%(1억 원) | 56.4%(5,640만 원) | 25.7%(2,570만 원) |

\* 괄호 안은 예시

하지만 의외의 결과가 있는데, 그것은 바로 '전세 시세의 차이'이다. 2017년 1위인 서울과 2위 지역 전세가 격차나 1위와 17위의 전세가 격차는 크게 달라지지 않았다. 이는 무엇을 의미하는 것일까?

### 서울이 고평가됐기 때문이다!

이 차이 때문에 부동산 전문가들조차 2개의 진영으로 나뉜다. 한 진영에서는 전세가는 실거주 가치이고 매매가는 실수요 가치 + 투자 가치이기 때문에 서울이라는 부동산의 가치가 고평가됐다고 주장한다. 결국 투자 가치는 실수요가 뒷받침되지 않으면 언제든지 빠질 수 있다는 것이다. 2022년 4/4분기의 전국 부동산 시장 하락률을 보면 정말 그런 것 같기도 하다. 특히 송파구의 하락률만 놓고 보면 실제로 그런 듯하다. 이에 대해서는 나중에 정리하자.

### 서울의 실거주 가치가 높기 때문이다!

또 다른 진영에서는 바로 이러한 이유 때문에 서울이라는 부동산에 더 집중해야 한다고 주장한다. 투자 가치를 따지지 않는다면 굳이 매매할 필요가 없다는 것이다. 결국 투자 가치가 더 높기 때문에 서울 매수 수요가 더 많을 수밖에 없고 서울을 매수하려는 수요는 많은데 공급량이 많지 않기 때문에 어쩔 수 없이 매수를 하지 못한 수요층들은 대기 수요층이 된다. 따라서 매매 시세는 실거주 가치라고 할 수 있는 전세 시세보다 더 큰 비율로 상승할 수밖에 없다는 것이다.

이에 대한 반론으로 서울 인구 감소론을 제기하는 전문가도 있다. 이들은 "서울의 인구가 감소하기 때문에 서울 부동산의 가치, 즉 수요는 장기적으로 줄어들 것이고 결국 지금은 거품이 낀 가격대일 수밖에 없으며 그 거품은 곧 빠질 것"이라고 주장한다.

전자의 의견이 옳은 것 같기도 하고 후자의 의견이 옳은 것 같기도 하다. 여러분은 어떤 진영의 주장이 더 타당성이 높다고 생각하는가?

필자에게 판결을 내려 달라고 한다면 다음과 같이 말해 주고 싶다.

"아이고, 의미 없다."

서울의 집값이 하락하면 서울을 팔고 경기나 인천으로 갈 것인가? 서울 집값이 상승하면 제주, 부산, 광주, 세종의 집을 팔고 모두 서울로 올 것인가? 실거주 목적으로 부동산을 공부하거나 의사결정할 사람들에게는 큰 의미가 없는 논쟁이라는 것이다. 하지만 서울은 그곳에 살든 살지 않든 전국의 관심 대상이라는 것만은 틀림없는 사실이다. 차라리 질문을 다음과 같이 바꿔 보자.

"왜 서울에 관심이 있는가?"

| 인구 데이터 |

# 서울의 인구가
# 줄어들고 있는 이유

## 🏠 매년 수만 명씩 감소하는 서울 인구, 그 이유는?

2022년 11월을 기준으로 대한민국의 총인구수는 51,450,829명이다. 그중 서울의 인구는 9,443,722명이다. 17개 광역 지방자치단체 중 두 번째로 많다. 세대 수는 4,450,389세대, 세대당 인구는 2.12명이다.

세계 도시들과 비교했을 때 인구수 자체는 적지만 인구밀도는 상하이나 도쿄보다 월등히 높을 정도이다.

**서울 세대당 인구**

(단위: 명, 세대)

| 행정 구역 | 총인구수 | 세대수 | 세대당 인구 |
|---|---|---|---|
| 전국 | 51,459,626 | 23,697,051 | 2.17 |
| 경기도 | 13,579,508 | 5,908,615 | 2.30 |
| 서울특별시 | 9,443,722 | 4,450,389 | 2.12 |
| 부산광역시 | 3,322,286 | 1,556,293 | 2.13 |
| 경상남도 | 3,284,495 | 1,516,472 | 2.17 |
| 인천광역시 | 2,962,388 | 1,320,238 | 2.24 |
| 경상북도 | 2,603,389 | 1,285,483 | 2.03 |
| 대구광역시 | 2,366,852 | 1,070,874 | 2.21 |
| 충청남도 | 2,121,333 | 1,017,146 | 2.09 |
| 전라남도 | 1,819,157 | 907,462 | 2.00 |
| 전라북도 | 1,771,776 | 855,270 | 2.07 |
| 충청북도 | 1,595,578 | 771,479 | 2.07 |
| 강원도 | 1,537,339 | 755,184 | 2.04 |
| 대전광역시 | 1,446,863 | 673,098 | 2.15 |
| 광주광역시 | 1,432,651 | 652,598 | 2.20 |
| 울산광역시 | 1,111,707 | 486,070 | 2.29 |
| 제주특별자치도 | 678,324 | 311,251 | 2.18 |
| 세종특별자치시 | 382,258 | 159,129 | 2.40 |

2022년 기준, 출처: 행정안전부 주민등록인구통계

그런데 아주 재미있는 데이터가 있다. 다음 표를 보면 서울의 인구가 줄어들고 있다는 사실을 알 수 있다.

서울의 인구는 매년 수만 명씩 감소하고 있다. 이 때문에 서울의 미래 가치를 낮게 평가하는 전문가들도 있다. 인구의 감소는 주택 수요의 감소를 유발한다는 것이다. 숫자만 보면 그럴 듯하다. 하지만 이는 주객이 전도된 단편적인 분석일 뿐이다.

**서울 수도권 인구수**

(단위: 명)

| 연도 | 서울특별시 | 경기도 | 인천광역시 | 수도권 합 |
|---|---|---|---|---|
| 2012 | 10,195,318 | 12,093,299 | 2,843,981 | 25,132,598 |
| 2013 | 10,143,645 | 12,234,630 | 2,879,782 | 25,258,057 |
| 2014 | 10,103,233 | 12,357,830 | 2,902,608 | 25,363,671 |
| 2015 | 10,022,181 | 12,522,606 | 2,925,815 | 25,470,602 |
| 2016 | 9,930,616 | 12,716,780 | 2,943,069 | 25,590,465 |
| 2017 | 9,857,426 | 12,873,895 | 2,948,542 | 25,679,863 |
| 2018 | 9,765,623 | 13,077,153 | 2,954,642 | 25,797,418 |
| 2019 | 9,729,107 | 13,239,666 | 2,957,026 | 25,925,799 |
| 2020 | 9,668,465 | 13,427,014 | 2,942,828 | 26,038,307 |
| 2021 | 9,509,458 | 13,565,450 | 2,948,375 | 26,023,283 |
| 2022 | 9,443,722 | 13,579,508 | 2,962,388 | 25,985,618 |

출처: 행정안전부 주민등록인구통계

인구가 줄어들려면 서울의 매력도가 떨어져야 한다. 앞에서 분석했 듯이 서울은 전 생애주기에 걸쳐 가장 살기 좋은 환경을 제공한다. 따 라서 서울의 매력도가 낮아졌다고 말할 수는 없다.

그렇다면 서울의 인구가 줄어든 이유는 무엇일까?

**서울의 주택 보급률**

(단위: 천 가구)

| 연도 | 가구수<br>(증감) | 주택수<br>(증감) | 보급률<br>(증감) |
|---|---|---|---|
| 2005 | 3,309.9 | 3,102.2 | 93.7 |
| 2010 | 3,504.3<br>(194.4) | 3,399.8<br>(297.6) | 97.0<br>(3.3↑) |
| 2015 | 3,784.5<br>(280.2) | 3,633.0<br>(233.2) | 96.0<br>(1↑) |
| 2020 | 3,982.3<br>(197.8) | 3,778.4<br>(145.4) | 94.9<br>(1.1↓) |

출처: 통계청

2005년부터 5년 단위로 가구수의 증감과 주택수의 증감을 비교해 봤다. 2005년 대비 2010년은 19만 4,400가구가 증가했고 이 중 주택은 29만 7,600호가 증가했다. 주택 보급률이 증가한 것이다. 그런데 2015년도가 되면 가구수 28만 200가구, 주택은 23만 호만 증가해 주택 보급률이 오히려 낮아졌다. 2020년까지는 가구수 19만 7,800가구, 주택은 14만 5400호밖에 증가하지 못해 결국 주택 보급률이 낮아졌다. 2010년 이후만 놓고 보면 가구수 증가 대비 주택수의 증가는 점점 더 낮아져 서울에서 내집 마련하기는 점점 더 어려워지고 있다는 것을 알 수 있다.

## 🏠 맏형 서울이 동생 수도권에 나눠 주는 인구

결국 서울은 남들보다 더 많은 돈을 지불할 수 있는 세대들만 남았고 이 밖의 증가 세대는 서울이 아닌 주변 지역을 선택했다. 바로 인천과 경기도다. 따라서 서울 인구 증감 추이 또는 서울 주택 수요는 서울만 봐서는 안 되고 서울, 경기, 인천을 동시에 봐야 한다.

수도권 인구 중 경기도, 인천의 인구는 매년 증가한다. 서울 인구는 감소하지만, 수도권 인구는 지속적으로 증가하고 있다. 즉, 수도권의 수요는 서울 수요와 거의 같다고 봐도 무방하다.

**서울, 경기, 인천, 수도권의 가구수 주택수, 보급률 추이**　　　　　　　　　　(단위: 가구, %)

| 지역 | 연도 | 가구수 | 주택수 | 보급률 |
|---|---|---|---|---|
| 서울 | 2005 | 3,309.9 | 3,102.2 | 93.7 |
| | 2010 | 3,504.3 | 3,399.8 | 97.0 |
| | 2015 | 3,784.5 | 3,633.0 | 96.0 |
| | 2020 | 3,982.3 | 3,778.4 | 94.9 |
| 경기 | 2005 | 3,329.2 | 3,247.5 | 97.5 |
| | 2010 | 3,831.1 | 3,836.7 | 100.1 |
| | 2015 | 4,384.7 | 4,328.5 | 98.7 |
| | 2020 | 5,098.4 | 5,113.9 | 100.3 |
| 인천 | 2005 | 823.0 | 815.3 | 99.1 |
| | 2010 | 918.9 | 936.7 | 101.9 |
| | 2015 | 1,045.4 | 1,055.4 | 101.0 |
| | 2020 | 1,147.2 | 1,134.8 | 98.9 |
| 수도권 | 2005 | 7,462.1 | 7,165.0 | 96.0 |
| | 2010 | 8,254.3 | 8,173.2 | 99.0 |
| | 2015 | 9,214.6 | 9,016.8 | 97.9 |
| | 2020 | 10,227.9 | 10,027.2 | 98.0 |

출처: 통계청

　수도권 단위로 가구수 증가와 주택수 증가를 살펴보면 가구수와 주택수가 유사한 규모로 증가하고 있다는 것을 알 수 있다. 결국 수도권은 지속적으로 확장돼 왔고 그 수도권 전력의 상당수를 서울에서 공급했다고 보면 된다.

## 서울은 주변에 인구를 나눠 주고 있다

2021년에 서울에서 경기도와 인천으로 이동한 인구 추이를 살펴보자.

**2021년 서울에서 이동한 인구 추이**

(단위: 명)

| 전출지 | 전입지 | 계 | 전출지 | 전입지 | 계 |
|---|---|---|---|---|---|
| 서울 | 경기 고양시 | 37,861 | 서울 | 경기 이천시 | 4,231 |
| 서울 | 경기 남양주시 | 33,025 | 서울 | 경기 포천시 | 3,252 |
| 서울 | 경기 하남시 | 28,169 | 서울 | 경기의왕시 | 2,848 |
| 서울 | 경기 성남시 | 26,519 | 서울 | 경기 오산시 | 2,735 |
| 서울 | 경기 용인시 | 23,964 | 서울 | 경기 안성시 | 2,694 |
| 서울 | 경기 부천시 | 19,295 | 서울 | 경기 동두천시 | 2,001 |
| 서울 | 경기 수원시 | 18,970 | 서울 | 경기 가평군 | 1,963 |
| 서울 | 경기 김포시 | 18,750 | 서울 | 경기 여주시 | 1,911 |
| 서울 | 경기 의정부시 | 17,986 | 서울 | 경기 연천군 | 661 |
| 서울 | 경기 화성시 | 14,325 | 서울 | 경기(계) | 362,116 |
| 서울 | 경기 안양시 | 12,379 | 서울 | 인천 서구 | 10,754 |
| 서울 | 경기 파주시 | 12,375 | 서울 | 인천 부평구 | 7,487 |
| 서울 | 경기 시흥시 | 10,128 | 서울 | 인천 연수구 | 5,999 |
| 서울 | 경기 광명시 | 9,686 | 서울 | 인천 남동구 | 5,130 |
| 서울 | 경기 광주시 | 9,570 | 서울 | 인천 미추홀구 | 4,888 |
| 서울 | 경기 평택시 | 9,404 | 서울 | 인천 계양구 | 4,758 |
| 서울 | 경기 안산시 | 7,840 | 서울 | 인천 중구 | 3,842 |
| 서울 | 경기 구리시 | 6,906 | 서울 | 인천 강화군 | 1,227 |
| 서울 | 경기 양주시 | 6,777 | 서울 | 인천 동구 | 507 |
| 서울 | 경기 과천시 | 6,286 | 서울 | 인천 옹진군 | 267 |
| 서울 | 경기 양평군 | 5,163 | 서울 | 인천(계) | 44,859 |
| 서울 | 경기 군포시 | 4,442 | | | |

출처: 통계청

서울에서 경기도로는 약 36만 2,000명, 서울에서 인천으로는 약 4만 4,000명이 이동했다. 서울의 인구는 15만 9,000명이 줄었다. 그리고 서울에서 경기도와 인천으로 이동한 인구는 40만 6,975명이다. 이를 해석하면 언제든지 서울로 넘어올 수 있는 대기수요는 오히려 늘었다는 말이 된다. 즉, 서울은 2021년 한해 동안 24만 7,968명이 증가했다고 할 수 있다. 한편 통계청에서 작성한 대한민국 장래 인구 추계를 보자.

**대한민국 장래 인구 추계**

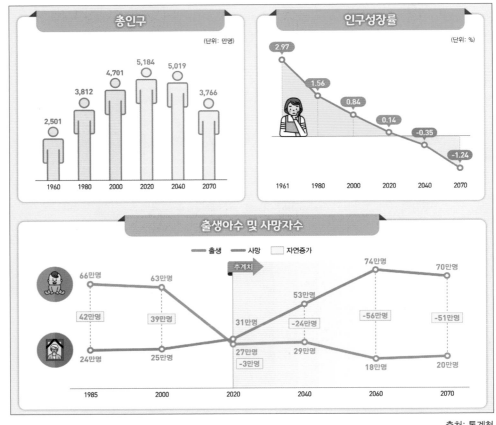

출처: 통계청

대한민국의 장래 인구는 2020년을 정점으로 축소된다고 한다. 전체는 축소된다 하더라도 최소 2040년까지 서울 수요가 줄어들 가능성은 없다고 본다. 아마도 서울의 수요는 계속 증가할 것이다. 오히려 인구가 급격히 줄어드는 서울 이외의 지역을 걱정해야 한다.

SEOUL

05

# 일자리가 곧 입지

## 📍 서울의 일자리는 비교 불가이다

그렇다면 서울의 수요는 증가하고 비수도권의 수요는 감소하는 근본적인 이유는 무엇일까? 그것은 바로 '일자리' 때문이다. 인간의 모든 삶은 '먹고 사는 것'과 연관돼 있다. 의식주를 해결해 줄 수 있는 요소가 바로 일자리이다. 결국 현재 일자리와 미래 일자리가 어디에 집중돼 있는지만 파악해도 부동산을 쉽게 분석할 수 있다.

### 거주 인구 대비 일자리수는 서울이 압도적

일자리의 숫자는 경기도와 서울이 유사하다. 하지만 거주 인구를 감안하면 큰 차이가 난다. 경기도의 일자리는 2.31명당 1개지만, 서울은 1.61명당 1개다. 전국 17개 광역 지방자치단체 중 압도적인 일자리수 1위

지역이다. 서울의 수요가 가장 많은 이유가 바로 이 때문이다. 한정된 면
적에 가장 많은 일자리, 이것이 바로 수요이고 부동산 프리미엄이다.

**전국 일자리수(2022년)**

(단위: 개, 세대, 명)

| 행정 구역 | 사업체수 | 종사자수 | 인구수 | 세대수 | 세대당 인구 | 인구수/종사자수 |
|---|---|---|---|---|---|---|
| 경기도 | 1,455,644 | 5,886,850 | 13,579,508 | 5,908,615 | 2.30 | 2.31 |
| 서울특별시 | 1,211,053 | 5,868,926 | 9,443,722 | 4,450,389 | 2.12 | 1.61 |
| 부산광역시 | 402,003 | 1,537,281 | 3,322,286 | 1,556,293 | 2.13 | 2.16 |
| 경상남도 | 387,177 | 1,494,560 | 3,284,495 | 1,516,472 | 2.17 | 2.20 |
| 경상북도 | 321,061 | 1,225,829 | 2,603,389 | 1,285,483 | 2.03 | 2.12 |
| 인천광역시 | 306,108 | 1,208,269 | 2,962,388 | 1,320,238 | 2.24 | 2.45 |
| 충청남도 | 253,192 | 1,064,810 | 2,121,333 | 1,017,146 | 2.09 | 1.99 |
| 대구광역시 | 283,033 | 1,010,557 | 2,366,852 | 1,070,874 | 2.21 | 2.34 |
| 전라남도 | 228,219 | 847,692 | 1,819,157 | 907,462 | 2.00 | 2.15 |
| 충청북도 | 191,265 | 808,018 | 1,595,578 | 771,479 | 2.07 | 1.97 |
| 전라북도 | 225,964 | 794,929 | 1,771,776 | 855,270 | 2.07 | 2.23 |
| 강원도 | 193,074 | 704,983 | 1,537,339 | 755,184 | 2.04 | 2.18 |
| 대전광역시 | 164,406 | 691,264 | 1,446,863 | 673,098 | 2.15 | 2.09 |
| 광주광역시 | 170,085 | 667,435 | 1,432,651 | 652,598 | 2.20 | 2.15 |
| 울산광역시 | 117,247 | 543,424 | 1,111,707 | 486,070 | 2.29 | 2.05 |
| 제주특별자치도 | 94,001 | 318,891 | 678,324 | 311,251 | 2.18 | 2.13 |
| 세종특별자치시 | 28,490 | 139,731 | 382,258 | 159,129 | 2.40 | 2.74 |
| 전국(계) | 6,032,022 | 24,813,449 | 51,459,626 | 23,697,051 | 2.17 | 2.07 |

출처: 통계청

## 서울 지역 내 일자리수(2022년)

| 행정구역 | 사업체수 | 종사자수 | 총인구수 | 세대수 | 세대당 인구 | 인구수/종사자수 |
|---|---|---|---|---|---|---|
| 강남구 | 115,054 | 838,446 | 529,946 | 233,474 | 2.27 | 0.63 |
| 서초구 | 75,858 | 497,678 | 404,902 | 168,146 | 2.41 | 0.81 |
| 영등포구 | 74,060 | 434,698 | 375,849 | 188,734 | 1.99 | 0.86 |
| 송파구 | 76,412 | 411,898 | 659,788 | 285,087 | 2.31 | 1.60 |
| 중구 | 76,129 | 408,064 | 120,648 | 63,206 | 1.91 | 0.30 |
| 마포구 | 58,694 | 285,083 | 364,698 | 179,959 | 2.03 | 1.28 |
| 종로구 | 50,531 | 284,570 | 141,861 | 72,758 | 1.95 | 0.50 |
| 강서구 | 58,788 | 280,238 | 570,011 | 273,776 | 2.08 | 2.03 |
| 금천구 | 47,354 | 262,665 | 230,156 | 119,572 | 1.92 | 0.88 |
| 구로구 | 53,547 | 239,168 | 394,212 | 182,789 | 2.16 | 1.65 |
| 성동구 | 41,582 | 196,377 | 281,694 | 133,599 | 2.11 | 1.43 |
| 강동구 | 40,978 | 164,769 | 460,413 | 202,341 | 2.28 | 2.79 |
| 용산구 | 31,507 | 154,288 | 219,102 | 109,936 | 1.99 | 1.42 |
| 동대문구 | 43,029 | 148,308 | 337,273 | 170,169 | 1.98 | 2.27 |
| 관악구 | 38,639 | 135,681 | 487,201 | 283,378 | 1.72 | 3.59 |
| 광진구 | 35,423 | 134,230 | 337,900 | 169,382 | 1.99 | 2.52 |
| 양천구 | 37,183 | 130,371 | 441,749 | 181,370 | 2.44 | 3.39 |
| 노원구 | 37,442 | 127,454 | 505,058 | 217,956 | 2.32 | 3.96 |
| 성북구 | 34,420 | 121,798 | 431,581 | 197,535 | 2.18 | 3.54 |
| 서대문구 | 28,769 | 120,347 | 305,113 | 145,325 | 2.10 | 2.54 |
| 중랑구 | 38,558 | 111,086 | 385,976 | 187,467 | 2.06 | 3.47 |
| 동작구 | 28,505 | 110,642 | 382,747 | 186,655 | 2.05 | 3.46 |
| 은평구 | 36,273 | 108,362 | 468,988 | 214,702 | 2.18 | 4.33 |
| 강북구 | 26,711 | 83,276 | 294,429 | 144,552 | 2.04 | 3.54 |
| 도봉구 | 25,607 | 79,429 | 312,427 | 138,521 | 2.26 | 3.93 |
| 서울특별시(계) | 1,211,053 | 5,868,926 | 9,443,722 | 4,450,389 | 2.12 | 1.61 |

출처: 통계청

서울 내부로 들어오면 더 드라마틱한 결과를 볼 수 있다. 해당 지역의 인구보다 종사자수가 많은 지방자치단체가 꽤 여러 곳 있다. 강남구, 서초구, 영등포구, 중구, 종로구, 금천구가 거주 인구보다 종사자 인구가 더 많다. 말 그대로 수요가 차고 넘치는 일자리 지역이다.

　강남구, 서초구의 시세가 서울에서 가장 높은 이유는 바로 일자리 때문이다. 물론 부동산 프리미엄에는 일자리만 있는 것이 아니다. 교육 프리미엄, 상권 프리미엄, 환경 프리미엄 그리고 일자리 만큼이나 중요한 교통 프리미엄이 있다. 이러한 다양한 프리미엄을 제공하는 요소를 고려한 것이 바로 현재 부동산 시세다.

　일자리만 놓고 보면 영등포구, 중구, 종로구, 금천구의 시세가 지금보다 더 높아야 하지만, 일자리 외의 다른 프리미엄 요소들이 부족하기 때문에 지금의 시세를 유지하고 있는 것이다. 이후 장부터 그럼 어떻게 서울 부동산의 프리미엄들을 분석하고 예상해야 하는지 하나씩 살펴보자.

3장

---

서울 부동산 프리미엄은
언제부터 시작되었나

# 아주 오래전부터
# 특별했던 서울

## 🏠 서울을 옮길 수 있을까?

서울이라는 입지가 대한민국 부동산의 중심으로 떠오른 것은 조선 시
대 때부터이다. 고려 시대 때까지는 현재 북한에 속하는 개성(당시 지명
은 개경 또는 송악)이 한반도의 중심지였다. 태조 이성계가 조선을 개국
하고 고려의 기득권 세력을 약화시키기 위해 서울(당시 지명은 남경 또는
한양)로 천도를 단행했다. 서기 1394년 태조 3년차 때의 일이다. 이것
이 서울이 한반도의 중심 지역으로 단번에 떠오르게 된 가장 중요한 역
사적 사건이다. 여기까지는 초등학생도 알 수 있는 상식적인 내용이다.

하지만 한양으로 천도한 후 다시 수도를 개성으로 옮긴 적이 있다는
사실은 대부분 모를 것이다. 이는 조선의 두 번째 왕인 정종 때의 일인
데, 이 역시 정치적인 이유에서였다. 이방원이 주축이 된 왕자의 난이

일어났기 때문이다. 두 차례에 걸친 왕자의 난 이후 왕위에 오른 이방원, 즉 조선 세 번째 왕인 태종이 수도를 다시 한양으로 옮긴다. 이로써 서울이 수도로서 완전히 안착된다.

## 한양(서울) 천도, 개성 환원, 한양(서울) 재천도 이야기

1394년 한양 천도를 천명하고 이를 실행에 옮긴 후 경복궁을 지어 들어갔을 때는 이성계가 임금, 방석이 세자인 상태였다. 그러나 1396년 강 씨가 사망하고 이성계가 병을 앓게 되자 1398년 8월 26일 이방원이 난을 일으켜 세자 방석 등을 살해한다. 이복형제들을 죽인 1차 왕자의 난이 새로 지은 한양의 궁궐 경복궁에서 일어난 것이다.

이후 2남 방과(장남은 이때 사망한 상태)가 세자가 되고 열흘 후 왕위에 오른 정종은 다음 해인 1399년 한식 때 개성에 있는 생모 한 씨의 능을 참배하러 갔는데, 이때 한양에서 다시 개경으로 환도할 것을 천명하고 아버지인 상왕 이성계에게도 이 사실을 알린 후 3월 7일 환도한다.

그러나 개경으로 천도한 이듬해인 1400년 1월 2차 왕자의 난이 일어났고 2월에 동생 방원을 세자로 책봉했다. 그해 11월 13일에 왕위를 물려주고 상왕으로 물러났다. 그렇게 개경 수창궁에서 왕이 된 방원이 3대 태종이다. 두 번째 왕자의 난은 동복형제 간 다툼이었으므로 죽이지는 않았다. 이 난은 환도한 개경에서 일어났으며 개경의 수창궁에서 즉위한 조선의 임금은 태조와 태종이다.

왕이 된 방원은 아버지 이성계와의 관계를 원만히 회복하려 노력 중이었고 이성계는 태종에게 한양으로의 재천도하기를 요청하고 있었다. 그러나 개경으로의 환도를 반기는 세력들이 있어 한양으로 재천도는 쉽게 결정되지 못했고 개경과 한양 두 곳을 수도로 하는 양경제(兩京制)가 거론되기도 했다.

그러던 중 1402년 11월에 발생한 조사의의 난은 계비 강 씨의 인척이 벌인 복수 반란이라거나 심지어 그 배후에 아버지 이성계가 있었다는 평가도 있는데, 반란 평정 후에는 개경을 수도로 하자는 주장이 더 강경해졌다.

그러나 태종은 국왕으로서 아버지와의 충효를 유지해야 왕권의 명분이 선다고 판단해 결국 이성계가 희망한 대로 한양 재천도를 결정한다. 한양 재천도로 이성계와 이방원의 관계는 좋아진다.

태종 이방원의 결심으로 한양 재천도가 추진되자 여전히 반대 여론이 높았고, 하륜은 다시 한번 무악(母岳)이 최적지라고 주장하는 등 혼란스러워지자 태종은 1404년 10월 2일 신하들을 대동하고 무악으로 현지 답사를 떠난다.

무악에 도착해 지형을 살피면서 신하들과 무악이냐, 한양이냐를 논의하다가 한양으로 들어간 태종은 종묘에서 최종적으로 점(占)을 쳐서 결정하겠다고 하니 고려 태조 왕건이 개경을 수도로 정했다는 동전을 던져 길흉을 점치는 척전(擲錢)을 하게 된다.

3번씩 동전을 던져 점을 친 결과(한 면을 길(吉), 다른 면을 흉(凶)으로 하고), 한양은 2길1흉, 개성과 무악은 모두 1길2흉이 나와 결국 한양으로 천도를 확정지었고, 이듬해인 1405년 9~10월에 한양 재천도가 진행됐다. 6년 8개월 만에 개성에서 한양으로 재천도된 것이다.

이 책에서 한양(서울) 천도의 역사를 이야기하는 이유는 지금의 서울이 한반도의 중심지가 된 것이 한반도 역사 5,000년 중 4,000여 년이 지난 1394년 이후의 일이라는 것을 강조하기 위해서이다. 한반도의 본격적인 역사 시대를 삼국 시대부터라고 해도 1,500년 정도가 지난 후의 일이라는 것이다. 그만큼 중심지의 이동에는 다양한 스토리가 있을 수밖에 없고 물리적으로도 오랜 시간이 필요하다. 한 나라의 중심지가 이동하는 데는 그만큼 수많은 사람의 의사결정이 있어야 한다는 것도 아울러 이야기하고 싶었다.

지금의 서울을 다른 지역으로 다시 옮기는 것은 거의 불가능하다고 생각한다. 수도를 옮긴다는 것은 당연히 부동산 입지나 가치의 측면에서 대대적인 권력 이동을 의미한다. 권력 이동에는 큰돈이 필요하다. 그 단적인 예로 노무현 대통령 때 수도를 서울에서 세종으로 옮기려고 했다가 헌법 불합치 판정을 받은 것을 들 수 있다.

475년간 지속됐던 개성 부동산 가치의 성장은 조선의 한양 천도와 함께 막을 내리게 된다. 후삼국을 통일한 태조 왕건 시절(918년)부터 마지막 왕인 공양왕(1392년) 시절까지 개성의 부동산 가격은 기하급수적으로 상승했을 것이다. 하지만 태종 이방원이 서울을 수도로 완전히 확정(1405년)한 다음부터는 서울의 부동산 가격이 기하급수적으로 상승했을 것이고, 개성의 부동산 가격은 보합 또는 하락세로 전환됐을 것이다.

## 🏠 조선 시대에도 일자리가 중요한 건 마찬가지

조선 시대 서울의 범위는 지금의 사대문 안까지였다. 북쪽으로는 북대문(숙정문)이 있는 북악산, 동쪽으로는 동대문(흥인지문), 서쪽으로는 서대문(돈의문), 남쪽으로는 남대문(숭례문)이 조선 시대 서울의 경계였다. 현재의 행정 구역으로 따져보면 종로구와 중구만 서울이었다. 예를 들어 조선 시대에는 지금의 서대문구와 동대문구가 서울이 아니었다. 서대문구는 서대문 밖의 경기도 지역, 동대문구는 동대문 밖의 경기도 지역이었다.

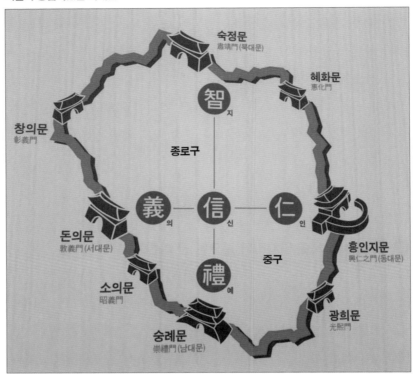

당시 서울은 오늘날 2개 구의 규모에 불과했다. 2개 지역, 즉 종로구 지역과 중구 지역을 나눠 생각해 볼 수 있다. 둘 중 어디가 더 비쌌을까? 당시 가장 좋은 일자리가 종로구에 다 모여 있었으므로 당연히 종로구 지역이 더 비쌌을 것이다. 최고 연봉을 받는 고위 공무원들이 종로구 경복궁으로 출퇴근했고, 그 인근 지역에 살았다. 조선 시대를 실질적으로 창설했다고 할 수 있는 삼봉 정도전의 집이 지금의 종로구청 앞이다. 현재 도로명 주소로 삼봉로, 율곡로가 모두 종로구에 있다. 당시 가장 잘나가는 고위 공무원들이 주로 거주했던 곳이 종로구 지역이라는 의미이다. 그다음으로, 고위급은 아니지만 나름대로 공무를 담당했던 중위권 공무원들은 현재 중구 지역에 살았다. 남산골 한옥마을에 가보면 이곳도 꽤 부자 공무원들이 살았던 곳이라는 걸 알 수 있다.

## 🏠 해방 이후 서울이 확장되며 25개 구가 생기다

### ① 일제 강점기, 일본이 정한 7개 구

이렇게 조선 500여 년간 종로구와 중구 지역만 서울이었다. 일본이 조선의 국권을 빼앗고(1910년) 태평양 전쟁으로 연합군에 패망해 1945년 한반도가 해방되고 나서야 온전한 서울이 다시 우리에게 돌아온다.

해방 당시 일본이 서울에 포함한 행정구는 총 7개였다. 일제 강점기에 용산구, 동대문구, 성동구, 서대문구, 영등포구 등 5개 구가 추가로 편입된 것이다. 종로구, 중구만으로는 엄청나게 커진 서울의 행정 업무와 여러 가지 일자리를 감당할 수 없었고 그에 따른 주거지, 상업지로서의 역할도 더 커져야만 했다. 바로 이러한 이유 때문에 서울이 크게 확장된 것이다. 남쪽으로는 용산구와 영등포구, 서쪽으로는 서대문구, 동쪽으로는 동대문구와 성동구까지 서울이 된다.

이렇게 새로운 지역이 서울로 편입되면, 행정 구역이 경기도였다가 서울로 변경된 이곳의 부동산 시세는 오르기 마련이다. 물론 편입되기 전 언제부터인가 계속 시세는 올랐을 것이다. 서울이 아니라 하더라도 부동산의 가치는 사람이 모여들수록 상승하기 때문이다. 서울의 보조 역할을 하던 용산구, 동대문구, 성동구, 서대문구, 영등포구 지역에 사람들이 지속적으로 유입되면서 부동산의 가치도 함께 상승한 것이다.

**서울시 행정 구역의 변화**

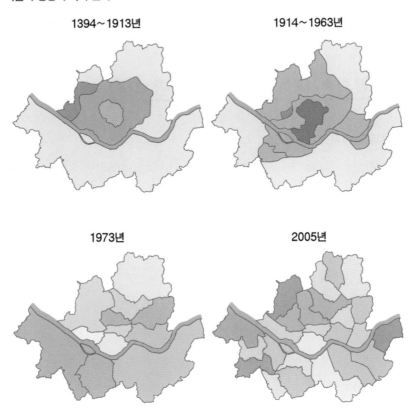

1394~1913년

1914~1963년

1973년

2005년

출처: 서울 도시계획 포털

## ② 서울이 25개 구로 완성되기까지

이후 1945년에는 마포구, 1949년에는 성북구가 서울로 편입된다. 1973년에는 관악구와 도봉구, 1975년에는 강남구, 1977년에는 강서구, 1979년에는 은평구와 강동구, 1980년에는 구로구와 동작구, 1988년에는 송파구·중랑구·노원구·서초구·양천구, 1995년 강북구·금천구·광진구가 서울로 편입된다. 1995년에 비로소 현재(2024년)와 같은 총 25개 구가 서울 행정구로 완성된다. 여기까지가 현재 서울특별시 행정 구역의 역사이자 대한민국 건국 후 서울의 생성과 확장 과정이다.

**서울시 각 구의 출범 연도**

| 출범 연도 | 구 |
|---|---|
| 1943 | 종로구, 중구, 용산구, 동대문구, 성동구, 서대문구, 영등포구 |
| 1945 | 마포구 |
| 1949 | 성북구 |
| 1973 | 관악구, 도봉구 |
| 1975 | 강남구 |
| 1977 | 강서구 |
| 1979 | 은평구, 강동구 |
| 1980 | 구로구, 동작구 |
| 1988 | 송파구, 중랑구, 노원구, 서초구, 양천구 |
| 1995 | 강북구, 금천구, 광진구 |

서울이라는 곳에서 일하고, 공부하고, 먹고, 잠을 자는 사람이 증가하면서 서울이라는 지역이 확장됐다.

일제 강점기 조선총독부의 통계 자료를 보면, 경술국치(1910. 8. 29.) 직전 서울 인구는 27만 명으로, 전국 인구수 대비 2.1%였다. 그런데 해방 직전에는 107만 명으로, 전국 인구수 대비 4%의 위상을 가진 도시로 성장한다. 면적뿐 아니라 한반도 중심지로서의 위상도 함께 성장한 것이다.

2022년 기준 서울의 인구는 944만 명으로, 전국 인구수 대비 18.4%다. 서울은 수도로 자리잡은 이후 계속 성장해 왔다. 아마도 한반도에 아주 큰 변혁이 발생하지 않는 한 이러한 서울의 위상은 지속될 것이다.

**서울시의 인구 변화** (단위: 명, %)

| 연도 | 전국 인구 | 서울 인구 | 전국 대비 서울 인구 |
|---|---|---|---|
| 1910 | 13,313,017 | 278,958 | 2.1 |
| 1943 | 26,662,150 | 1,078,178 | 4.0 |
| 2022 | 51,459,626 | 9,443,722 | 18.4 |

출처: 통계청

## 📍 600년 이상 다져진 서울의 위상

현 서울의 위상은 단기간에 완성된 것이 아니다. 서울은 이미 600여 년 전인 조선 시대 때부터 가장 중요한 도시였다. 물론 조선 시대 때는 정치적인 의미로도 가장 중요한 도시였다. 그러다가 일제 강점기(1910~1945년)에는 본격적인 산업화 도시로 성장한다. 조선 시대 서울의 역할에 비해 최소한 2배 이상 성장했다. 하지만 이때까지는 소극적인 성장이었다. 서울의 확장은 해방 이후부터 본격화된다. 오롯이 대한민국 국민의 자발적인 힘으로 서울이라는 도시가 폭발적인 성장을 이

룬 것이다. 해방 이후 50년 만에 서울의 기능은 5배 이상 성장한다. 다시 말해, 작은 면적 안에 대한민국 5분의 1의 인구를 갖게 된 것이다.

서울의 역사를 되돌아보는 것이 의미 있는 이유는 바로 이 때문이다. 서울이 어떻게 성장해 왔고 그 과정에서 어떤 역할들이 추가됐는지를 알아야 서울의 현재 위상을 이해할 수 있다.

서울은 면적으로 더 이상 성장하기 어렵다. 양적인 팽창은 이미 한계에 도달했다. 그래서 자신의 역할을 경기도, 인천과 나눠 갖고 있다. 아니, 이보다는 서울의 역할을 경기도와 인천이 보조하고 있다는 것이 더 정확한 표현일 것이다. 이는 곧 경기도와 인천이 발전할수록 서울이 더 많이 발전할 수밖에 없는 구조라는 것을 의미한다. 이러한 수도권의 구조는 서울이라는 부동산 시장을 이해하는 데 매우 중요하므로 늘 염두에 두기 바란다.

# 서울특별시
# 강남구의 탄생

## 🏠 조선 시대 이전의 서울은 강남이었다

역사적인 사실 한 가지를 체크해 보자. 현재의 서울이라는 지역에서 사람들이 본격적으로 살기 시작한 시기는 '신석기 시대'였다. 이 시대에 사람들이 주거지로 가장 먼저 자리잡은 곳은 종로구, 중구가 아니라 현재의 강남권이다. 선사 시대 이후 백제가 서울의 주도권을 가졌을 때(4세기)까지는 말이다.

하지만 백제가 고구려와의 전쟁에서 패배해 충청권으로 밀리고 결국 신라에 패망하고 나서 서울이라는 지역은 쑥대밭이 됐을 것이다. 나라 간 전쟁의 승부가 정해지면 패전한 나라의 수도는 대체로 불태워진다. 당시 서울 지역의 중심지였던 강남권이 백제가 주도권을 빼앗긴 후 꽤 오랜 기간 역사에서 사라져버린 이유가 바로 이 때문이다. 대개 논밭으

**서울의 연혁**

| 시대 | 연도 | 주요 연혁 | 유적지 | 현재 지명 |
|------|------|-----------|--------|-----------|
| 신석기 | BC 8000 | 사람이 거주하기 시작 | 삼성동, 암사동 | 강남구, 강동구 |
| 청동기 | BC 1500 | 경제 활동 시작 | 송파구 주변 한강 유역 | 강남구, 송파구, 강동구 |
| 삼국시대 AD 475 | BC 18 | 백제의 수도 및 영역 | 풍납토성, 몽촌토성 | 송파구, 석촌동, 가락동, 방이동 |
| | 475~551 | 고구려 영토 | 아차산 | 광진구 |
| | 551~ | 신라 영토 | 북한산 순수비 | 은평구, 종로구 |
| 고려 | 898~ | 고려 영토 | 남경, 한양 | 종로구, 중구 |
| 조선 | 1394~ | 조선 수도 | 서울 | 종로구, 중구 |
| | 1910~1945 | 일본 강제 합병 | 서울 | 종로구, 중구, 용산구, 동대문구, 성동구, 서대문구, 영등포구 |
| 현재 | ~2024 | 대한민국 | 서울 | 25개 구 |

로만 활용됐을 것이다.

그렇게 한참이 지난 후에야 지금의 강남권 지역이 다시 등장하게 되고 본격적인 중심지로 부각되는데, 바로 이 시기가 1970년대 강남 개발 이후이다. 지금의 강남권은 선사 시대 때부터 백제 시대까지 서울 지역의 중심이었다. 놀랍지 않은가? 원래 서울의 중심지였던 강남권이 1,500여 년 동안 잊혀졌다가 중심지로 복귀한 것이다. 부동산에도 회귀본능이라는 생태계의 법칙이 존재하는 것은 아닐까?

## 🏠 지금의 강남을 탄생시킨 사건들

종로구, 중구는 여전히 서울의 중심이다. 정부 청사, 대기업들의 본사 그리고 언론사들이 자리잡고 있는, 그야말로 정치·경제·언론의 중심지다. 따라서 이 주변 지역이 발전하면 종로구, 중구가 더욱 발전하게 된다. 그런데 강남이라는 신도시가 탄생한 이후부터 이 패턴에 변화가 생긴다. 지금의 강남을 만든 몇 가지 사건을 살펴보자.

### ① 한남대교 개통

1969년 12월 27일, 제3한강교 (한남대교)가 개통된다. 지금은 한강에 30개가 넘는 다리가 있지만, 당시는 제1한강교(한강대교)와 제2한강교(양화대교)밖에 없었다. 1960년대까지는 강남 권역에서 영등포구만 중요한 권역이었다. 한남대교 개통은 드디어 강남이라는 지역이 서울의 신도시로서 본격적으로 편입됐다는 것을 선언한 부동산 분야의 역사적 사건이었다.

**한남대교(제3한강교) 공사 현장**

출처: 서울역사아카이브

## ② '강남'이라는 이름의 사용

강남구는 1975년에 출범한다. 그전까지는 강남이라는 용어조차 없었다. '영등포의 동쪽'이라는 의미로 영동이라고 했을 뿐이다. 지금도 남아 있는 영동대교, 영동시장, 영동고등학교 등의 용어에서 당시 초라했던 강남권의 흔적을 찾아볼 수 있다.

## ③ 경부고속도로 개통

정치적인 의도였든, 경제적인 목적이었든 강남은 1970년 이후 본격적으로 개발된다. 한남대교 개통이 강남 개발의 신호탄이었다면 본격적인 개발은 경부고속도로 개통과 함께 시작된다. 1970년 7월 7일 경부고속도로 개통식이 열린다. 논밭만 있던 강남이라는 지역에 많은 차량이 지나다니게 된 것이다. 부동산은 사람들이 많이 모여들수록 가치가 올라간

**경부고속도로 준공 기념 책자**

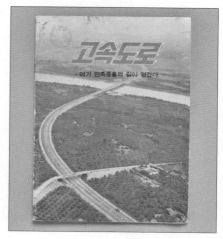

출처: 서울역사아카이브

다. 강남이라는 지역에 사람들이 자발적으로 모여들게 하는 교통망이 하나둘씩 갖춰진다. 경부고속도로 이외에도 여러 가지 도로망이 생겨나는데, 난개발 방식이었던 강북 지역과 달리 직각에 가깝게 교차하면서 계획 도시로서의 면모를 보여 준다.

하지만 경부고속도로 착공만으로 현재 강남의 위상이 상위 궤도에 오른 것은 아니었다. 개성에서 서울로 수도를 옮기는 것에 대한 저항이

매우 컸던 만큼, 강북에서 강남으로 생활권을 옮겨가기가 쉬운 일만은 아니었다. 당시 강남에는 기반 시설이 전혀 없었기 때문이다. 도로망만 만들어 놓는다고 해서 사람들이 자발적으로 찾아오는 것도 아니라서 고정적으로 이용할 수 있는 기반 시설이 있어야만 했다.

### ④ 강남고속버스터미널

사람들을 모이게 하는 데 결정적인 역할을 한 시설이 바로 '강남고속버스터미널'이다. 1976년 가개설해 문을 열기까지 서울 지역 대부분의

**1981년 반포동 일대와 강남고속버스터미널**

출처: 서울역사아카이브

고속버스터미널은 강북에 있었다. 심지어 강북의 여러 곳에 분산돼 있었다. 그 터미널들을 현재 서초구 반포동 부지로 집결시켰고, 전국적인 버스 교통망의 중심지로 반포동(당시에는 서초구가 아니라 강남구였음)이 부각되기 시작한다. 반포동은 대형 주거지, 대형 상업시설이 밀집된 곳으로 서울 부동산 역사에 새롭게 등장했다.

### ⑤ 2호선 지하철 개통

서울 교통망에서는 도로망이 가장 중요했지만, 강남 개발 이후 전철망이 점점 더 중요해졌다. 일을 하든, 거주를 하든 많은 사람을 이곳으로 옮겨와야 했기 때문이다. 드디어 1980년 10월 신설동~종합운동장 구간의 2호선 전철망이 개통된다.

**2호선 지하철 첫 운영**

출처: 한국도로교통공사

2호선 개통은 강남이 서울의 중심으로 자리잡는 데 결정적인 역할을 한다. 1984년 5월 서울대입구~을지로입구 구간 개통으로 을지로 순환선이 비로소 완성된다. 2호선 순환선은 서울의 중심 지역을 모두 연결하는 획기적인 노선이었다. 이로써 강남으로의 집중이 더욱 가속화된다.

### ⑥ 대규모 주거지 공급

도로망, 전철망 등 다양한 교통망이 갖춰지자 강남권이 주거 지역으로서 본격적으로 부상하게 된다. 당시 중심지였던 서울 강북 지역에는 대규모 택지 지구가 없었다. 강남권을 제외하면, 현재도 서울특별시 내에서 대규모 택지 개발 지구라고 할 수 있는 지역은 노원구 상계동·중계동, 양천구 목동 정도를 들 수 있는데, 노원구와 양천구는 둘 다 1988년에 새로운 구로 분리된 지역이다. 따라서 당시 강남 개발은 서울이라는 지역에서는 최초로 대형 택지 개발 지구 내에서 주거시설을 대규모로 공급했다는 데 큰 의미가 있다. 반포·잠실·압구정·고덕·둔촌·개포·잠원 지구 등 지금 강남권 재건축을 주도하고 있는 대부분의 대규모 아파트 단지들이 모두 이때 만들어졌다. 이 지역은 30여 년이 지난 지금 재건축을 통해 대규모 신규 아파트 단지들로 또 한 번 탈바꿈하고 있다.

**영동지구 개발 사업 현장(현재 강남)**

출처: 서울역사아카이브

**남서울아파트(현재 반포주공1단지) 분양 광고**

택지 개발을 통해 건설되는 대규모 아파트 단지들은 강북의 나홀로 단지들과 달리, 거주 쾌적성을 높여 줬다. 네모 반듯한 도로망, 주거 지역과 상업 지역의 적절한 배치, 평지 지형, 유흥업소 등 혐오 시설 배제, 버스·전철 등 다양한 대중 교통망 확보, 주민 공동 편의 시설 등 생활 편의 기반 시설들을 제대로 갖춘 지역을 동시에 만듦으로써 명품 주거 지역으로서 새로운 부동산 세상을 만들었던 것이다. 강북의 기존 주거시설에서는 찾아볼 수 없는 여러 가지 획기적인 주거 관련 기반 시설과 단지 시설이 제공됐기 때문에 이상적인 주거 지역으로서 인기가 있을 수밖에 없었다. 이후 강남 주거 지역에 대한 수요가 폭발적으로 증가한다.

## ⑦ 명문 학교들의 강남 이전

더욱이 강북에 있던 내로라하는 인기 학군의 고등학교들, 즉 1970년대부터 1980년대까지 최고 명문이던 경기고를 비롯해 배재고, 한영고, 보성고, 중동고, 휘문고, 경기여고, 숙명여고, 서울고, 동덕여고 등이 강

## 공·사립 고등학교 이전 현황

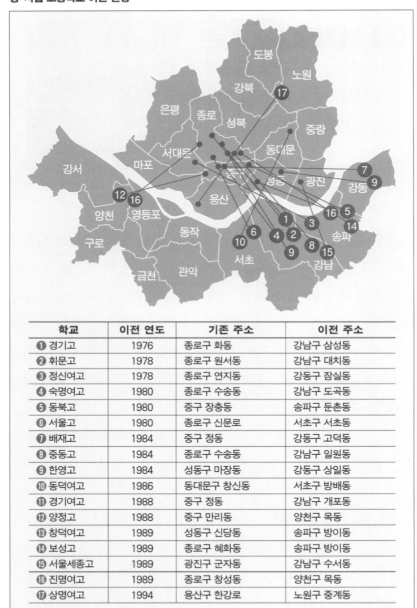

| 학교 | 이전 연도 | 기존 주소 | 이전 주소 |
|---|---|---|---|
| ❶ 경기고 | 1976 | 종로구 화동 | 강남구 삼성동 |
| ❷ 휘문고 | 1978 | 종로구 원서동 | 강남구 대치동 |
| ❸ 정신여고 | 1978 | 종로구 연지동 | 강동구 잠실동 |
| ❹ 숙명여고 | 1980 | 종로구 수송동 | 강남구 도곡동 |
| ❺ 동북고 | 1980 | 중구 장충동 | 송파구 둔촌동 |
| ❻ 서울고 | 1980 | 종로구 신문로 | 서초구 서초동 |
| ❼ 배재고 | 1984 | 중구 정동 | 강동구 고덕동 |
| ❽ 중동고 | 1984 | 종로구 수송동 | 강남구 일원동 |
| ❾ 한영고 | 1984 | 성동구 마장동 | 강동구 상일동 |
| ❿ 동덕여고 | 1986 | 동대문구 창신동 | 서초구 방배동 |
| ⑪ 경기여고 | 1988 | 중구 정동 | 강남구 개포동 |
| ⑫ 양정고 | 1988 | 중구 만리동 | 양천구 목동 |
| ⑬ 창덕여고 | 1989 | 성동구 신당동 | 송파구 방이동 |
| ⑭ 보성고 | 1989 | 종로구 혜화동 | 송파구 방이동 |
| ⑮ 서울세종고 | 1989 | 광진구 군자동 | 강남구 수서동 |
| ⑯ 진명여고 | 1989 | 종로구 창성동 | 양천구 목동 |
| ⑰ 상명여고 | 1994 | 용산구 한강로 | 노원구 중계동 |

출처: 서울특별시 시사편찬위원회

남권으로 이전한다. 1974년 고등학교 평준화 제도와 함께 거주지 인근 지역 배정이라는 획기적인 고등학교 배정 제도가 도입돼 지금의 강남 학군 발전에 크게 기여한다. 명문 고등학교의 강제 이전이라는 국가 정책이 강남이라는 지역의 폭발적인 성장을 가속화한 셈이다.

## ⑧ 고급 상권 개발

명품 상업시설 개발도 강남이 서울의 중심지로 부각되는 데 크게 기여한다. 1970~1980년대까지만 하더라도 백화점은 종로구, 중구에 집중돼 있었다. 백화점 3총사였던 신세계, 롯데, 미도파가 모두 중구에 모여 있었다. 강남의 부유층도 강북으로 쇼핑하러 가던 시기였다. 강남에서 강북으로 쇼핑하러 가는 불편함을 덜기 위해 강남권에도 백화점이 속속 들어선다.

**뉴코아백화점 초기모습**

출처: 서울연구데이터서비스

**(구)삼풍백화점 모습**

출처: 서울연구데이터서비스

서초구에는 뉴코아백화점과 삼풍백화점, 강남구에는 현대백화점 압구정점·무역센터점과 갤러리아백화점이 문을 연다. 송파구에는 롯데백화점 잠실점과 롯데월드라는 실내 테마파크까지 개발된다. 이제 강남권에서 굳이 강북의 백화점을 찾아갈 필요가 없어졌다. 강남에 모든 생활 여건이 갖춰진 것이다. 오히려 강북보다 훨씬 더 좋은 시설로 말이다.

교통망, 주거시설, 교육시설, 상업시설의 집중적인 개발이 강남이라는 허허벌판 지역을 하나의 명품 신도시로 탈바꿈시켰다. 정치적인 이유에서 시작한 개발이지만, 시간이 갈수록 사람들이 자발적으로 찾아가는 신도시가 됨으로써 시너지 효과가 발생한 것이다.

지하철 2호선이 완전히 개통된 1984년 이후 서울 부동산의 주도권이 강북에서 강남으로 넘어간다. 강북에는 대기업 회장들이 살 만한 단독 주택 입지들을 제외하면 쾌적성을 확보한 양질의 주거 입지가 거의 없었다. 그래서 경제적인 여유가 있는 중산층 이상의 서울 시민들이 1980년대에 강남으로 집단 이주하게 된다. 사람들이 강남으로 몰리기 시작하면서 강남 집값이 본격적으로 상승하기 시작했다.

## 강남에서 비강남, 혹은 강북으로

강남의 성장은 강남에만 국한되지 않았다. 강남이 성장한 것만큼 서울도 함께 성장했다. 오히려 이 부분이 서울의 부동산 미래를 예측할 때 주목해야 할 가장 중요한 포인트이다.

서울이 성장함으로써 강북이든 강남이든, 서울로 모여드는 사람들을 모두 수용할 수 없게 됐다. 강남을 개발해 서울이 크게 확장됐지만, 폭발적으로 증가하는 서울에 대한 수요층을 감당하기에는 당시 부동산 시설로는 역부족이었다. 따라서 강남권이 개발된 이후에도 추가 개발의 필요성이 대두된다. 이러한 필요성 때문에 개발된 곳이 상계·중계 택지 개발 지구와 목동 신시가지이다.

**2010년 상계동과 중계동 일대**

　이와 아울러 과천시도 서울의 수요를 분산시키기 위해 함께 개발됐다. 하지만 이것도 미봉책이 되고 만다. 이렇게 3개의 큰 신도시를 개발하고도 서울로 몰려드는 수요를 모두 감당할 수 없었다. 문제는 서울에 더 개발할 부지가 없다는 것이다. 결국 개발 부지를 더는 찾을 수가 없었기 때문에 서울 이외의 지역으로 수요를 분산시키려는 시도를 하게 된다. 그것이 바로 1기 신도시 개발이었다.

## 서울에서 수도권으로

1991년 분당신도시 입주를 시작으로 1995년까지 일산신도시, 평촌신도시, 중동신도시, 산본신도시 입주가 이뤄진다. 노태우 정부 때 공급된 신규 주택수가 무려 200만 호이다. 단기간에 공급된 신규 주택수로는 전무후무한 기록이었다.

**1기 신도시 현황**

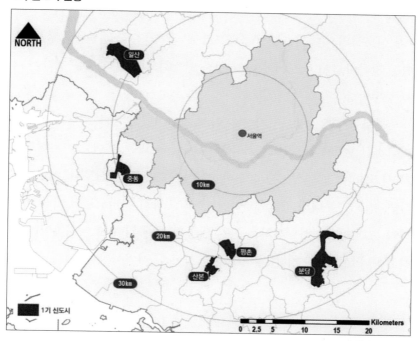

출처: 국토연구원

**1기 신도시 현황**

| 구분 | 분당 | 평촌 | 일산 | 산본 | 중동 |
|---|---|---|---|---|---|
| 위치 | 성남시 분당구 | 안양시 동안구 | 고양시 일산구 | 군포시 | 부천시 |
| 면적(천m²) | 19,639 | 5,106 | 15,736 | 4,203 | 5,456 |
| 규모 | 9만 7천 호 | 4만 2천 호 | 6만 9천 호 | 4만 2천 호 | 4만 1천 호 |
| 인구 | 39만 명 | 16.8만 명 | 27.6만 명 | 16.8만 명 | 16.6만 명 |
| 최초 | 1991년 | 1992년 | 1992년 | 1992년 | 1993년 |
| 서울로부터의 입지 | 동남쪽 25km | 남쪽 20km | 북서쪽 20km | 남서쪽 25km | 서쪽 20km |

출처: 국토연구원

서울 부동산 프리미엄은 언제부터 시작되었나

그 덕분에 한동안은 서울로 몰려드는 수요를 분산시킬 수 있었다. 그것이 1990년대 초반의 부동산 움직임이었다. 부동산 시장이 안정됐다. 심지어 강남권 부동산 시세가 조정될 정도였다. 하지만 그 1기 신도시도 결국 다 차게 된다. 그리고 1기 신도시의 시세도 상승하기 시작한다. 1기 신도시의 어마어마한 공급량으로도 서울의 수요를 충족시킬 수 없었던 것이다. 1시 신도시가 어느 정도 안정화되고 나니 서울 집값이 다시 상승한다.

서울의 상승을 이끄는 지역은 역시 강남이었다. 1기 신도시 입주가 이뤄지던 1990년대에 비로소 강남은 '강남'이라는 브랜드로 차별화되기 시작한다. 그 전까지는 단순히 '새 아파트가 많은 신도시' 이미지였다면, 1990년부터의 강남은 서울의 명품 고급화 지역으로서 서울의 타지역 그리고 1기 신도시와는 다른 위상을 갖게 된다. 오렌지족이니 야타족이니 하는 압구정 신화가 탄생한 것이 이 시기이다.

SEOUL

08

# 위기를 딛고 더 강해진 서울(강남) 프리미엄

## 🏠 본격적인 강남 시대가 열리다

압구정동을 중심으로 강남의 위상이 높아지면서 서울 내에서도 강남과 비강남의 격차가 벌어지기 시작했다. 1990년까지는 강북과 강남의 주택 가격 차이가 그렇게 크지 않았다. 하지만 '압구정 현대아파트'라는 브랜드 아파트로서의 프리미엄이 본격적으로 발생하기 시작하면서 강남은 상징적인 존재가 됐다.

**압구정 신현대아파트 상가(1978년)**

출처: 서울역사아카이브

서울 부동산 프리미엄은 언제부터 시작되었나

## 짧고 굵게 지나간 IMF

그런데 1997년 IMF 사태가 발생한다. 정확히 말하면 대한민국이 외환 위기를 맞아 국제통화기금(IMF)에 구제 금융을 요청한 사건이다. 어쨌든 그 바람에 천정부지로 상승하던 강남권 아파트 가격이 거의 절반 수준으로 폭락한다. 강남불패, 부동산불패라는 표현이 처음으로 역풍을 맞기 시작한 것이다. 아파트로 돈을 버는 시기는 지났다는 말이 모든 언론사 뉴스에 도배된다. 하지만 그것도 딱 2년 동안이었다.

**IMF와 세계 금융 위기 이후 강남 주택가격의 변화**　　　　　(단위: %)

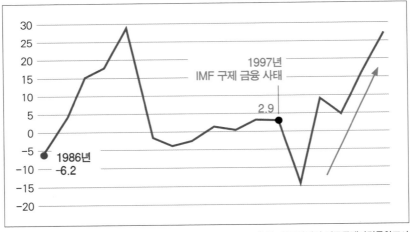

출처: 한국감정원 전국주택가격동향조사

　1999년을 저점으로 강남을 비롯한 서울 대부분 지역의 시세가 다시 상승하기 시작한다. 대한민국 기업들이 다시 살아나기 시작했다. 이때 특히 강남구를 관통하는 테헤란로의 기업체 주식은 연일 신고가를 경신했다. 업무 시설의 입지 측면에서 압도적으로 우월한 지역이 된다. 일자리 지역으로서도 대한민국 1등 입지가 됐다.

## 고급 브랜드 아파트의 등장

대한민국 최초로 평당 1,000만 원이 넘는 아파트들이 등장한다. 도곡동 타워팰리스, 삼성동 아이파크 등 이전에는 상상도 할 수 없을 만큼 고급스럽고, 고층이고, 비싼 아파트들이 공급되기 시작한다. 본격적인 브랜드 아파트 시대가 열린 것이다. 압구정 현대아파트의 시대가 타워팰리스의 시대로 전환된다. 강남이라는 지역 브랜드가 새로운 프리미엄으로 본격화되기 시작한 것이다.

**아이파크 삼성**

출처: 서울연구데이터서비스

**타워팰리스**

출처: 서울연구데이터서비스

기존 일반 아파트 대비 2배 이상 높은 가격으로 분양했는데도 분양이 잘 이뤄졌다. 가격이 중요한 것이 아니라 그 지역의 프리미엄이 더 중요한 시대가 된 것이다. 부동산 양극화가 본격적으로 발생하기 시작했다. 2000년대 초·중반이 되면서 강남구 아파트는 평당 2,000만 원을 넘어선다. 아직 강북의 아파트는 평당 1,000만 원이 되지 않던 시절이었다.

아파트 수요층들은 이제 단순한 아파트로는 만족할 수 없었다. 일반 아파트와 달라야 선택받을 수 있는 시대가 열린 것이다. 그렇게 아파트가 더 고급화된다. 거실 바닥재가 나무에서 대리석으로 변경된다. 국내 주방 가구·가전들이 해외 브랜드로 교체된다. 욕실 욕조가 월풀 욕조로 교체되고 지상에 있던 주차장이 지하로 들어가면서 지상에 조경 시설이 배치된다. 헬스클럽, 수영장, 독서실 등 커뮤니티 시설이 대규모로 갖춰진다.

반포자이와 래미안퍼스티지에는 단지 내에 미니산과 대규모 호수 공간도 배치된다. 기존에 없었던 아파트 상품이 등장하고 이전 아파트들과는 완전히 차별화됨으로써 아파트가 단기간에 평당 1,000만 원을 넘어 2,000만 원, 3,000만 원 시대가 열리게 된다. 이 2개의 명품 단지 입주로 서초구 반포동이 부각되기 시작한다. 그 전까지 반포동은 강남구 압구정동에 비해 무조건 평당 몇백 만 원 낮았는데, 반포동 아파트들이 철옹성 같던 압구정동 현대아파트와 경쟁하기 시작한다.

**래미안퍼스티지 커뮤니티 시설**

출처: 삼성물산

**반포자이 내부 모습**

## 📍 또 한 번의 조정, 2008년 금융 위기

하지만 또 한 번의 부동산 조정기가 찾아온다. 2008년 미국발 금융 위기이다. IMF 이후 끝도 없이 상승하던 부동산 시장이 영향을 받는다. 재건축 이슈로 가격이 크게 상승했던 압구정 현대아파트도 가격 조정을 받기 시작한다. 하지만 반포자이와 래미안퍼스티지는 시장 가격이 유지된다. 이후에는 두 지역의 아파트 시세가 역전된다. 재건축 이슈를 제외하고, 구 아파트와 새 아파트의 경쟁에서 새 아파트가 승리한 것이다.

2008년 금융 위기의 여파는 대한민국 경제에 꽤 큰 영향을 미쳤다. 하지만 이 또한 어느 순간 극복된다. 2012년을 최저점으로 2013년부터 서울 지역 부동산 시장이 다시 상승하기 시작한다.

**세계 금융 위기 이후 강남 주택 가격의 변화**  (단위: %)

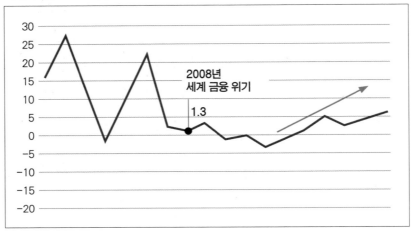

출처: 한국감정원 전국주택가격동향조사

그 중심에는 강남권 재건축이 있었다. 재건축이 본격화되면서 개포·반포·잠원·고덕·둔촌·압구정 지구 시세가 모두 반등한다. 실제 재건축 분양이 시작되면서 강남 아파트는 평당 4,000만 원 시장을 열었다. 재건축 이슈가 있는 구 아파트도 가격이 급등한다. 몇몇 단지는 평당 1억 원까지 상승한다. 재건축을 준비하고 있는 압구정 현대아파트가 반포 자이와 래미안퍼스티지 시세를 다시 역전한다. 강남구 부동산의 위상이 또다시 변하기 시작한 것이다.

현재 강남권에서 가장 비싼 아파트는 2016년 8월에 입주한 서초구 반포동 아크로리버파크이다.

**한강 바로 앞의 아크로리버파크**

34평형이 46억 6,000만 원, 평당 1억 3,700만 원에 거래되기도 했다. 그리고 반포주공1단지가 1~2년 내 분양될 예정이다. 분양가 상한제 때문에 일반 분양가는 낮게 책정되겠지만, 아크로리버파크의 가격대는 충분히 넘어설 것이다. 반포주공1단지에 이어 압구정 현대아파트가 입주하게 될 텐데 아무리 낮게 잡아도 평당 2억 원대가 될 것이다. 이는 머지않은 시기에 실제 평당 2억 원짜리 아파트가 강남권에 등장하게 된다는 것을 의미한다.

## 서울 부동산의 미래를 어떻게 보는가?

이러한 서울 강남권 아파트의 가격이 거품이라고 생각하는가? 단순히 다른 지역보다 비싸기 때문이 아니라 강남이라는 입지 가치와 상품 가치까지 포함해도 거품이라고 생각하는가? 물론 강남구만 놓고 본다면 거품일 수 있다. 하지만 강남구의 수요가 강남구 인구만큼만이라고 생각하면 절대 안 된다.

강남구에 대한 수요는 강남구 주민만이 아니라는 것을 인식하는 것이 중요하다. 서울 전체, 아니 수도권, 전국 또는 세계, 그 규모를 추정조차 할 수 없다. 정확히 추정할 사람도 없다. 왜냐하면 지금의 강남구에 대한 수요는 강남구 아파트를 현재 평균 가격인 평당 8,438만 원(KB부동산시세, 2022년 11월 기준)이라고 평가하는 사람들의 숫자만큼일 뿐이기 때문이다. 이것이 지금 강남구에 대한 수요량으로 따져본 가치이다. 인구로는 53만 명, 세대수로는 23만 3,000세대이다. 지금 이 가격대보다 강남구 미래 가치를 더 높다고 평가하는 순간, 저가격대에 대한 수요량은 당연히 더 늘어날 것이다.

얼마나 늘어날까? 그 규모 역시 정확히 추정할 수 없다. 강남구 이외에도 1차적으로 서초구·송파구·용산구·동작구·광진구·강동구·성동구·분당구 등 강남구를 에워싸고 있는 지역에서 강남구 수요층으로 전환돼 진입하려고 할 것이다. 2차적으로 서울 전체, 경기도 일부 지역, 인천 일부 지역 그리고 3차적으로 전국 주요 지역에서까지 강남구를 향한 수요 규모가 기하급수적으로 증가할 것이다.

만약 강남구의 시세가 지금보다 떨어진다면 어떻게 될까? 생각할 필요도 없다. 오히려 수요층이 지금보다 더 폭발적으로 증가할 것이다. 현재 강남구에서 수용할 수 있는 총 세대수가 23만여 세대인데, 공급은 한정된 상태에서 수요량만 기하급수적으로 증가하므로 가격이 다시 오르는 건 불을 보듯 뻔한 결과이다.

## 🏠 서울의 수요는 예측하기 힘들다

IMF와 서브프라임 이후의 강남이라는 부동산을 분석해 본 사람들은 누구나 그렇게 예측할 수밖에 없다. 그만큼 수요가 차고 넘치는 곳이다. 대기 수요는 늘 줄을 서 있다. 강남은 강남 혼자만의 지역이 아니기 때문이다.

이와 마찬가지로 서울은 서울만의 입지가 아니다. 그 뒤에는 서울을 뒷받침하는, 그보다 훨씬 더 큰 수요층이 대기하고 있다. 이와 같은 지역과 수요의 상관관계를 이해하고 있다면 서울 부동산에 대한 확신은 더욱 강해질 것이다. 이것이 서울 부동산의 미래이자 절대원칙이다.

강남 집값을 잡을 수 있을까? 단순히 가격만 잡는다는 목적으로 접근하면 절대 답이 나오지 않는다. 강남 집값은 잡는 것이 아니라 분산시키고 활용해야 하는 것이다. 강남만은 못해도 강남의 역할을 할 수 있는 곳을 찾고 개발하는 것이 정부 및 부동산 관련인으로서 가져야 할 태도라고 생각한다. 강남을 잡는 것보다 강남 같은 곳을 추가로 만드는 것이 강남 집값을 잡을 수 있는 가능성이 더 클 것이기 때문이다.

4장

지난 10년간
서울시의 부동산 개발

# 서울 부동산
# 10년의 자취

## 📍 계획대로 되지 않았던 서울의 부동산 개발

2017년 5월 박원순 서울시장은 '서울시 생활권계획'이라는 이름으로 향후 100년간 서울시를 어떻게 개발할 것인지에 대한 로드맵을 발표했다. 이 계획을 바탕으로 지속 가능한 미래 도시를 만들겠다는 취지 아래 지역별로 세부적인 개발 계획을 수립했다. 이는 서울시가 지난 5년간 어떻게 발전해 왔는지를 가장 정확히 파악할 수 있는 정책이므로 그 현황을 다시 한번 정리해 보고자 한다. 그동안의 시행착오를 타산지석 삼아 앞으로 여러 가지 부동산과 관련된 의사결정을 하는 데 많은 도움이 될 것이다.

## 서울시 생활권계획

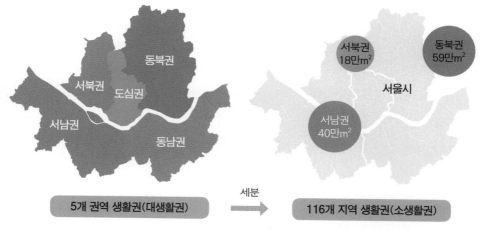

서북권
18만㎡

동북권
59만㎡

서울시

서남권
40만㎡

5개 권역 생활권(대생활권) → 세분 → 116개 지역 생활권(소생활권)

서울 전역이 골고루 활성화도록
상업지역 192만㎡ 확대 지정

출처: 서울시

## 2030 서울플랜 중심지 체계

| 2030 서울플랜 | 3도심 | 한양도성, 강남, 영등포 · 여의도 |
|---|---|---|
| | 7광역중심 | 용산, 청량리 · 왕십리, 창동 · 상계, 상암 · 수색, 마곡, 가산 · 대림, 잠실 |
| | 12지역 중심 | 동대문, 성수, 망우, 미아, 연신내 · 불광, 신촌, 마포 · 공덕, 목동, 봉천, 사당 · 이수, 수서 · 문정, 천호 · 길동 |
| 서울시 생활권 계획 | 53지구 중심 | **동북권 17개** : 금호, 장한평, 구의, 군자, 중곡, 전농, 면목, 묵동, 동선, 종암, 삼양, 석관, 수유, 방학, 쌍문, 수락, 월계 |
| | | **서북권 6개** : 응암, 신사, 홍제, 남가좌, 아현, 합정 |
| | | **서남권 20개** : 신풍, 당산, 개봉, 구로, 오류, 독산, 시흥, 노량진, 상도, 신대방, 흑석, 난곡사거리, 신림, 미림, 공항, 화곡, 강서, 까치산, 등촌, 신정네거리 |
| | | **동남권 9개** : 반포, 방배, 매헌, 도곡, 개포, 가락, 오금, 고덕, 암사 |
| | | **도심권 1개** : 하남 |

서울시 생활권계획 현황을 분석한 결과, 몇 가지 교훈을 얻을 수 있었다.

### ① 계획으로만 투자를 결정하지 말자

'계획은 계획일 뿐'이라는 것이다. 아무리 완벽한 계획도 실제로 추진되지 않으면 아무런 소용이 없다. 지금까지 수많은 개발 계획이 발표됐지만, 대체로 추진되지는 않았다. 따라서 단순히 호재만을 보고 부동산에 투자하는 일은 삼가야 한다. 대부분의 계획은 계획 단계에서 끝나기도 한다는 점을 꼭 기억하기 바란다.

### ② 서울의 양적 성장은 더 이상 힘들다

서울은 대규모 개발을 추진할 만한 대규모 택지가 없으므로 더 이상 양적으로는 성장하기 어렵다. 강서구 마곡 지구가 마지막 택지 개발 사업이었다. 따라서 이제는 질적인 성장에 초점을 맞춰야 한다. 과거에는 부동산이기만 해도 자산의 가치를 지킬 수 있었지만, 앞으로는 질적인 가치가 존재해야 자산으로서 가치가 있다. 절대 가격이 비싸더라도 질적으로 좋은 상품들에만 수요가 존재한다는 의미이다.

### ③ 서울은 재개발, 재건축 공급도 한정적이다

앞으로 서울시 신규 주택 공급이 될 정비사업, 즉 재개발, 재건축 사업은 질적인 시대에 요구되는 상품을 공급할 뿐, 주택 수를 대폭 늘려 주는 역할을 하기 어렵다. 더욱이 아파트이든, 단독·다세대이든 우리가 알지 못하는 사이에 주택수가 지속적으로 줄어들고 있는 지역도 있다는 것을 인지해야 한다. 기존 주택수가 유지된 채 신규 주택만 추가되는 것이 아니라는 것이다. 심지어 재개발에서는 멸실 주택수가 신규 공급 아파트 세대수보다 많은 경우가 꽤 많다. 재건축도 최근에는 1:1 공급이 많다. 임대 주택을 제외하면, 일반 주택으로는 거의 같은 수로 대체되는 것이다. 과거에는 소형 위주의 규모였지만, 서울의 경우 중·대형으로 변경되는 경우도 많기 때문이다. 이와 아울러 복지 정책의 확대로 청년 주택, 임대 주택의 수가 증가할 수밖에 없다. 즉, 같은 면적이라도 일반 주택으로 추가 공급되는 주택수는 줄어들 수밖에 없다는 의미이다.

서울시 생활권계획을 분석할 때는 위 세 가지 사항을 반드시 고려해야 한다.

## 🏠 지난 10년 서울은 '도시 재생'에 힘썼지만…

광역 지방자치단체장은 지방 선거를 통해 직접 선출된다. 따라서 정당 소속 후보들이 시장으로 당선된다. 이명박, 오세훈은 지금의 국민의힘 계열 정당의 시장으로, 이른바 보수 진영이었다. 박원순 시장은 지금의 더불어민주당 소속 시장으로, 진보 진영이었다. 부동산 정책은 정치적인 영향을 많이 받는다. 실제로 문재인 정부의 부동산 정책들을 보면 그런 성향이 있다는 것을 쉽게 알 수 있다.

하지만 지방자치단체 내 부동산 정책은 전적으로 여당이나 야당의 정책일 수 없다. 당시 해당 지방자치단체의 시민들이 조금이라도 더 희망하는 쪽으로 정책이 만들어지기 때문이다. 지방자치단체 내의 수요는 유권자의 수와 정비례하기 때문에 전국 국민을 대상으로 하는 대통령 선거와는 사뭇 다르다.

결국 지방자치단체 내 부동산 정책의 방향은 정치적이기보다 시장(market)의 요구대로 갈 수밖에 없었다. 지난 10년간 서울 부동산의 핵심적인 방향성은 '도시 재생'이었다. 대부분의 부동산 개발 방향이 '도시 재생'에 집중돼 있었다. 서울 부동산 현황을 분석하기 위해서 반드시 도시 재생 결과들을 살펴봐야 하는 이유다.

지난 10년간의 서울에 대해서는 할 이야기가 많지만, 여기서는 하지 않겠다. 눈에 띄는 결과도 별로 없었고 10년 동안 서울 부동산이 재생 사업으로 업그레이드가 된 것 같지도 않다. 그럼에도 불구하고 하나의 큰 변화라면 '뉴타운 지역들의 도약'을 꼽을 수 있다. 뉴타운 지역의 주거 환경이 크게 개선됐다는 측면은 기억해야 한다. 특히 강북 지역과 비강남권 지역의 변화는 대단한 성과였다.

# 서울 1차 뉴타운의 도약 은평, 길음, 왕십리

## 🏠 초기 뉴타운의 시작

서울 부동산의 변화를 이해하기 위해서는 이전 시장들이 추진했던 정책과 결과들을 먼저 살펴봐야 한다. 특히 서울을 크게 업그레이드시켰던 뉴타운은 이명박 시장의 대표적인 부동산 정책이었다.

사실 뉴타운이라는 말은 공식적으로 존재하지 않는다. 법적인 용어로는 '재정비 촉진 지구'라고 한다. 낙후된 구도심 시가지의 주거 환경을 정비하는 광역 단위 도시 개발 사업의 한 형태로, 동일 생활권 지역 전체를 대상으로, 도시 기반 시설은 공공 부문, 아파트 등의 건축 사업은 민간 또는 공공 부문이 계획에 따라 공급하는 사업이다.

시범 뉴타운 지역으로는 은평뉴타운, 길음뉴타운, 왕십리뉴타운이 가장 먼저 선정돼 추진됐다. 이 3개 뉴타운의 공통점이 있는데, 모두

지난 10년간 서울시의 부동산 개발

'강북 지역'이라는 것이다. 물론 한강 이남 지역에도 뉴타운이 있다. 대표적인 예로 흑석뉴타운을 들 수 있다. 하지만 대부분의 뉴타운은 강북 지역에 있다. 그 이유는 무엇일까?

## 🏠 대규모 개발이 어려웠던 강북 지역

강북은 예전부터 사람들이 많이 살던 곳이었기 때문에 기존 거주민의 생활 공간을 크게 건드리지 않고 남아 있는 자투리땅 위주로 추가 개발을 진행해야만 했다. 그러다 보니 기존 입지들 간의 이해관계가 더 복잡해지고 입지의 존재 목적 자체가 겹치기도 해서 제 살 깎아 먹기식 경쟁이 발생했다. 부동산의 가치와 효율성이 떨어지게 된 것이다. 이런 구조이다 보니 개발에 소요되는 시간도 충분치 않아 난개발이 될 수밖에 없었다. 체계적인 개발 형태가 아니었으므로 좋은 입지를 잘 활용하지 못했다.

그런데 이런 난개발에도 불구하고 강북 지역의 부동산 시세가 지속적으로 올랐던 이유는 공급량보다 수요량의 증가가 월등히 더 컸기 때문이다. 1960~1970년대의 단기간에 서울 인구가 급격히 증가했는데 강북 입지만으로는 이들을 모두 수용할 수 없을 정도였다. 공급이 수요를 따라가지 못했던 것이다.

아무리 질적으로 떨어지는 부동산 상품이라도 수요 대비 공급이 부족했기 때문에 양적인 공급은커녕 존재만으로도 프리미엄이 생길 수밖에 없고 그 본연의 가치를 객관적이고 냉정하게 평가할 수 없었다.

추가로 공급할 수 있는 토지와 주택은 크게 부족한데 수요는 지속적으로 증가했기 때문에 토지의 효용 가치, 아파트의 실제 가치와 무관하게 시세가 끊임없이 상승했다. 심지어는 거품일 수도 있는 입지와 상품조차 계속 시장 가격으로 인정받기까지 했다.

## 🏠 혼자만 너무 잘 나간 강남, 그 대안은 뉴타운

강북에 확장할 부지가 부족해지자 강남을 개발하기에 이른다. 강남은 강북보다 모든 것이 간단했다. 개발 초기에 복잡한 이해관계가 발생하지 않았기 때문이다. 거주할 만한 입지를 갖추고 있지도 않은, 말 그대로 아무것도 없던 땅이었다. 이것이 바로 강남이 기획 단계에서부터 체계적으로 개발될 수 있었던 가장 큰 이유이다. 그 덕분에 땅이 가진 가치를 최대한 활용하는 방향으로 개발할 수 있었다.

강남이 계획적으로 개발됐다는 것은 강남권 지역의 도로를 살펴보면 알 수 있다. 서울에서는 최초로 도로가 직각으로 연결된다. 지도만 봐도 한눈에 강남권 도로인지 바로 구별할 수 있을 정도로 모두 직각 교차로이다. 그 안의 블록도 대부분 정사각형 또는 직사각형이다. 구획된 블록들의 적시 적소에 필요한 시설들이 배치됐다. 한 블록에는 주거시설, 다른 블록에는 상업시설, 또 다른 블록에는 업무 시설, 주거 옆의 블록에는 학교를 배치했다. 필요한 시설이 모두 배치돼 있었으므로 공간을 짜임새 있게 활용할 수 있었다. 같은 면적이라도 쓰임새가 훨씬 정확하고 효율적이었으므로 가치가 더 높을 수밖에 없었던 것이다.

**직각 형태가 돋보이는 강남 도로망(동그라미)**

　뉴타운이라는 용어가 없던 시절이지만 사실 강남은 개발부터 이미 뉴타운이나 마찬가지였다. 새롭게 개발된 대형 택지 개발 지구인 강남구, 서초구, 송파구의 대규모 아파트 단지들이 신도시를 이뤘고, 주거, 도로, 상업시설 등의 도시 기반 시설이 함께 개발됐다. 지금의 강북과 강남이 차이가 나는 이유는 바로 이 때문이다. 강남은 개발 당시부터 강북보다 비싸질 수밖에 없는 조건이었다.

　시간이 지날수록 강남의 수요가 더 많아졌고, 점차 강남이 역전하더니 그 격차가 점점 커졌다. 초기에는 기존 거주자들이 강북에 훨씬 더 많이 살고 있었기 때문에 그 격차가 적었다. 하지만 지금은 양극화라고 할 정도의 수준에까지 이르렀다. 결국 지금의 강북과 강남은 완전히 다른 나라인 것마냥 부동산 시장이 달라졌다.

국가나 정부에서 부동산 입지의 양극화를 조장한다고 주장하는 사람들이 있다. 강남 개발 자체가 국가 주도로 이뤄졌기 때문에 그렇게 생각할 수도 있지만, 이 또한 수요와 공급이 만들어 낸 부동산 확장의 결과라고 판단하는 것이 더 올바른 평가라고 생각한다. 현정부도 이런 지역적인 불균형을 해결하기 위해 노력하고 있다.

| 알아두면 좋을 TIP |

미래에 드러날 구도심 대비 신도시의 장점을 비교·예측하는 것이 빠숑식 부동산 인사이트 노하우이다. 강남에 먼저 진입한 사람, 판교에 먼저 진입한 사람, 광교에 먼저 진입한 사람, 세종에 먼저 진입한 사람들이 경제적인 이득을 볼 수밖에 없었던 것이다. 앞으로 서울이라는 지역에서도 최소 20년 동안은 이러한 기회가 계속 발생할 것이므로 이미 늦었다고 위축될 필요는 없다. 수도권과 지방까지 포함하면 기회가 아직 남아 있다.

## 🏠 강북의 발전을 도모하는 1차 뉴타운

이런 극단적인 지역별 양극화를 막고 어느 정도 격차를 해소하기 위해 서울시에서 고안해낸 부동산 정책이 바로 '뉴타운'이다. 강남이 강북을 역전할 수 있었던 것이 모든 입지 조건이 효율적으로 움직이는 신도시였기 때문이라고 판단한 것이다. 강북에 새롭게 만드는 미니 신도시라고도 할 수 있다. 결국 뉴타운은 강북도 강남처럼 가치 있는 입지로 만들겠다는 의지가 담긴 정책의 결과이다. 바로 이 때문에 뉴타운 정책의 출발점이 강남이 아닌 강북이었던 것이다.

이명박 전시장은 시범 뉴타운 지역으로 은평뉴타운, 길음뉴타운, 왕십리뉴타운을 지정했다. 이 세 곳의 입지 조건은 모두 달랐다. 어떤 방식이 가장 효율적인지, 지역별로 어떻게 차별화해 적용할 것인지 등을 시범 사업을 통해 파악하고자 했던 것이다.

**1차(시범)·2차 뉴타운 지구**

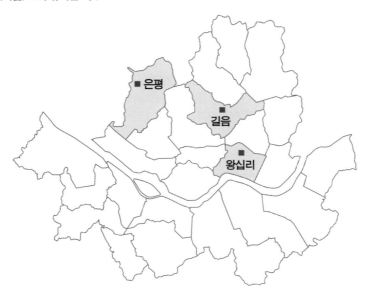

## 은평뉴타운, 길음뉴타운, 왕십리뉴타운의 특징

은평뉴타운은 신시가지형이다. 구도심이 아닌 미개발 입지에 완전히 새로운 신도시를 만드는 것이다. 일반적인 신도시 개발 모습과 매우 유사했다. 이와 달리 길음뉴타운은 주거 중심형이다. 노후 불량 주택이 많은 곳을 재개발하는 형태로 신도시를 만드는 것이다. 재개발 현장이 몇 개 모여 있다고 생각하면 된다. 왕십리뉴타운은 도심형이다. 주거시설·상가 시설·업무 시설 등이 밀집된 도심을 정리하는 방법으로 신도시를 만드는 것이다. 종로구, 중구, 동대문구처럼 주거, 상권, 업무, 기타 등의 모든 부동산이 뒤섞여 있는 입지를 하나의 부동산 시설로 통일하는 방식이다.

## 1차 뉴타운의 변화 양상

이 3개 뉴타운의 진행 결과를 비교해 보면 뉴타운으로 서울이 어떻게 변화했는지 정리할 수 있다.

3개 뉴타운 중 가장 땅값이 비쌌던 곳, 가장 사람이 많은 곳, 가장 인지도가 높은 곳 모두 왕십리>길음>은평 순이었다. 그렇다면 어떤 곳이 가장 개발되기 쉬웠을까? 은평>길음>왕십리 순이었을 것이다.

고려해야 할 조건들과 이해관계가 적은 순서이기 때문이다. 어떤 곳의 부동산 가치 상승률이 가장 높았을지를 생각해 보면 최초에는 길음, 왕십리, 은평 순이었지만, 머지않아 왕십리, 길음, 은평 순으로 변경됐다. 부동산의 가치는 결국 토지 가격에 비례하기 때문이다.

은평뉴타운은 2004년부터 착공, 2008년부터 입주하기 시작했다. 입주와 동시에 금융 위기라는 부동산 시장의 악재와 겹쳐 미분양이 많았고, 분양가보다 시세가 더 빠지기도 했다. 특히, 대형 평형 미분양으로 박원순 당시 서울시장이 직접 거주하면서 할인 분양 등과 같은 다양한 마케팅으로 분양을 독려하기도 했다.

그다음은 길음뉴타운이다. 2003년에 착공해 2005년부터 입주하기 시작했다. 공사가 가장 빨리 진행됐고, 가장 먼저 활성화됐다. 가격 상승 폭도 높았기 때문에 투자자들이 많이 진입하기도 했다.

다음은 왕십리뉴타운이다. 2011년 착공해 2015년부터 입주하기 시작했다. 엄청난 이해관계가 발생했다. 입주 초기 엄청난 미분양이 발생해 길음뉴타운보다 시세가 낮을 때도 있었지만, 2022년 기준 뉴타운 중에서 가장 인기가 있고 시세도 뉴타운 중에서는 상위권이다.

**시범뉴타운 비교(2023년 1월 기준)**　　　　　　　　　　　　　(단위: 평당, 만 원)

| 뉴타운 | 단지명 | 분양가 | 현시세 | 입주년월 |
|---|---|---|---|---|
| 길음뉴타운 | 래미안5단지 | 889 | 3,987 | 2006.06. |
| 은평뉴타운 | 박석고개1단지 | 1,182 | 3,739 | 2009.01. |
| 왕십리뉴타운 | 센트라스 | 2,155 | 5,966 | 2016.11. |

은평뉴타운의 시세는 3위 수준이고, 길음은 초기에 시세가 가장 높았다가 왕십리가 바로 역전한다. 왜 이런 결과가 발생했을까? 그리고 이 3개 시범 뉴타운의 미래는 어떻게 될까?

# 길음뉴타운

## 🏠 가장 효율적으로 진행된 길음뉴타운

뉴타운에 대해 하나씩 살펴보자.

3개 시범 뉴타운 중에서는 길음뉴타운이 가장 먼저 착공했고, 가장 먼저 완성 단계로 돌입했으며 시세 상승률도 가장 높았다. 이러한 결과가 발생하는 데는 두 가지 이유가 있다.

① 거주하고 싶어 하는 수요층이 많았다.
② 개발의 이해관계가 비교적 단순했다.

## 거주하고 싶어 하는 수요층이 확실하고 많았다

첫 번째 이유, 즉 수요층이 많다는 것이 시세 상승의 가장 중요한 이유라고 할 수 있다. 길음뉴타운은 성북구 길음동에 있다. 서울 강북 도심 중 비교적 중심지다. 특히 일자리가 많은 종로구나 중구로 출퇴근하는 사람들에게는 최고의 입지 중 한 곳이다. 이 수요가 길음뉴타운의 메인 수요층이다. 길음뉴타운의 수요층은 확실했다.

**길음뉴타운 지도**

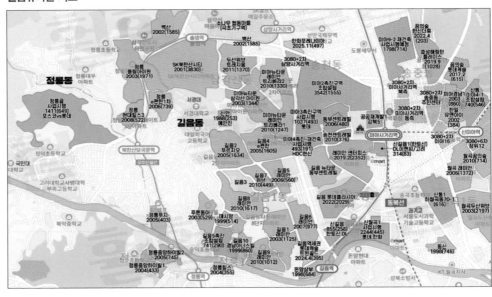

수요층이 많다는 것은 부동산 개발에서 가장 중요한 요소이다. 정부나 기업체가 무조건 공급만을 강행하지 않는다. 수요가 없으면 절대로 공급하지 않는다. 특히, 기업체에서 악성 미분양 현장이 발생하면 개발 및 분양 담당 임직원들이 심한 문책을 받는다. 수요 예측을 잘못한 것이기 때문이다. 길음뉴타운은 수요가 많은 지역이었기 때문에 매우 빠르게 개발되고 활성화될 수 있었다. 수요가 많았던 가장 큰 이유로는 서울에서도 중심지에 가까운 곳에 입지하고 있다는 것을 들 수 있다. 일자리로의 출퇴근이 매우 쉬운 위치였다.

강북 지역은 난개발이 될 수밖에 없는 산지 지형이기 때문에 사람들이 선호하는 대규모 평지 택지 개발 지구는 상계동밖에 없었다. 하지만 너무 외곽이다. 따라서 서울 중심부에 위치하고 있고 평지는 아니지만 대규모 주택이 공급됐다는 이유만으로도 수요는 충분했던 것이다. 더욱이 중심지의 대규모 새 아파트였다. 하지만 아마도 다른 브랜드였다면 이 정도로 인기를 끌지는 못했을 것이다. 새 아파트라는 장점과 더불어 브랜드가 심지어 '래미안'이었다. 2000년대 래미안이라는 브랜드는 서울 수도권, 부산권 등 대도시에서 웬만한 입지적 약점을 극복할 수 있을 만한 위상을 갖고 있었다. 그래서 급경사라는 지형적 약점이 있는 입지인데도 인기몰이를 할 수 있었던 것이다.

## 개발의 이해관계가 비교적 단순했다

길음뉴타운이 가장 먼저 활성화될 수 있었던 두 번째 이유는 지역 내 주민 간에 이해관계가 복잡하지 않았기 때문이다. 길음동은 낙후된 주거지였으므로 이해관계가 복잡한 상가나 업무 시설이 없었다. 물론 기존 거주층이 희망하는 대로 주택 공급이 원활하게 이뤄지는 지역은 아니었지만, 이주 대책만 제대로 수립돼 있다면 진행하는 데 큰 문제가 없었다.

이해관계가 복잡하게 얽혀 있었던 왕십리뉴타운에서는 상가 시설·주거시설·업무 시설 그리고 그 외 여러 가지 소유권 문제, 뉴타운 취소 소송, 공사 중단 등 매우 복잡한 문제들이 충돌했다. 그런데 입주를 모두 마친 현재의 왕십리뉴타운이 시범 뉴타운 중 가장 시세가 높다. 상품 경쟁력이 갖춰지면 입지 경쟁력만으로도 시세가 결정될 것이다.

## 📍 2023년의 길음뉴타운

출처: 서울연구데이터서비스

---

### 9단지로 구성된 길음뉴타운

1단지(래미안), 2단지(푸르지오), 3단지(푸르지오), 4단지(e편한세상),
5단지(래미안), 6단지(래미안), 7단지(두산위브), 8단지(래미안), 9단지
(래미안)

---

**2023년의 길음뉴타운 구역별 현황**

| 구역 | 단지명 | 세대수 | 입주년도 | 건설사 |
|---|---|---|---|---|
| 길음1구역 | 길음뉴타운 1단지 래미안 | 1,125세대 | 2003 | 삼성물산 |
| 길음2구역 | 길음뉴타운 2단지 푸르지오 | 1,634세대 | 2005 | 대우건설 |
| | 길음뉴타운 3단지 푸르지오 | 434세대 | | 대우건설 |
| 길음3구역 | 길음 동부센트레빌 | 1,377세대 | 2003 | 동부건설 |
| 길음4구역 | 길음뉴타운 4단지 e편한세상 | 1,881세대 | 2005 | 대림산업 |
| 길음5구역 | 길음뉴타운 5단지 래미안 | 560세대 | 2006 | 삼성물산 |
| 길음6구역 | 길음뉴타운 6단지 래미안 | 977세대 | 2007 | 삼성물산 |
| 길음7구역 | 길음뉴타운 7단지 두산위브 | 449세대 | 2010 | 두산 |
| 길음8구역 | 길음뉴타운 8단지 래미안 | 1,617세대 | 2010 | 삼성물산 |
| 길음9구역 | 길음뉴타운 9단지 래미안 | 1,012세대 | 2010 | 삼성물산 |
| 정릉제일주택 재건축 | 길음뉴타운 10단지 라온유 | 236세대 | 2008 | 라온건설 |
| 길음역세권 | 길음역 롯데캐슬 트윈골드 | 395세대 | 2024 (예정) | 롯데건설 |
| 길음촉진1구역 | 롯데캐슬 클라시아 | 2,029세대 | 2022 | 롯데건설 |
| 길음촉진2구역 | 래미안 길음 센터피스 | 2,352세대 | 2019 | 삼성물산 |
| 길음촉진3구역 | 길음뉴타운 11단지 롯데캐슬 골든힐스 | 399세대 | 2019 | 롯데건설 |
| 길음촉진4구역 | 해제 | | | |
| 길음촉진5구역 | 미정 | 741세대 | 미정 | 미정 |
| 신길음구역 | 미정 | 855세대 | 미정 | 미정 |
| 신길음1구역 | 미정 | 410세대 | 미정 | DL이앤씨 |
| 신월곡1구역 | 신월곡1구역 | 2,728세대 | 미정 | 롯데건설 |

　　길음뉴타운에서는 2003년 1단지를 시작으로 2010년 9단지까지 차례대로 입주한다. 가장 늦게 입주한 8·9단지가 가장 시세가 높다. 하지만 수익률 측면에서 보면 1~6단지가 월등히 높다. 평당 600~900만 원 정도로 분양해 적게는 2배, 많게는 3배까지 상승했기 때문이다.

2022년은 숨 고르기를 하는 분위기이다. 인근 지역에 새로 입주하는 아파트들이 생겨나면서 입지 경쟁, 상품 경쟁을 하게 됐기 때문이다. 그 대표적인 예로 길음 촉진지역 단지를 들 수 있다. 길음 촉진2구역인 래미안 길음 센터피스는 2019년 2월에 입주했고, 길음 촉진1구역 롯데캐슬 클라시아는 2022년 1월에 입주했다. 두 단지가 현재 길음동의 톱2 시세를 형성하고 있다.

**· 길음뉴타운에 투자한 사람이라면** 이제 시장의 변화에 대비해야 한다. 길음뉴타운은 실거주 수요가 풍부하기 때문에 전세가율이 높다. 80~90% 수준이므로 아마도 전세가율이 서울에서 가장 높은 아파트일 것이다. 전세가율이 높은 단지는 투자 비용이 적게 든다는 장점이 있지만, 이와 반대로 역전세의 위험이 있을 때 보증금 중 일부를 반환해 줘야 할 가능성도 높다.

**· 길음뉴타운에 투자할 계획이라면** 시세가 충분히 낮다고 판단되는 순간까지 시장을 신중하게 지켜 볼 필요가 있다. 길음뉴타운의 기준은 장위뉴타운의 시세가 될 것이다. 장위뉴타운의 대장격인 장위 4구역(장위자이레디언트)가 평당 2,834만 원 전후로 분양됐으므로 이 단지의 시세가 길음뉴타운의 하한선이 될 가능성이 높다. 따라서 장위뉴타운의 가격이 상승하면서 그곳보다 가격이 많이 싸다고 판단될 때가 추가 매수 타이밍이 될 것이다.

길음뉴타운에는 호재들이 계속 추가되고 있다. 명동에 있던 계성여고가 2016년 계성고등학교로 이름을 바꾼 후 이전해 오기도 했고, 2018년 우이신설 경전철 개통이 있었으며 길음뉴타운 주변 정비사업 단지들이 계속 입주할 것이다. 가장 큰 호재는 길음역 건너편 미아리 텍사스의 소멸이다. 이 지역에는 현재 정비사업이 진행 중이다. 새 아파트 단지로 탈바꿈이 되는 순간부터 입주 프리미엄이 상승할 것이다. 하지만 이 호재들을 기준으로 길음뉴타운의 시세가 급격하게 오를 것이라는 식으로 단순하게 판단하면 안 된다. 이미 공개된 호재들의 경우, 시세에 어느 정도 가치가 반영돼 있을 가능성이 있기 때문이다. 이미 호재는 반영돼 있다고 가정하고 이 호재에 대한 가치 평가를 기본으로 삼아 미래 가치를 평가해야 한다는 것이다.

# 은평뉴타운

## 🏠 꽤 괜찮은 거주 상품,
## 그러나 많은 물량을 이겨내야 하는 은평뉴타운

2003년부터 고양시에 거주했던 필자는 2012년부터 서울로의 이주를 준비해 왔다. 주말마다 아내와 함께 서울의 주요 지역을 돌아다녔다. 필자와 필자의 아내는 자연환경이 좋은 곳을 선호했기 때문에 은평뉴타운을 이사 후보 입지 중 한 곳으로 꼽았다. 그 당시에는 아이들이 초등학생이었기 때문에 초등학교와 중학교의 위치를 추가로 고려했다.

　당시 은평뉴타운에서는 3개 단지를 검토했다. 은빛초등학교가 있는 구파발 래미안(9단지), 은진초등학교가 있는 박석고개 힐스테이트(1단지), 신도초등학교가 있는 마고정 동부센트레빌(3단지)이 이사 대상 후보였다. 주택의 규모는 30평형대였다. 검토한 곳은 모두 은평뉴타운 내

**은평뉴타운 지도**

최고 인기 단지들이었다. 학교도 가깝고, 3호선 전철역도 가까운 편이어서 당시 직장이 있던 종로구 경복궁역 인근으로 출근하기도 용이했고 은평뉴타운 내에서는 상권도 제일 좋은 곳이며 가톨릭병원, 롯데몰 등이 들어올 예정이라 추가 발전 가능성도 높았다. 은평뉴타운에는 남다른 애정이 있었다. 산을 좋아하는 터라 북한산이라는 대한민국 명품 산을 쉽게 오를 수 있었고, 유네스코 지정 문화재인 왕릉(서오릉)이 멀지 않은 곳에 있었기 때문에 개발 전부터 눈독을 들이고 있었다.

은평뉴타운은 생각보다 대형의 비중이 높다. 그 이유는 무엇일까? 최초 명품 고급 뉴타운으로 계획했기 때문이다. 명품 고급 뉴타운답게 자

**2006년 계획했던 은평뉴타운분양 예정 아파트**

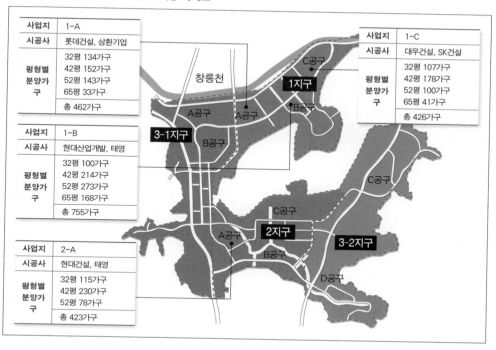

| 사업지 | 1-A |
|---|---|
| 시공사 | 롯데건설, 삼환기업 |
| 평형별 분양가구 | 32평 134가구 |
| | 42평 152가구 |
| | 52평 143가구 |
| | 65평 33가구 |
| | 총 462가구 |

| 사업지 | 1-B |
|---|---|
| 시공사 | 현대산업개발, 태영 |
| 평형별 분양가구 | 32평 100가구 |
| | 42평 214가구 |
| | 52평 273가구 |
| | 65평 168가구 |
| | 총 755가구 |

| 사업지 | 2-A |
|---|---|
| 시공사 | 현대건설, 태영 |
| 평형별 분양가구 | 32평 115가구 |
| | 42평 230가구 |
| | 52평 78가구 |
| | 총 423가구 |

| 사업지 | 1-C |
|---|---|
| 시공사 | 대우건설, SK건설 |
| 평형별 분양가구 | 32평 107가구 |
| | 42평 178가구 |
| | 52평 100가구 |
| | 65평 41가구 |
| | 총 426가구 |

연 속으로 들어간 진짜 친환경 입지를 갖고 있다. 서울에는 이런 초자연적 입지가 아예 없다. 다른 뉴타운들과는 완전히 차별화된 자연환경을 갖고 있다. 북한산 둘레길을 걸어 보라. 북한산 둘레길은 외지 사람의 방문이 많은 곳이다. 이 둘레길에는 은평뉴타운 코스도 있다. 친환경 둘레길이 있는 유일한 뉴타운이다. 이것이 바로 은평뉴타운의 최대 매력이다.

그래서 개발 초기에는 많은 사람이 은평뉴타운은 인기도 많고 시세도 높을 것으로 예상했지만 그렇지 못했다(수요 예측이 현재까지는 틀렸다는 말밖에 할 수가 없다).

지난 10년간 서울시의 부동산 개발

우리가 알고 있는 신도시들, 즉 분당, 일산, 평촌, 중동, 산본의 초기 개발 모습을 기억하는 사람이라면 그때의 기억과 비교해 보기 바란다. 신도시 초기 모습이 어떠했는가?

봄이 되면 고양시꽃박람회를 보러 많이 놀러갔을 일산을 예로 들어 보자. 일산에는 일산중앙로가 있다. 대부분 8차선에서 10차선이다. 1990년대 중·후반까지만 해도 그 광활한 대로를 대부분의 현지 주민들이 일상적으로 무단횡단했다. 믿기지 않겠지만 사실이다. 신도시가 하나의 도시로 정착되려면 15년 정도는 소요된다. 1993년부터 입주한 일산신도시는 2008년 이후에야 그 진면목을 보여 줬다. 일산호수공원 앞 주상복합 구역에 다양한 업무 시설, 상업시설, 오피스텔들이 그제서야 입주했기 때문이다. 일산신도시의 대략적인 완성까지 15년이 더 걸린 셈이다.

은평뉴타운은 2008년부터 입주를 시작했다. 대부분이 2010년 이후에 입주했다. 그렇다면 제대로 된 은평뉴타운은 언제쯤 볼 수 있을까? 2025년은 돼야 하지 않을까? 이것이 바로 여유를 갖고 은평뉴타운을 바라봐야 하는 이유이다.

**| 알아두면 좋을 TIP |**

개인적인 평가를 추가하면, 은평뉴타운은 말만 뉴타운일 뿐, 사실 뉴타운이 아니다. 정부에서 추진하는 뉴타운은 구도심을 개선하는 정비사업 개념이어야 하는데, 은평뉴타운은 그냥 택지 개발 사업 또는 신도시 개발 사업이라고 하는 편이 일반인들이 이해하기 쉬울 것이다. 따라서 길음뉴타운, 왕십리뉴타운과 같은 진짜 도심 내 정비사업이 아니라 신도시라는 개념으로 이해해야 정확하게 분석할 수 있다. 아마도 향후 이런 식의 뉴타운 지정은 없을 것이다.

## 📍 상업시설 부족을 모두 채운 은평뉴타운, 이제는 도로 교통망을 해결할 차례

초기 은평뉴타운의 가장 큰 단점 중 하나는 대규모 상업시설이었다. 주거시설 입주 당시에는 대형 상업시설이 거의 없었다. 하지만 구파발역 롯데몰이 2016년 12월 오픈했고, 2017년 8월에는 인근 지역인 삼송신도시에 스타필드 고양점이 오픈했다. 또 다른 인근 동네인 원흥지구에는 2017년 10월 이케아와 롯데아울렛이 오픈했고 2018년에는 800병상의 대형 가톨릭병원이 개원했다.

**은평성모병원**

**은평롯데몰**

대형 상업시설만 놓고 평가한다면 다른 시범 뉴타운뿐 아니라 기존 신도시들과 비교해도 이보다 더 좋을 수는 없다. 상권 부족에 대한 초기 우려가 말끔하게 해소된 것이다.

다만 현재의 은평뉴타운이 당면한 문제는 도로 교통망이다. 서울로 진입하는 도로가 현재 통일로 하나밖에 없다. 더욱이 상습 정체 구간이 기도 하다. 이 문제는 여전히 해결되지 않고 있다. 북한산터널을 만들 자는 계획도 나왔지만, 자연을 훼손할 여지가 크기 때문에 반대 여론이 많다. 도로 교통망이 하나만 추가될 수 있다면 은평뉴타운은 지금보다 수요가 훨씬 더 많은 입지가 될 것이다.

대중교통 철도망으로는 현재 3호선 구파발역이 있다. 구파발역은 은평뉴타운의 서쪽에 있기 때문에 동쪽 단지들은 접근성이 떨어진다. 하지만 앞으로 신분당선이 개통되면 은평뉴타운의 동쪽에 역이 들어 설 것이다. 물론 신분당선은 최종 확정되지 않았다. 신분당선이 확정 되고 착공된다고 해도 최소 5년 이상 걸린다는 사실을 고려해야 한다. GTX-A가 개통돼 가까운 곳에 고양 창릉신도시 내 창릉역과 은평구 연신내역이 추가되면 강남으로의 접근성이 획기적으로 개선될 것이다.

학교는 필요한 만큼 있다. 도보권에 초·중·고등학교가 위치하고 있 다. 대한민국 특목고 중 가장 인기 높은 하나고등학교도 은평뉴타운 안에 있다. 단, 만족할 만한 수준으로 형성된 대형 학원가는 없는 상황 이다.

## 🏠 2023년의 은평뉴타운

출처: 서울연구데이터서비스

---

**3개 지구로 구성된 은평뉴타운**

1지구: 6단지(푸르지오), 7단지(아이파크), 8단지(롯데캐슬)
2지구: 1단지(힐스테이트), 2단지(두산위브), 3단지(센트레빌)
3-1지구: 9단지(래미안), 10단지(어울림)
3-2지구: 4단지(힐스테이트), 5단지(푸르지오), 11단지(한라비발디)

---

## 2023년의 은평뉴타운 구역별 현황

| 지구 | 단지명 | 세대수 | 입주년도 | 건설사 |
|---|---|---|---|---|
| 1지구 | 6단지 상림마을 푸르지오 | 1,283세대 | 2008 | (주)대우건설, SK건설 |
| | 7단지 상림마을 아이파크 | 1,511세대 | | 현대산업개발 |
| | 8단지 상림마을 롯데캐슬 | 1,593세대 | | 롯데건설(주) 외 1 |
| 2지구 | 1단지 박석고개 힐스테이트 | 1,769세대 | 2009 | 태영건설, 현대건설(주) |
| | 2단지 우물골 두산위브 | 1,803세대 | 2010 | 두산건설(주), 금호건설(주) |
| | 3단지 마고정 센트레빌 | 1,562세대 | 2009 | 동부건설(주) |
| | 4단지 폭포동 힐스테이트 | 297세대 | 2010 | 현대건설(주) |
| 3지구 | 4단지 폭포동 힐스테이트 | 822세대 | 2010 | 현대건설(주) |
| | 5단지 제각말 푸르지오 | 1,106세대 | 2010 | 대우건설 |
| | 9단지 구파발 래미안 | 1,508세대 | 2010 | 삼성물산(주) |
| | 10단지 구파발 어울림 | 1,469세대 | 2010 | 금호산업(주), 벽산건설(주) |
| | 11단지 한라비발디 | 426세대 | 2015 | (주)한라 |
| | 은평 디에트르 더 퍼스트 | 452세대 | 2025 | 대방건설(주) |
| 기타 | 은평지웰테라스아파트 | 220세대 | 2017 | (주)한라 |
| | 은평 GS스카이뷰자이 | 361세대 | 2019 | 지에스건설(주) |
| | 은평뉴타운 꿈에그린 | 142세대 | 2018 | (주)한화건설 |
| | 은평뉴타운 솔하임 | 260세대 | 2017 | (주)삼전건설 |
| | 은평뉴타운 엘크루 | 146세대 | 2017 | 대우조선해양 건설주식회사 |
| 기타 | 은평뉴타운 힐데스하임 | 99세대 | 2017 | (주)원건설 |
| | 은뜨락 어울림 | 350세대 | 2019 | 금호건설(주) |

현재는 구파발역 생활권인 2지구가 가장 인기가 많다. 앞으로도 가장 인기가 많을 것이다. 1지구와 3-1지구는 삼송신도시의 인프라를 이용하기에 편리하다. 3-2지구는 친환경 입지로, 향후 지속적으로 차별적인 가치를 유지할 것이다.

• **은평뉴타운에 투자한 사람이라면** 주변에 개발 계획이 참 많다. 은평구 자체 공급 계획도 많고, 경계선을 함께하고 있는 지자체인 고양시 덕양구, 서울 서대문구, 마포구에도 추가 공급 계획을 수립하고 있다.

**은평뉴타운 주변 입주 물량** (단위: 호, 만 명)

| 신도시 | 건설호수 | 유입 인구 |
|---|---|---|
| 삼송신도시 | 25,941 | 66,272 |
| 지축지구 | 9,125 | 22,352 |
| 원흥지구 | 8,601 | 22,872 |
| 향동지구 | 8,933 | 22,232 |
| 덕은지구 | 4,706 | 11,116 |
| 계 | 57,306 | 144,844 |

지역을 더 확대하면 파주시, 김포시, 인천 서구, 의정부, 양주시까지도 경쟁 입지이다. 아마도 3기 신도시 창릉신도시가 가장 큰 경쟁 입지가 될 것으로 예상한다. 그렇다고 해서 은평뉴타운의 수요가 분산된다는 의미는 아니다. 그만큼 강남권 위주의 수도권 중심지가 은평구 주변, 즉 서울 서북권으로도 분산될 것이라는 의미이다. 단기적인 투자 목적보다 실거주 위주로 접근한다면 은평뉴타운은 대한민국 최고의 거주지 중 하나라고 생각한다. 아마도 은퇴자들이 많아질수록 은평뉴

타운의 선호도는 더욱 높아질 것이다.

**· 은평뉴타운에 투자할 사람이라면** 은평뉴타운 및 서울 서북권 경기도의 수요는 꾸준히 증가할 것으로 예상된다. 다만, 수요가 얼마나 증가할지 모르는 미래에 대해 묻지마 투자보다 서울과 경기의 수요와 공급의 타이밍을 적절히 평가하면서 투자할 것을 제안한다. 그 주요 지표는 전세가 등락이 될 것이다. 전세가가 오른다면 투자성이 타이밍이고 전세가가 내린다면 투자에 유의해야 할 타이밍이다.

현재 기준으로 보면 시범뉴타운 중에서는 시세가 가장 낮다. 이것이 바로 부동산 시세의 결정적인 기준인 필요 공급량과 수요의 차이이다. 결국 고양시 창릉신도시까지 향후에 입주를 하고 난 후에야 은평뉴타운은 정상적인 시장이 될 것이다. 정상적인 시장이 된다는 것은 정상적인 평가를 받게 될 것이라는 의미이다.

SEOUL

# 왕십리뉴타운

## 13

### 🏠 그 어떤 뉴타운보다 좋은 입지의 왕십리뉴타운

왕십리뉴타운은 시범 뉴타운인데도 2차 뉴타운이나 3차 뉴타운보다 개발 시기가 늦었다. 앞서 잠깐 언급한 바와 같이 이해관계가 복잡했기 때문이다. 복잡할수록 시간이 더 많이 소요된다. 왕십리뉴타운은 정말 우여곡절이 많았다. 그 단적인 예로 1구역보다 2구역이 먼저 분양되고 입주도 먼저 했다. 1구역은 철거된 상태로 조합 설립 무효 판정을 받아 사업 자체가 무산될 뻔하기도 했다. 어쨌든 최종적으로 분양을 했다. 평당 2,000만 원 이상으로, 같은 시범뉴타운인 길음이나 은평보다 훨씬 높은 가격이었다. 하지만 당연한 분양가였다. 세 뉴타운 중 유일하게 도심 뉴타운이기 때문에 땅값이 길음이나 은평보다 2배 가까이 비쌌을 것이다.

**129**

**왕십리뉴타운 주변 지도**

집값은 강남구가 대체로 비싸지만, 특정 입지의 가격이 높은 것은 중구 명동이라는 점과 연계해 이해하면 도움이 된다(땅의 가치가 높은 곳이었기 때문에 지분 쪼개기가 엄청나게 성행했던 곳이기도 하다). 무엇보다 3개 뉴타운 중에서 교통이 가장 편리하다. 이 점이 도심 뉴타운으로 지정되는 데 결정적인 역할을 했다.

현재 기준으로는 학교가 문제이다. 종로구에서 이전해 온 숭신초등학교가 유일하다. 고등학교는 주변에 몇 개 학교를 선택해 갈 수 있을 정도로 존재하지만, 중학교가 도보권에 없다는 점이 가장 큰 약점이라 할 수 있다. 왕십리뉴타운 주변 환경도 현재 기준으로 보면 문제가 될 수 있다.

**왕십리뉴타운 학교**

출처: 호갱노노

하지만 이런 여러 가지 문제점을 지니고 있더라도 왕십리뉴타운은 매력적일 수밖에 없다. 지금이 가장 좋지 않은 상황일 뿐이다. 다시 말해 앞으로는 점점 좋아질 일만 남았다는 뜻이다. 이러한 발전 가능성이 왕십리뉴타운의 가장 큰 장점이다.

## 📍 2023년의 왕십리뉴타운

출처: 서울연구데이터서비스

---

**3개 단지로 구성된 왕십리뉴타운**

왕십리뉴타운1구역(텐즈힐), 왕십리뉴타운2구역(텐즈힐), 왕십리뉴타운
3구역(센트라스)

---

| 구역 | 단지명 | 세대수 | 입주년도 | 건설사 |
|------|--------|--------|----------|--------|
| 1 | 텐즈힐 1 | 1.702 | 2015 | 삼성물산 건설부문, 대림산업, GS건설, |
| 2 | 텐즈힐 2 | 1.148 | 2016 | HDC현대산업개발 |
| 3 | 센트라스 | 2.529 | 2016 | 현대건설, SK건설, 포스코건설 |

주거 중심형이나 신시가지형과 비교했을 때 태생 자체가 다르다. 가격이 더 많이 상승할 가능성도 높기 때문에 초기 분양가가 높을 수밖에 없다는 점을 알아야 한다. 따라서 저평가되는 시기나 불황의 시기에 도심 뉴타운을 선점하는 것도 좋은 전략이 될 수 있다. 도심 뉴타운의 예로는 왕십리뉴타운 이외에 교남(종로)뉴타운, 영등포뉴타운이 있다.

왕십리뉴타운은 비싸게 분양했지만, 분양가 대비 시세가 크게 상승했다. 종로구의 유일한 뉴타운이었던 경희궁자이도 고분양가 논란으로 미분양되긴 했지만, 입주한 후 시세가 매우 큰 폭으로 상승했다. 이것이 도심 뉴타운에 주목해야 하는 이유다. 이는 왕십리뉴타운이 시범 뉴타운 중 대장인 이유이기도 하다. 왕십리뉴타운은 향후에도 관심을 갖고 지켜봐도 좋을 것 같다.

**• 왕십리뉴타운에 투자한 사람이라면** 절대 수요가 있는 곳이다. 이미 도심권으로서의 위상이 있는 곳이다. 도심권은 추가적인 공급에도 한계가 있다. 단기적인 등락은 늘 반복될 것이다. 하지만 시간이 인플레이션 이상의 수익을 안겨 줄 지역이다.

**• 왕십리뉴타운에 투자할 사람이라면** 미래 가치가 꾸준히 상승할 지역이다. 믿어도 되는 입지이다. 하지만 강남 같은 폭발적인 점핑을 기대한다거나 강남 수요가 유입될 기대는 하지 않는 것이 좋다. 비강남권 서울 수요층과 서울로 유입되는 수요층들이 왕십리뉴타운의 미래 수요다.

무학대사가 최초의 한양 입지로 왕십리를 검토했다고 한다. 어쩌면 조선의 중심이 될 뻔한 입지일 만큼 입지만 놓고 봐도 명당인 것이다.

# 뉴타운 이후
# 서울의 계획

## 📍 3차 뉴타운 지정과 진행 과정

앞에서 이명박 전 시장이 주도했던 시범 뉴타운 사업에 대해 정리했다.
3개 시범 뉴타운은 2022년 기준으로 평가해 보면 성공적인 사업이었
다고 평가할 수 있다. 개발 과정에서 여러 가지 시행착오를 겪기는 했
지만, 강남 대비 낙후됐던 강북을 획기적으로 개선시켰다는 점에서 충
분히 좋은 평가를 할 수 있다.

**2008년 금융 위기 이후 난관에 봉착한 후속 뉴타운 사업**
이명박 전시장 재임 당시 시범 뉴타운 지정 이후 곧바로 대규모 정비가
필요한 지역을 추가 뉴타운으로 지정했다.

**서울시 뉴타운 현황**

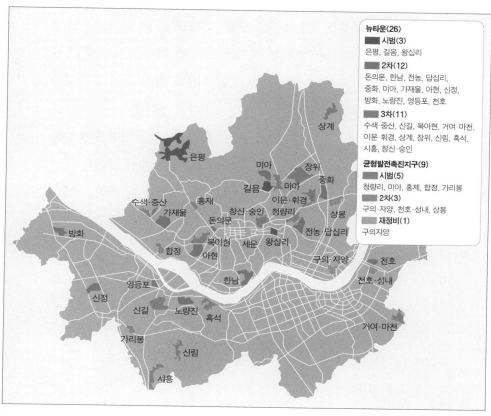

뉴타운(26)
▪ 시범(3)
은평, 길음, 왕십리
▪ 2차(12)
돈의문, 한남, 전농, 답십리,
중화, 미아, 가재울, 아현, 신정,
방화, 노량진, 영등포, 천호
▪ 3차(11)
수색·중산, 신길, 북아현, 거여·마천,
이문·휘경, 상계, 장위, 신림, 흑석,
시흥, 창신·숭인
균형발전촉진지구(9)
▪ 시범(5)
청량리, 미아, 홍제, 합정, 가리봉
▪ 2차(3)
구의·자양, 천호·성내, 상봉
▪ 재정비(1)
구의자양

출처: 서울역사아카이브

## 추가 뉴타운 지역

● **2차 뉴타운(12개 지역)**: 돈의문, 한남, 전농, 답십리, 중화, 미아, 가재울, 아현, 신정, 방화, 노량진, 영등포, 천호
● **3차 뉴타운(11개 지역)**: 수색·증산, 신길, 북아현, 거여·마천, 이문·휘경, 상계, 장위, 신림, 흑석, 시흥, 창신·숭인

2, 3차에 이어 4차 뉴타운 후보지까지 선정했는데 모두 취소된다. 시범 뉴타운 진행 때부터 2차 뉴타운 사업을 추진하는 데 어려움이 예상됐기 때문이다. 뉴타운이 계획된 시기는 2002년 이후였다. 이때는 부동산 경기가 매우 좋았다. 하지만 2008년 이후 부동산 경기가 급격히 위축되면서 여러 가지 문제점과 한계가 드러나기 시작했다.

2006년에 오세훈 시장이 당선된다. 뉴타운 사업을 강력하게 추진하려 했지만, 예산 및 지역적인 문제점에 봉착한다. 그래서 뉴타운 사업을 효율적으로 진행하기 위해 2010년 주거지 종합 관리 계획을 발표한다. 단순히 개발만 하는 것이 아니라 주변 지역과의 연계성을 살리기 위해 정비, 보전, 관리를 동시에 추진하는 서울시 종합 부동산 정책이었다. 뉴타운 지구가 아니라 주거 생활권 단위로 계획을 추진하는 것이다. 이 정책의 취지는 지역을 세분화함으로써 지역의 특성을 살리고, 지역별로 특화할 수 있는 자원을 발굴해 신도시와 구도시의 관계성을 회복하겠다는 것이었다. 그 이후 추진된 박원순 시장의 서울시 생활권 계획의 목적 및 취지도 이와 같은 맥락이었다.

하지만 오세훈 시장의 주거지 종합 관리 계획은 또 다른 문제를 만나게 된다. 생활권 단위의 개발은 필요한데, 뉴타운의 근본적인 추진 목적이었던 지역 간 불균형 해소와는 동떨어진 개발이 될 수 있다는 평가를 받은 것이다. 현재 기준으로 지역별 특성만 살리면 강남은 화려하고 잘사는 곳, 강북은 복잡하고 낙후된 곳이라는 이미지를 변화시키기 어렵다는 것이다.

## 🏠 '2030 서울플랜'과 '서울시 생활권계획'의 등장

2011년 오세훈 시장의 사퇴 이후 박원순 시장이 당선된다. 박원순 시장은 이전 시장들이 시행착오를 겪었던 강북과 강남의 격차를 어떻게 하면 효과적으로 줄일 수 있을지에 대한 고민이 많았던 것으로 보인다. 그리고 강북보다 강남에 일자리가 월등히 많다는 점에 주목했다. 그래서 뉴타운을 추진하되 강북 지역 등 기존의 낙후된 지역에 일자리를 만들어 서울을 균형 있게 발전시켜 나가려 했다. 이런 배경으로 발표된 것이 '2030 서울플랜'이고 이를 구체화한 정책이 '서울시 생활권계획'이다.

하지만 이는 오히려 강남에 일자리를 더 집중시켰고, 이로 인해 강북의 뉴타운들은 직권 해제 또는 자발적인 해제가 돼 버렸다. 그리고는 뜬금없는 재생 사업 위주로 서울 부동산 정책이 변하게 된다.

주택 수요는 증가하고 있는데 주택 공급 계획들은 축소되면서 2013년부터 2022년까지 서울 부동산은 역사상 유례 없는 상승장을 맞이하게 된다. 그나마 자체 동력이 있었던 뉴타운 추진위들이 미분양을 감수하면서 계속 추진을 시도해 몇 개의 뉴타운이 놀라운 변신을 한다. 박원순 시장의 서울시 생활권계획과 무관하게 뉴타운들의 자체적인 노력으로 서울 2, 3차 뉴타운들의 주거 환경이 안정적으로 개선된 것이다.

2021년 보궐 선거로 오세훈 시장이 재취임하고 2022년 네 번째 서울시장에 취임한다. 그런 다음 발표된 것이 '2040 서울도시기본계획'이다. 이 계획에는 향후 20년 동안 서울 부동산의 발전 계획이 담겨 있다. 5장부터는 '2040 서울도시기본계획'을 본격적으로 분석해 본다.

2부

# 실전 투자에 활용하는
# '2040 서울도시기본계획'

5장

6대 키워드 속에
서울의 미래가 보인다!

# 2040
# 서울도시기본계획의 핵심

## 🏠 2030 서울플랜을 대체하는 '2040 서울도시기본계획'

2022년 3월 서울시가 법정 최상위 공간계획인 '2040 서울도시기본계획(안)'을 발표했다. 이는 2014년에 수립된 '2030 서울플랜'을 대체하는 계획이다. 여기에는 향후 20년 동안 서울시가 지향하는 도시 공간의 미래상이 압축적으로 담겨 있다.

**2040 서울도시기본계획 6대 공간 계획**

| | |
|---|---|
| **도시 공간 재구조화** | ① 보행 일상권 조성 |
| | ② 수변 중심 공간 재편 |
| | ③ 미래 성장 거점, 중심지 혁신 |
| | ④ 다양한 도시 모습, 도시계획 대전환 |
| **미래 도시 인프라 구축** | ① 기반 시설 입체화(지상 철도 지하화) |
| | ② 미래 교통 인프라 확충 |

## 📍 6대 키워드: 보행 일상권, 수변 공간, 중심지 혁신, 도시계획 대전환, 철도 지하화, 미래 교통 인프라

6대 공간계획으로 정리된 내용의 바탕은 현재 서울의 기능을 강화 또는 재정비하고, 다음 세대를 위한 미래 도시를 형성하기 위한 지속 가능한 발전의 기반을 닦는 것이다.

서울 도심·여의도·강남 등 3도심을 중심으로 기능을 고도화해 글로벌 도시 경쟁력을 강화한다. 또 서울 도심을 '광화문~시청(국가 중심축)', '인사동~명동(역사 문화 관광)' '세운지구(남북 녹지)', 'DDP(복합 문화)' 등 남북 방향 4개축과 동서 방향의 '글로벌 상업' 1개 축으로 조성해 첨단과 전통이 공존하는 도심으로 재탄생시킨다. 이를 위해 교통망 확충과 수변 공간 등 서울 각지의 부지들을 적극적으로 활용할 예정이다.

그렇다면 지금부터는 어떤 부동산에 집중해야 할까? 지금과 다른 변화를 보일 부동산에 집중해야 한다. 주거는 당연히 정비사업이고, 새로운 역할이 추가되는 한강변과 한강의 지류 주변의 변화에도 집중해야 한다. 이와 아울러 서울의 마지막 활용 부지라고 할 수 있는 지상철 구간을 지하화하는 것이 가속화될 가능성이 높아졌다. 그렇다면 지상철 주변 지역도 주목해야 한다. 이제 그 키워드를 하나씩 살펴보자.

6대 키워드 속에 서울의 미래가 보인다!

# 공간의 효율성 극대화

## 🏠 주거, 일자리, 여가가
## 도보 30분 내의 공간에서 모두 가능하도록

'보행 일상권'은 주거 용도 위주로 개발되던 기존의 방식을 전면 개편해 일상의 공간들을 도보 30분의 자립 생활권으로 바꾸는 것을 의미한다. 이와 아울러 대중교통이나 자가용을 이용해 일자리까지 '이동'하는 패턴에서 새로운 주거, 일자리 환경을 '조성'하는 것을 지향한다.

보행 일상권에는 디지털 시대로의 대전환과 코로나19 팬데믹으로 업무 공간의 시·공간적 제약이 사라진 라이프스타일, 주거가 일상생활의 중심 공간으로 부상하면서 달라진 새로운 도시의 개념이 반영돼 있다.

보행 일상권이 정착되면 도보 30분 이내의 보행권 안에서 일자리, 여가 문화, 수변 녹지, 상업시설, 대중교통 등과 같은 다양한 기능을 복합적으로 누리는 자립적인 생활권으로 업그레이드된다.

**보행 일상권의 개념도**

'보행 일상권'

기술융합 주거공간    수변여가
공유/거점 오피스
문화공간
녹지공간
지역기반 일자리
지하철역        개성있는 지역상점
모빌리티 허브

**물리적 환경**
· 인구 2~3만명 / 행정동 1~2개
· 도보 30분 내

**중심지**
· 1~2개 역세권

**자연환경**
· 7~8개의 크고 작은 공원녹지
· 약 1km 하천과 0.3km² 수변공간

**문화환경**
· 2~3개 전시 / 공연시설
· 30여개 생활서비스시설
(보건소, 보육시설, 체육시설, 도서관 등)

출처: 서울시

이 계획의 목적은 도시 공간을 지역별로 분석해 그 지역에 부족한 시설과 필요한 기능을 찾아내고, 이를 보완하기 위해 유연한 용도지역을 부여해 공간의 효율성을 극대화하는 데 있다. 예를 들어 생활 편의 시설이 부족한 주거 밀집 지역의 경우, 업무·상업 기능을 도입하기 위한 용도지역을 부여하는 방법으로 지원한다.

다양한 기능을 복합적으로 갖추고 있는 보행 일상권의 개념을 추가로 설명하면 다음과 같다.

물리적인 환경으로는 인구 2~3만 명 단위, 행정동 1~2개 규모 내에 이러한 보행 일상권을 형성하고, 이 권역을 도보 30분 내로 조성하며 환경의 쾌적성을 높이기 위해 7~8개의 크고 작은 공원 녹지, 1km에 이르는 하천과 수변 공간을 만들 예정이다. 이 밖에도 녹지 공간과 수변 공간을 의무적으로 배치하고 여기에 전시·공연 시설까지 추가하며 30여 개의 생활 서비스 시설을 포함시킬 예정이다. 생활 서비스의 예로는 보건소, 보육 시설, 체육 시설, 도서관 등이 있다.

**보행 일상권 현황 및 추진 계획**

## 🏠 보행 일상권으로 투자 인사이트 찾기

예를 들어, 서울 강북 대부분의 구도심, 강남의 다세대 빌라 밀집 지역
들은 생활 편의 시설이 부족한 주거 밀집 지역으로 구성돼 있다. 보행
일상권이 도입되면 이 지역들의 공간을 분석해 필요한 기능을 찾고 이
기능이 적절하게 활용될 수 있도록 배치된다.

하지만 기존 시설들의 위치를 바꾸는 것은 현실적으로 어렵기 때문
에 각 기능을 복합적으로 업그레이드해야 한다. 기존 용도로는 필요한
기능을 지닌 시설을 넣기 어려울 수 있으므로 복합적인 용도로 활용할
수 있도록 제도적인 뒷받침을 하겠다는 의도이다.

**보행 일상권의 LWP(Live, Work, Play) 개념**

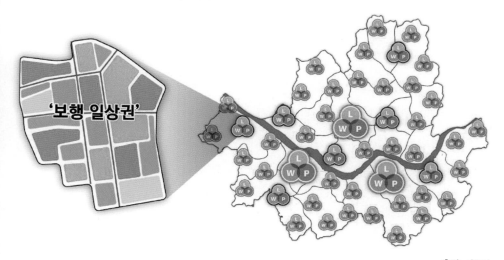

출처: 서울시

이렇게 각 지역을 보행 일상권으로 만들면 특정 업무를 보거나 특정 문화 시설이나 자연 환경을 즐기기 위해 이동할 필요가 없어진다. 그리고 특정 인기 지역에 몰리는 수요도 분산시킬 수 있으므로 서울 내 지역 간 불균형도 어느 정도 해소할 수 있다. 생활 반경 안에서 LWP(Live, Work, Play)가 모두 가능해지면서 서울 어디서나 수준 높은 생활 환경을 향유할 수 있게 되는 것이다.

## 복합 개발이 가능한 곳 찾기

이렇게 일상 보행권으로 개발할 수 있는 입지가 있고, 그렇지 못한 입지가 있다. 보행 일상권으로 개발될 가능성이 높은 입지와 가능성이 낮은 입지의 구분은 LWP 존재 여부로 판단한다. 기본적인 거주 환경이 좋아야 하고, 일자리가 있어야 하며, 무엇보다 그곳에 존재하는 것이 즐거워야 한다. 이 세 가지 요소가 동시에 존재하면 말 그대로 대박 입지이다.

핵심은 일자리이다. 그리고 즐길 거리가 있어야 한다.

일자리의 양으로만 놓고 보면 강남구, 서초구, 송파구, 종로구, 중구, 용산구, 영등포구, 마포구 등이 대표적인 일자리 밀집 지역이다. 코엑스, 고속버스터미널, 잠실역, 용산역, 홍대입구역, 광화문, 명동 등은 이미 일자리가 갖춰진 입지이므로 프리미엄이 매우 높다. 따라서 투자적인 관점에서 볼 때 지금 핵심 입지 인근 지역으로 눈을 돌려야 한다. 코엑스 주변의 확장 지역은 청담동, 삼성동 등이고, 고속버스터미널 확장 지역은 방배동, 서초동 등이고, 용산역 확장 지역은 이촌역, 서빙고역 등이다. 이와 반대로 보행 일상권의 가장 큰 장벽은 혐오 시설의 유무이다. 대표적인 예로는 사창가, 유흥업소, 군대, 차량 기지 등을 들 수 있다.

당연히 복합 개발이 가능한 입지는 미래 수요가 증가할 뿐 아니라 현재 메인 입지로서 존재하는 기존의 수요까지 흡수할 수 있기 때문에 미래 가치를 선점한다는 차원에서 관심을 가져도 좋을 듯하다.

# 도시 속 수변 공간의
# 다양한 변화

## 🏠 서울 전역 61개 하천의 잠재력

시민의 삶의 질을 높일 수 있는 대표적인 공간으로 '수변'을 들 수 있다. 2040 서울도시기본계획에는 서울 전역에 흐르는 61개 하천 등의 물길과 수변의 잠재력을 이끌어 내 도시 공간을 지역과 시민 생활의 중심으로 재편하겠다는 계획이 포함돼 있다.

이를 위해 각 지역별 수변의 매력을 드러낼 수 있는 명소를 조성하고 이렇게 조성한 수변 명소로 사람들이 모여들 수 있도록 보행, 대중교통 등과 같은 접근성을 높인다. 더 나아가 각 수변 명소를 연결하는 네트워크를 구축하고 수변과 수상의 활용성도 높여 나갈 계획이다.

**미국, 텍사스(샌안토니오)**
녹지, 시설 등을 활용한 건강, 레저, 여가공원 조성

**네덜란드, 암스테르담**
강변 주변에 자연스럽게 주거지역 조성

출처: 서울시

　서울은 이미 하드웨어적으로 대부분의 환경을 갖추고 있다. 이를 제대로 개발해 활용만 하면 된다. 현재 서울시에는 한강과 안양천, 중랑천 등의 국가 하천, 탄천, 도림천 등의 지방 하천 등 총 61개 하천이 25개 자치구 전역에 고르게 분포돼 있다. 그러나 일상생활 공간과 단절돼 있어 접근하기 어렵고 공간 활용 역시 녹지·체육 공간 등 단순하고 획일적인 수준에 머물러 있다. 하지만 이런 공간들을 이제부터 적극 활용할 수 있게 됐다.

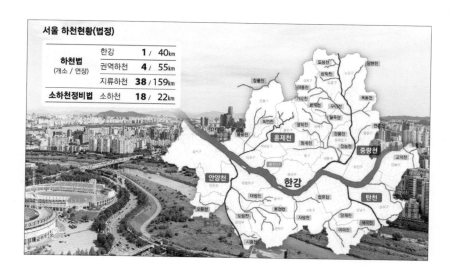

## 🏠 개성을 살린 입지별 수변 활성화 전략

서울시는 수변의 규모·입지에 따른 수변 활성화를 단계별로 추진하기로 했다. 이 사업의 목적은 하천의 크기와 위계에 따라 ▲ 소하천·지류 ▲ 4대 지천(안양천, 중랑천, 홍제천, 탄천) ▲ 한강의 수변 활성화 전략을 각각 마련하는 데 있다.

**수변 활성화 전략**

| 동네중심_ **소하천·지류** | 지역중심_ **4대지천** | 도시중심_ **한강** |
|---|---|---|
|  |  |  |
| 양재천, 여의천, 불광천, 정릉천 등 | 홍제천, 중랑천, 안양천, 탄천 | 한강 |

소하천·지류는 수변 테라스 카페, 쉼터, 공연 활동 등을 통해 시민의 일상을 풍요롭게 하는 수변 친화 생활 공간을 말한다. 4대 지천은 특화 거점을 찾아 명소로 조성하고 배후 주거지와의 접근성을 높여 수변을 활성화할 계획이다. 이 사업의 목적은 수변과 도시 공간 사이의 경계를 허물어 한강과 일체화된 도시 공간을 조성하고 업무·상업·관광의 중심으로 만드는 데 있다. 특히, 여의도·압구정 등 한강변 대규모 정비사업과 연계해 계획 단계부터 반영될 수 있도록 할 계획이다.

지역특성을 반영한 **수변명소**
활성화로 **수변의 매력 드러내기**

### 1단계 수변 명소 조성

1단계는 지역 특성을 반영한 수변 명소를 활성화한
다. 이 과정에서 기존 명소뿐 아니라 새로운 명소가
탄생할 것으로 예상된다.

보행접근 여건조성 및 대중교통
**접근성 강화로 수변에 모이게 하기**

### 2단계 수변 명소 접근성 강화

수변 명소로의 접근성을 강화한다. 보행 접근성 강
화는 기본이고 대중교통 접근성도 이전보다 좋아질
것으로 예상된다.

보행·신교통 네트워크 구축으로
**수변을 넘나들게 하기**

### 3단계 수변 명소 네트워크 구축

수변 명소 간의 네트워크를 구축한다. 즉, 보행로와
교통 네트워크로 수변을 넘나들게 한다. 반포대교
및 잠수교를 중심으로 한 용산구와 서초구 수변 명
소들의 시너지가 1차 목표지가 될 예정이다.

**수변·수상 활용성** 강화로
**수변을 중심화 하기**

### 4단계 수상 활용성 강화

수상 공간을 접근성을 강화하는 측면에서 활용한다.

## 🏠 기대되는 서울 지역 하천의 미래 모습

지역 하천의 미래 모습

출처: 서울시

### 도림천

관악산, 도림천 등 주변 자연 환경을 최대한 살리고 수변을 시민 생활과 여가 활동의 중심 공간으로 조성하는 이른바 '서울형 수변 감성 도시' 사업이다. 과거 도시 개발로 복개돼 지금은 도로, 하수도로 이용되고 있는 하천(도림천)을 자연 하천으로 복원해 수변 중심의 도시 구조로 재편하는 것을 목표로 추진한다. 이를 위해 서울시는 도림천 자연 하천 복원 사업비 전액을 시비로 추진하고 복원되는 하천변에 수변 공원을 조성하기로 했다.

자연과 조화를 이루면서도 주변 지역과 상호 연결성을 높이는 단지 계획도 마련됐다. 관악산~도림천(수변 공원)을 잇는 4개 녹지축을 조성하고 지상부의 차량 동선을 최소화함으로써 보행자 중심의 환경을 제공하는 한편, 자연과 도시 간 접근이 용이한 연결 가로를 만들 계획이다.

**도림천 주변 수변 감성 도시 사업지**

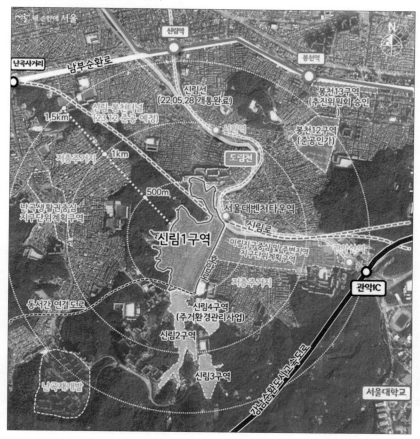

출처: 서울시

수변 테라스 카페, 수변 쉼터 그리고 각종 공연장까지 수변 공간의
활용도는 점점 더 높아질 듯하다. 신림뉴타운 1구역이 시범 구역이 될
예정이다.

## 정릉천

정릉천은 하천 상부에 거대한 유휴 공간으로 방치된 복개 구조물(320×25×6m)을 스포츠·문화 등이 가능한 복합 문화 공간으로 재탄생한다. 도시화 과정에서 설치하고 있다. 지금은 공영 주차장으로 활용되고 있지만, 전체 50%도 안 되는 공간만 사용돼 활용도가 떨어진다. 서울시는 '도심 속 문화 캔버스'라는 콘셉트로, 상부는 생활·액션 스포츠, 휴식 및 교류가 가능한 액티비티존과 힐링·커뮤니티존, 하부는 미디어 아트가 결합된 디지털 감성존을 조성할 계획이다.

**정릉천 복합 문화 공간 조감도**

복개 구조물을 다양한 활동이 가능한 복합 문화 공간으로 재탄생시킨다.

**정릉천변 상하부 조감도**

정릉천변 상부는 생활·액션 스포츠·휴식이 가능한 공간으로, 하부는 미디어 아트가 결합된 감성존으로 조성한다.

출처: 서울시

## 홍제천

홍제천은 수려한 수변 암반 경관과 지역의 대표적인 역사 자원인 홍지문·탕춘대성(서울시 유형 문화재 제33호)을 연계해 감성적인 야경과 역사, 휴식이 공존하는 공간으로 명소화를 추진한다. 문화재의 원형을 보존하면서 보행로·교각 등을 정비해 접근성을 높이고 조망·휴식 포인트와 야간 조명 등을 다양하게 설치한다. 서울시는 홍지문과 탕춘대성의 역사적인 의미를 살려 한양 도성 방어 시스템 탐방, 도보 해설 관광 코스 및 야간 출사 이벤트 등 다채로운 문화·관광 프로그램도 함께 개발할 예정이다.

**홍제천 조감도**

홍제천을 역사, 휴식이 공존하는 공간으로 조성한다.

**홍제천 야경 공간 조감도**

홍제천을 감성적인 야경 공간으로 조성해 명소화를 추진한다.

출처: 서울시

홍제천은 수려한 자연 경관을 한눈에 볼 수 있는 곳으로, 공영 주차장 일부 유휴 공간을 활용해 계절별 테마 음악과 커피, 휴식을 즐기는 공간으로 조성된다. 이 사업의 목표는 동네 하천을 산책로·자전거 도로와 같은 '선형적 공간'에서 '일상적인 모임과 만남의 공간'으로 진화시켜 만족도 높은 수변 라이프를 생활권 곳곳에서 즐길 수 있도록 하는데 있다.

## 중랑천

서울시는 중랑천의 수변 공간 활성화 방안을 수립하고 중랑천과 인접 지역, 한강을 연계해 경제·문화·여가 거점을 발굴·정비하는 방안을 마런하고 있다. 대표적인 예로 재건축·재개발 예정지에서 중랑천과 연계한 정비계획이 수립될 수 있도록 '대규모 개발 사업 가이드라인'을 제공하고 있다.

**중랑천 동부간선도로 지하철 계획(안)**

출처: 서울시

이와 아울러 중랑천과 가까운 곳에 위치하고 있지만, 도로와 제방으로 단절돼 있어 지천을 여가 공간으로 활용하지 못하고 있는 인근 저층 주거지에 대한 '특화 정비 방안'도 포함될 예정이다. 중랑 물 재생센터, 면목·휘경 유수지 등 중랑천의 내부에 있거나 중랑천과 인접하고 있는 공공시설을 활용하기 위한 방안도 마련한다. 일반 시민이 접근하기 어렵거나 활용도가 낮은 시설은 재배치하거나 입체화하는 등 공간의 재구조화를 통해 교육·체험·놀이 등과 같은 기능을 하는 새로운 공공 공간을 창출할 계획이다.

## 📍 한강을 업무·상업·관광의 중심지로!

서울시는 시민의 삶의 질을 높일 대표적인 공간으로 한강의 수변 활성화 전략을 마련했다. 이번 계획을 통해 한강을 중심으로 주요 중심지

간의 상호 연계를 강화하고 수변 공간을 활성화하는 등 한강 중심의 도
시 공간을 구현하기 위한 효과적인 전략을 마련해 서울의 국제 경쟁력
을 높일 계획이다. 수변과 도시 공간 사이의 경계를 허물어 한강과 일
체화된 도시 공간을 조성하고 업무·상업·관광의 중심으로 자리매김하
도록 지원한다.

또한 여의도-용산, 성수-잠실, 마곡-상암 등 한강변 주요 거점 간 기
능적, 공간적 연계·통합 방안을 구상하고 이들 주요 거점의 특화 발전
을 지원하기 위한 방안을 한강변 대규모 정비사업과 연계해 검토할 예
정이다.

**한강 개발 계획(안)**

출처: 서울시

6대 키워드 속에 서울의 미래가 보인다!

이와 아울러 한강을 활용한 도심 환경 교통(Urban Air Mobility, 이하 UAM) 등 미래 교통수단 운영 방안, 수상 교통 기반 등 교통 인프라와 함께 시민 여가·문화 공간 활성화를 위한 생태 거점 조성 등 녹지 생태 도심 연계방안도 모색한다.

한편, 강변북로 등 한강변 간선도로 개선 시 확보할 수 있는 유휴 공간을 파악한 후 이를 활용한 수변 공간의 확보도 함께 추진한다.

# SEOUL 18

# 서울 도심, 여의도, 강남 3도심 기능 강화

## 🏠 3도심 기능을 고도화해 도시 경쟁력 업그레이드

서울은 대한민국의 상징적인 공간인데도 지난 10년간 보존 중심의 정책에 따른 정비사업 제한으로 활력을 잃고 성장이 정체돼 왔다. 따라서 기존 정책의 한계를 넘어선 새로운 정책 방향을 재정립해야 할 시점에 이르렀다.

2006년에 정립된 기존 중심지 체계는 '1도심, 5부도심, 11지역 중심'이다. 1도심을 중심으로 다소 위계적인 구조였기 때문에 여러 복합적인 계획을 실천하기에는 어려움이 있었다. 이에 2030 서울플랜에서는 중심지 체계를 '3도심, 7광역 중심, 12지역 중심'으로 개편한 바 있다.

2040 서울도시기본계획의 세 번째 핵심은 기존 중심지 체계(3도심, 7 광역 중심, 12지역 중심)는 유지하되, 3도심(서울 도심, 여의도, 강남)을 중심으로 기능을 고도화해 서울의 글로벌 도시 경쟁력을 강화하는 것이다.

**3도심 고도화 계획(안)**

출처: 서울시

## 🏠 <u>수도 서울의 상징, 서울 도심을 '4+1축'으로 확산</u>

서울 도심은 남북 방향의 4개 축과 동서 방향의 글로벌 상업축의 '4+1축'을 조성한다. 서울 도심에 활력을 부여하고 첨단과 전통이 공존하는 미래 도심을 조성하는 것이 목표이다.

① 국가 중심축(도심 비즈니스 허브): 광화문~시청
② 역사 문화 관광축(관광상업 허브): 인사동~명동
③ 남북 녹지축(신산업 허브): 세운지구
④ 복합 문화축(패션, 뷰티 허브): DDP
⑤ 동서 방향의 글로벌상업축(도심부 활성화): 광화문~DDP

**서울 도심 조성 계획(안)**

출처: 서울시

6대 키워드 속에 서울의 미래가 보인다!

서울 도심 개발은 낙후된 산업 기반 시설을 정비하기 위해 도시 규제를 합리적으로 완화하고 기존의 획일적인 높이 규제를 유연화하며 다양한 인센티브를 통해 용적률을 상향시킬 계획이다. 이 밖에도 소규모 필지 위주 개발에서 지역 여건에 맞는 체계적이고 규모 있는 개발로 전환할 계획도 수립돼 있다.

**행정 구역의 변화**

출처: 서울시

## 🏠 국제 교류의 거점, 여의도

글로벌 금융 중심으로 육성 중인 여의도는 용산 정비창 개발을 통한 국
제업무 기능과 연계해 한강을 중심으로 한 글로벌 혁신 코어로 조성한
다. 용산 정비창 개발로 확보되는 가용 공간 등을 활용해 여의도의 부
족한 공간 문제를 해소할 계획이다. 또한 노들섬을 '글로벌 예술 섬'으
로 조성하고 신교통수단 도입 등을 통해 수상의 활용성과 연결성도 강
화한다. 이와 아울러 샛강, 올림픽대로의 입체적인 활용과 노량진 일대
의 가용지를 활용한 방안도 추진한다.

**한강 중심 글로벌 혁신 코어 조성 계획(안)**

출처: 서울시

## 📍 글로벌 업무의 중심, 강남

테헤란로를 따라 업무 기능이 집적·포화된 강남은 경부간선도로 입체화, 국제교류 복합지구조성 등과 연계한 가용지 창출을 통해 중심 기능을 잠실, 서초 등 동–서 방향으로 확산시킬 계획이다.

**강남 중심 기능 확산 계획(안)**

출처: 서울시

이 밖에도 19개 중심지(7광역 중심, 12지역 중심)를 산업과 연계해 집중육성함으로써 서울비전 2030에서 제시했던 4대 신성장 혁신축을 활성화하는 주요 거점으로 조성할 계획이다. 서울비전 2030은 오세훈 시장이 향후 10년 서울 운영 방향을 담은 마스터플랜으로, 2021년에 발표했다.

서울비전 2030에서 제시한 4대 신성장 혁신축은 다음과 같다.

> ● **국제 경쟁**: 한양 도성~서울역~용산~한강~여의도~영등포~구로
> ● **청년 첨단**: 한강~성수~청량리~홍릉~광운대~창동
> ● **미래 융합**: 한강~삼성~수서~양재
> ● **감성 문화**: 상암~한강~마곡~김포공항

### 서울비전 2030의 신성장 혁신축

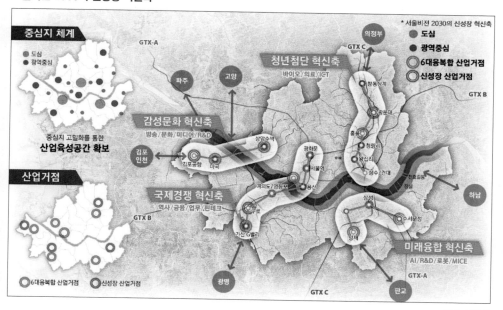

출처: 서울시

# 다양한 도시 모습 꾀하는 규제 개편

## 🏠 용도지역제와 스카이라인 관리 기준 변화

2040 서울도시기본계획의 4번째는 급속하게 변화하는 다양한 도시의 모습을 담아 내기 위한 도시계획의 대전환이다. 이 계획의 핵심은 용도지역제, 스카이라인 관리 기준의 대대적인 개편이다.

서울이 미래 지향적이고 글로벌한 도시의 모습을 갖추기 위해 꼭 실행돼야 하는 것들이다.

# 도시계획의 패러다임 대전환, '비욘드 조닝'

우선 산업화 시대에 처음 만들어져 지금까지 경직적으로 운용되고 있는 '용도지역제'를 전면 개편하는 '비욘드 조닝(Beyond Zoning)'을 추진한다. 비욘드 조닝은 주거·업무·상업 등 기능의 구분이 사라지는 미래 융·복합 시대에 맞는 서울형 신용도지역 체계이다. 이 계획의 목표는 용도 도입의 자율성을 높여 주거·업무·녹지 등 복합적인 기능을 배치함으로써 빠르게 변화하는 미래 도시를 유연하게 담아 낼 수 있는 체계를 구축하는 데 있다.

**융·복합 시대의 요구사항**

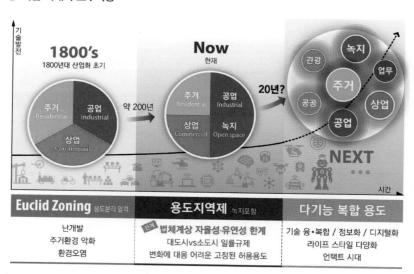

출처: 서울시

용도지역제는 도시 공간의 기능이 중복되지 않도록 땅의 용도와 건물의 높이, 용적률 등을 규제하는 제도이다. 서울에는 크게 주거·상업·공업·녹지 지역이 있다. 현행 제도는 대도시 서울의 특수성과 무관하게 전국에 동일한 허용 용도·밀도가 적용되고 있어 자율성과 유연성 측면에서 한계가 있다. 특히 다양화되는 라이프스타일에 따라 업무·여가·상업·주거 등으로 복합화되고 있는 도시 공간 창출에 제약으로 작용하고 있다.

서울시는 새로운 용도지역 체계인 비욘드 조닝을 선제적·주도적으로 구상하고 중앙 정부, 학계, 전문가의 공감대 형성과 공론화를 통해 「국토계획법」의 개정 등 법제화를 추진한다. 실현 단계에 접어드는 2025년부터는 서울 전역에 단계적으로 적용해 나갈 계획이다.

**비욘드 조닝 개념도**

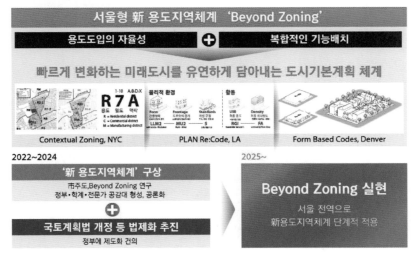

출처: 서울시

# 🏠 35층 높이 규제 삭제

그동안 서울 전역에 일률적·정량적으로 적용됐던 '35층 높이 기준'을 삭제하고 유연하고 정성적인 '스카이라인 가이드라인'으로 전환한다. 구체적인 층수는 개별 정비계획에 대한 위원회의 심의에서 지역 여건을 고려해 결정함으로써 다양한 스카이라인을 창출한다.

35층 높이의 기준이 없어진다고 하더라도 건물의 용적률이 상향되는 것은 아니기 때문에 이와 동일한 밀도(연면적·용적률)하에서 높고 낮은 건물들이 조화롭게 배치될 수 있다.

**도시 경관을 관리하기 위한 스카이라인 가이드라인**

| 2030 서울도시기본계획 |
|---|
| 서울시 전역에 일률적으로 적용되는 **수치화된 기준** |

정량적 층수기준

| 용도 | 도심·광역중심 | 지역·지구 중심 | 그 외 지역 |
|---|---|---|---|
| 상업·준주거 | 복합 : 51층 이상 가능<br>주거 : 35층 이하 | 복합 : 50층이하<br>주거 : 35층이하 | 복합 : 40층 이하 |
| 준공업 | 복합 : 50층 이하<br>주거 : 35층 이하 | | 주거 : 35층 이하 |
| 일반주거 | 제3종일반 : 주거 35층 이하, 복합 50층 이하<br>제2종일반 : 25층 이하 | 제3종일반 : 35층 이하<br>제2종일반 : 25층 이하 | |

| 2040 서울도시기본계획 |
|---|
| 다양한 열린 공간을 위한 **정성적·유연적 가이드라인** |

- 절대적인 수치 기준 삭제
- 대상지 여건을 고려하여 **위원회 심의 등을 통해 적정 높이계획 결정**

동일용적률

출처: 서울시

이렇게 되면 한강변에서 강 건너를 바라볼 때 지금같이 칼로 자른 듯한 천편일률적인 스카이라인이 아닌, 다채로운 스카이라인이 창출된다. 또한 슬림한 건물이 넓은 간격으로 배치되기 때문에 한강 등의 경관을 조망하기 위한 통경축이 확보되고 개방감도 높아진다. 이로써 서울이 세계적인 스카이라인인 경관을 갖추기를 기대할 수 있게 되었다.

**동일 용적률에서 높고 낮은 건축물 배치로 다채로운 스카이라인 형성**

출처: 서울시

# 공간의 입체적 활용

🏠 **단계적 지하화로 도심에 활력을 부여하고**
**가용지 부족 문제까지 해소!**

도시 공간 단절, 소음·진동 등으로 지역 활성화를 막고 생활 환경을 악화시키고 있는 지상 철도를 단계적으로 지하화한다.

이 계획의 목적은 지역의 연결성을 도모하고 다양한 도시 기능을 제공할 새로운 활력 공간을 확보하는 데 있다. 또한 서울의 중심부에 새로운 공간이 창출됨으로써 가용지 부족 문제를 해소하는 데도 도움이 될 것이다.

서울 내 지상 철도 및 차량 기지의 문제점

출처: 서울시

서울은 철도를 중심으로 성장했고 지상 철도의 대부분이 서울 중심지를 관통하고 있다. 현재 서울에는 101.2km, 4.6km²에 달하는 지상 철도 선로 부지와 차량 기지가 입지하고 있다. 대부분 서울 중심지를 관통하기 때문에 입지적으로도 뛰어나다. 이 거대한 부지에 녹지를 조성하거나 업무 및 상업시설을 활용하면 땅의 입체적 사용이 가능해진다.

서울시는 지상 철도 부지가 지니고 있는 높은 토지 가치와 공공 기여 등을 적극적으로 활용해 공공 재원 부담을 최소화한다는 계획이다. 또한 지하화보다 철도 상부에 데크를 설치하는 것이 효율적인 구간은 데크를 통한 입체 복합개발을 추진해 새로운 공간을 창출한다. 서울시는 개발 계획을 장기적·단계적으로 추진하기 위해 정부와 논의해 실현성을 높일 계획이다.

## 철도 지하화 실현 계획

출처: 서울시

## 데크 설치 입체복합개발 계획

출처: 서울시

# 모빌리티 허브 서울

## 21

도시의 미래에서 빠질 수 없는 요소인 미래 교통을 정착시키기 위해 자율주행버스, UAM, 모빌리티 허브, 3차원 신물류 네트워크 등과 같은

**미래 UAM 모습**

출처: 현대자동차

미래 교통 인프라를 전반적으로 확충한다.

## 📍 자율주행버스 등 미래 교통 인프라, 서울 전역에 구축

자율주행버스는 도로 및 주차장 수요를 크게 감소시켜 신규 도시 공간을 창출할 것으로 기대된다. 또한 UAM은 공항과 수도권의 광역 연결성을 높여 도시 공간에 큰 변화를 가져올 것으로 전망된다.

자율주행버스는 본격적인 자율차 운영 체계를 마련하는 데 역점을 둬 추진하고 UAM은 2025년 기체 상용화에 맞춰 도심형 항공 교통 기반을 마련한다. 특히, 도시계획적 지원을 통해 대규모 개발 시 용적률 인센티브를 주는 등 확충 방안도 추진한다.

**도심형 항공 교통 기반 구축 계획(안)**

출처: 서울시

자율주행버스는 2021년 11월 상암에서 시범 운영을 시작한 데 이어, 시범 운영 지구를 마곡, 강남, 여의도 등으로 확대해 거점별 특성에 맞는 다양한 이동 서비스를 상용화한다. 자율주행버스를 대중교통수단으로 정착시켜 시민들의 이동 편의성도 높인다. 이를 뒷받침하기 위해 현재 상암·강남 등 211km 구간에 설치된 자율주행 인프라를 2026년까지 2차로 이상 모든 도로(총 5,046km)로 확대한다.

## 📍 서울형 UAM 기반 마련

2025년 기체 상용화에 맞춰 노선을 확보하기 위해 김포공항~용산 국제업무지구 등의 시범 노선을 운영한다. 용산·삼성·잠실 등 대규모 개발 지구에 UAM 터미널 설치도 추진한다. 또한 민간의 대규모 개발 시 UAM 인프라를 확보할 경우, 용적률 인센티브를 제공하는 방식으로 기부 채납을 유도하고 활용도가 낮은 도시계획시설 부지를 적극적으로

**UAM 터미널 확충 계획(안)**

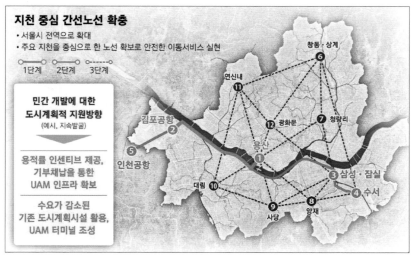

출처: 서울시

발굴하는 등의 지원 방안도 가동한다.

또한 서울 전역에 UAM 등과 같은 미래 교통수단과 GTX, PM(개인 이동 수단) 등의 다양한 교통수단을 연계하는 복합환승센터 개념의 '모빌리티 허브'를 조성한다. 이 계획의 목표는 공간 위계에 따라 유형별 (광역형·지역형·근린형)로 설치해 교통수단 간 접근과 환승을 지원하고 공공 서비스·물류·업무·상업 등 다양한 도시 기능을 복합적으로 제공해 입체 교통 도시를 완성하는 데 있다.

**입체 교통 도시 구축 계획(안)**

출처: 서울시

## 🏠 공간 위계에 따른 유형별 모빌리티 허브 조성

**유형별 모빌리티 허브 조성 계획(안)**

출처: 서울시

2023년부터는 드론 배송(공중), 자율형 물류 로봇 배송(지상), 지하철 활용 배송 체계(지하) 등과 같이 공중-지상-지하를 활용한 '3차원 물류 네트워크' 구축도 시작했다.

**신물류 네트워크 구축 계획(안)**

출처: 서울시

## 🏠 실행 확률이 높은 것에 집중하라

지금까지 2040 서울도시기본계획의 방향성에 대해 정리했다. 벌써 시작된 계획도 있고, 현실적인 이유로 아직 시작되지 않은 계획도 있다. 그렇다면 2040 서울도시기본계획을 실질적으로 활용할 수 있는 방안은 무엇일까?

우리가 실제로 투자할 확률이 높은 미래 가치를 선택하는 것이다. 같은 서울이라 하더라도 시너지를 낼 곳과 시너지를 내지 못할 곳이 자연스럽게 나뉠 것이다. 이를 바탕으로 위계를 다시 정리하고 이에 따른 접근 전략을 수립해야 한다.

실행 확률이 높은 곳은 당연히 기존 교통의 중심지이다. 창릉, 상봉·망우, 청량리, 서울역, 용산역, DMC 등의 강북 지역과 김포공항, 여의도, 사당, 삼성, 양재, 수서, 강일 등의 강남 지역이 핵심 지역으로 부각될 가능성이 높다. 특히 이 지역 중에서도 새롭게 개발되는 부지 또는 개발될 계획이 확정된 곳이라면 무조건 관심을 가져야 한다.

6장

서울에 세계의 일자리를
모이게 하라!

# 국제 도시 경쟁력
# 강화 방안

## 📍 글로벌 서울을 위한 여섯 가지 비전

서울비전 2030에 따르면, 서울은 글로벌 선도 도시로서 글로벌 TOP 5 도시를 목표로 도시 경쟁력을 끌어올리기 위한 다각도의 정책을 추진한다. 그러는 한편, 양질의 기업 환경 조성과 고급 인재 유치로 서울의 글로벌 경쟁력을 강화하기 위해 각종 규제를 과감하게 개혁하고 인프라를 대거 확충할 예정이다.

구체적인 안들을 살펴보자. 서울시는 세계 5대 금융 도시와 아시아 디지털 금융 중심지가 되기 위해 여의도에 '디지털 금융 특구'를 조성한다. 또한 서울의 산업 경쟁력을 높이고 미래를 준비하기 위해 한강변을 중심으로 강남·강북을 연계하는 4대 신성장 혁신축을 조성한다. 이와 아울러 도시 차원의 투자 전담 기관인 '서울 투자청'을 설립하고 기업 친화적인 환경을 조성해 기업 가치 1조 원 규모의 글로벌 유니콘 기업을 40개까지 늘린다.

동대문은 DDP를 세계 트렌드를 주도하는 뷰티 산업의 허브로 구축하고 아시아 대표 관광 축제인 '서울 페스타(SEOUL FESTA)'를 개최한다. 또한 한강의 물길을 회복하고 지상 철도를 지하화해 도시 전체를 입체적으로 활용하는 '스마트 입체 교통 도시'를 실현하기 위한 계획도 수립해 놓고 있다.

**서울비전 2030 핵심 과제**

출처: 서울시

## 🏠 여의도 디지털 금융 특구 조성

서울시는 2025년까지 해외 금융 기관 유치 시 전 과정을 원스톱으로 지원하는 '서울 디지털 금융 허브 지원센터'를 신설하고 글로벌 금융 오피스를 확대 조성함으로써 서울 소재 해외 금융 기관을 250개까지 확대한다. 디지털 금융전문대학원과 핀테크아카데미를 통해 연간 340명의 디지털 금융 전문인력도 양성한다.

여의도에는 국책 은행과 함께 민간 은행들이 밀집돼 있어 금융 특구로서 가능성이 충분하다는 평가를 받고 있기 때문에 제도와 지원이 뒷받침된다면 글로벌 도시 경쟁력을 더 빠르게 갖춰갈 수 있다.

**여의도 디지털 금융 특구 조성 계획**

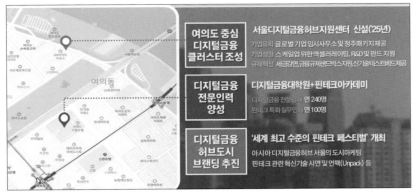

출처: 서울시

## 🏠 글로벌 유니콘 기업 육성

글로벌 유니콘 기업을 2030년까지 40개(2021년 기준 10개)로 늘린다. 이를 위해 창업 거점을 확대해 2,500개의 스타트업을 육성하고 스케일업 펀드를 10조 원까지 확대한다. 또한 전문 창업 프로그램을 확대해 우수 인재 37만 명을 양성한다.

**유니콘 기업 확대 방안**

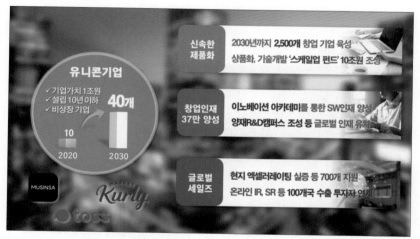

출처: 서울시

## 🏠 동대문을 아시아 뷰티의 중심으로!

서울시는 2030년까지 동대문을 화장품 기업·연구 기관, K-뷰티 체험 공간·아카데미, 한류 연계 문화·관광 콘텐츠가 집약된 '글로벌 뷰티 산업 허브'로 만들기 위해 기존 '서울 패션 허브'와 연계되는 뷰티 산업 클러스터를 구축한다. R&D, 창업, 수출, 마케팅을 집중적으로 지원해 서울에 소재하고 있는 세계 100대 화장품 기업을 4개에서 6개로 확대하고 관광·미식 등과 같은 관련 산업을 확장한다.

**동대문 뷰티 산업 허브 조성 계획(안)**

출처: 서울시

## 🏠 4대 신성장 혁신축 조성 및 '서울 투자청' 설립

지역별 신성장 산업 혁신을 주도할 4대 혁신축을 조성한다. 싱가포르 경제 개발청(EDB), 홍콩 투자청(Invest HK), 런던 & 파트너스와 같이 해외투자 유치와 기업 지원사업을 전담하는 '서울 투자청'을 2022년에 설립해 운영하고 있다. 이를 위한 4대 신성장 혁신축 조성 계획은 다음과 같다.

---

- **국제 경쟁**: 한양 도성~서울역~용산~한강~여의도~영등포~구로
- **청년 첨단**: 한강~성수~청량리~홍릉~광운대~창동
- **미래 융합**: 한강~삼성~수서~양재
- **감성 문화**: 상암~한강~마곡~김포공항

---

**4대 신성장 혁신축 조성 계획**

출처: 서울시

## 🏠 스마트 입체 교통 도시 구축

현재 세계적인 수준으로 구축된 지상 교통길 외에 하늘길, 물길, 지하 도로를 새롭게 열어 스마트 입체 교통 도시를 완성한다. 자율주행버스, UAM, PM 등과 같은 미래 교통수단과 물류센터, 커뮤니티 시설을 갖춘 '모빌리티 허브' 32개소를 2030년까지 구축한다. 한강 물길을 단계적으로 회복하고 한강 나들목 증설 등을 통해 접근성도 개선한다. 서울시의 지상 철도 구간에 대해서는 국토부 등 정부와 협의를 통해 지하화를 체계적으로 추진함으로써 지역 단절을 극복하고 새로운 도시 공간도 확보한다. 현재 지하화가 완료된 서부간선도로와 협상 중인 동부간선도로 외에도 간선도로의 지하화를 통한 구조 개선을 추진한다.

**스마트 입체 도시 구축 계획**

출처: 서울시

## 🏠 아시아 대표 관광 축제 개최

케이팝(K-Pop) 콘서트, 뷰티, 미식, 쇼핑 등 서울의 대표적인 문화·관광 자원을 집약해 2030년 외국 관광객 2,000만 시대를 연다는 목표로, 독일의 '옥토버페스트', 스페인의 라 토마티나처럼 세계인이 함께 즐기는 서울의 대표 관광 축제인 'SEOUL FESTA'를 2022년부터 매년 개최한다.

**아시아 대표 관광 축제 개최 계획**

출처: 서울시

# 서울의 중심지 체계
# 한눈에 이해하기

## 🏠 복합적으로 발전하는 서울시 중심 체계

서울의 미래를 그리기 위해서는 먼저 중심지 체계를 이해해야 한다. 중심지 체계는 지역의 도시 가운데 가장 큰 도시가 어디이고, 어떤 역할을 담당하고 있는지를 구분한 후 가장 중심이 되는 곳과 연결되는 곳들을 기능적으로 나눈 것이다. 서울시는 이를 특히 산업과 업무가 집중된 곳으로 선정했다.

서울의 중심지 체계를 다시 한번 정리해 보자. 2040 서울도시기본계획에서는 2030 서울플랜에서 정립한 기존의 '3도심·7광역 중심·12지역 중심'을 유지하고 2030 서울플랜에서 제시했던 신성장 혁신축(국제 경쟁, 청년 첨단, 미래 융합, 감성 문화)의 활성화에 주력하기로 했다.

한편, 서울 도심, 여의도, 강남 등 3도심을 중심으로 그 기능을 강화하는 전략을 수립하고 그중에서도 서울 도심을 4+1축으로 조성해 낙후된 도심에 활력을 불어넣기로 했다. 그리고 2019년 서울시정계획에서 '6대 융·복합 산업 거점'을 선정해 4차 산업혁명 메카로 육성하는 사업이 본격적으로 가시화된다.

**2030 서울플랜**: 3도심, 7광역 중심, 12지역 중심, 신성장 혁신축
**2040 서울도시기본계획**: 3도심 강화, 서울도심 4+1축 조성
**서울시정계획(2019)**: 6대 융·복합 산업 거점 선정

요약하면, 서울의 발전축은 '3도심·7광역 중심·12지역 중심 + 6대 융·복합 산업 거점 + 신성장 혁신축'이다.

이를 순서대로 살펴볼 것이다. 먼저 3도심은 종로, 강남, 여의도, 7광역은 창동·상계, 청량리·왕십리, 상암·수색, 마곡, 용산, 가산·구로, 잠실이다.

서울을 분석할 때는 도심을 가장 먼저 분석하고 그다음에 향후 발전축을 살펴봐야 서울의 구체적인 발전 방향을 가늠해 볼 수 있다.

---

### 서울의 중심지 체계

- **도심 중심** – 종로, 강남, 여의도
- **광역 중심** – 창동·상계, 청량리·왕십리, 상암·수색, 마곡, 용산, 가산·구로, 잠실

---

서울에 세계의 일자리를 모이게 하라!

# 전통적 핵심 입지
# – 도심 중심

## 🏠 대한민국의 상징, 종로구

가장 먼저 종로구 중심의 도심을 살펴보자. 강남구가 경제의 중심지
가 되기 전까지는 종로구가 정치·경제·문화 등 거의 모든 분야의 중심
지였다. 조선이 지금의 종로구에 경복궁을 정궁으로 설립한 이래 600
여 년간 서울의 역할을 하고 있는 것만 보더라도 이를 쉽게 짐작할 수
있다.

지금은 경제적 중심지의 역할을 강남에 넘겨 줬지만, 여전히 종로구
는 서울의 중심지이자 정치적인 중심지이다.

**서울의 정치적인 중심지, 종로의 지적편집도**

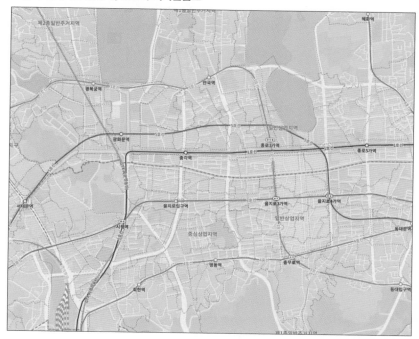

출처: 호갱노노

종로구의 성장세는 경제적 중심지의 역할을 강남에 넘겨 주면서 점차 둔화되기 시작했다. 그 이유는 한양 도성, 4대문 안 도심에 새로 개발할 부지, 즉 확장할 공간이 없었기 때문이다. 600여 년간 정말 빈틈없이 촘촘하게 사용해 온 입지이다. 매우 흥미로운 사실은 600년 동안 기존 부동산 입지들을 똑같은 용도로 꾸준히 사용하고 있다는 것이다.

종로구가 메인이고 중구가 종로구의 보조 역할을 해 왔다. 두 지역은 같은 지역으로 봐도 무방하다. 큰 틀에서 보면 수행하는 역할이 같기 때문이다.

## ● 일자리

종로구, 중구는 전통적인 일자리 중심지이다. 중심업무지구로서의 이러한 역할은 앞으로도 지속될 것으로 예상된다. 특히 서울역부터 용산역까지 이어지는 한강대로 주변의 국제업무축은 도심권의 핵심 개발 지역이다. 강북 지역에서 유일하게 강남 업무 중심지를 뛰어넘을 수 있는 곳이기 때문이다.

## ● 교통

서울역과 용산역은 전통적인 교통의 중심지로, 앞으로도 서울의 중심이 될 것으로 예상한다. 강남과의 접근성을 개선하기 위해 신분당선 북부 구간이 연장될 것으로 보이며 GTX-A, B, C 3개 노선이 개통되면 광역 철도의 중심지 역할을 하게 된다.

## ● 주거 환경

종로구, 중구에는 대형 택지개발 주거지가 없다. 중간에 나홀로 재건축, 재개발이 추진되는 정도였다. 하지만 수요 대비 공급량이 절대적으로 적은 입지이기 때문에 아주 작은 단지라도 새 아파트라는 사실 하나만으로도 주목을 받을 수밖에 없다. 종로구의 경희궁자이 시세 상승 추이만 봐도 이를 쉽게 알 수 있다. 향후 도심권에는 대형 주거 환경이 형성된다. 용산구의 한남뉴타운이 가장 주목받고 있다. 동부이촌동의 모든 아파트도 재건축되거나 리모델링될 예정이다. 이 밖에도 용산구에는 크고 작은 재건축, 재개발, 리모델링 계획들이 수립돼 있다. 가장 주목할 만한 지역은 한남뉴타운, 동부이촌동, 서빙고동이다.

## 🏠 황제의 입지, 강남

두 번째는 강남 중심의 도심, 즉 송파구, 서초구, 강남구이다. 인지도 하나만으로도 가장 잘 나가는 지역이다.

**황제의 입지 조건을 가진 강남의 지적편집도**

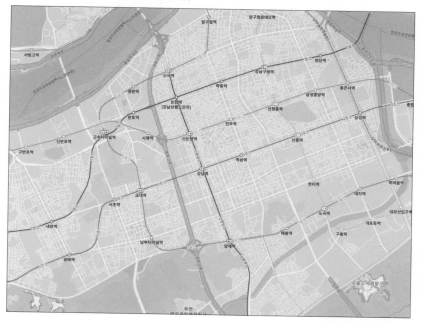

출처: 호갱노노

강남구는 강남구가 탄생한 1975년 이후 단 한 번도 황제의 자리에서 내려오지 않았다. 프리미엄이 있는 지역이라는 의미에서 '강남'이라는 보통명사가 생길 정도였다. 업무시설 1위, 교통 편리성 1위, 상업시설 1위, 한강 접근성 1위로 부동산의 조건에 관한 한 모든 것을 갖춘 지역이다. 강남구가 현상 유지만 해도 1위를 내 줄 가능성은 낮아 보인다.

서울에 세계의 일자리를 모이게 하라!

현재 진행 중인 글로벌 비즈니스 센터(GBC) 하나만으로도 앞으로 20년 동안은 서울에서 가장 주목받는 지역이 될 것으로 예상한다.

강남권의 중심지는 '강남구'이다. 강남구는 대한민국 부동산의 절대 강자이자 서울 부동산의 핵심시설이 모두 모여 있는 곳이다. '부동산의 모든 것'이라고 이야기할 때 누구나 모범 답안으로 삼는 곳이기도 하다. 부동산 관련 이슈에서 1970년 이후 현재까지 단 한 번도 주인공이 아닌 시기가 없었고 이는 앞으로도 마찬가지일 것이다. 지금도 대한민국 최고 수준이지만, 향후에는 그 가치가 더욱 크게 올라갈 것이다. 서초구는 늘 넘버 2의 지역으로, 강남구보다 한 수 아래라는 평가를 받아왔다. 하지만 아파트 시세로만 보면 현재 최고가 아파트들이 모두 서초구에 포진돼 있다. 아크로리버파크가 현재 가장 비싼 일반 아파트이다. 반포주공1단지가 준공되면 최고 시세를 경신할 것으로 예상된다. 원조 서초구의 대장 지역인 방배동도 많은 재건축이 진행되고 있고 잠원동에도 여전히 재건축, 리모델링 물량이 많다.

● **일자리**

강남구 지역은 국제업무지구, MICE(회의·관광·전시·이벤트), R&D 첨단 산업축과의 연계 등 자체 일자리뿐 아니라 주변 일자리 지역과 시너지를 주고받으며 대한민국 최고의 오피스 지역으로 자리매김할 것이다.

● **교통망**

서울의 교통망 체계는 3개 도심을 향하고 있다. 그중에서도 특히 강남과의 접근성이 해당 부동산의 프리미엄을 결정한다. 현재도 서울 지하철 2·3·7·9호선과 신분당선이 운행되고 있고 이 노선들의 확장 공사가 진행 중이다. 차세대 핵심 노선이 될 GTX 3개 노선 중 A와 C 2개 노선이 삼성동을 지나갈 예정이다. 또한 서울 경전철 중 가장 사업성이 높은 위례신사선이 추가될 예정이며 삼성역발 수도권 고속철도도 추진 중이다.

### ● 주거 환경

1970~1980년대에 개발됐던 강남권 주거 단지들이 1990년대 이후 낙후돼 상품 경쟁력을 잃게 되자 상품의 경쟁력을 따지는 수요층을 주변 신도시에 나눠 줬다. 현재 대부분의 아파트가 재건축 연한인 준공 30년을 넘은 상태로, 강남구 대부분 단지가 재건축을 추진하고 있다. 개포 지구가 가장 먼저 시작됐고 대치동, 일원동, 청담동, 압구정동 등의 주요 주거 단지들도 재건축이 추진될 예정이다. 이는 상품의 경쟁력을 중요시 하는 수요층을 더욱 많이 유인할 것으로 예상된다.

## 🏠 도시 전체가 일자리인 여의도

세 번째는 여의도 도심이다. 여의도의 행정 구역은 영등포구이다. 하지만 영등포구가 아니라 여의도를 중심이라고 한다. 왜냐하면 영등포구 내에서의 역할보다 서울시, 더 나아가 전국적인 업무의 중심지이기 때문이다. 다시 한번 강조하지만, 영등포구가 아니라 여의도가 도심의 중심이라는 점을 기억하기 바란다. 영등포구와 여의도는 반드시 분리해야 한다. 입지의 성격이 완전히 다르기 때문이다.

**전체가 업무의 중심지인 여의도의 지적편집도**

출처: 호갱노노

여의도의 가치는 최고의 업무지역이라고 하는 강남구와 동급 또는 그 이상으로 평가될 때도 있다. 서울에서도 최상위 레벨을 차지하고 있는 지역이다. 물리적인 일자리의 숫자도 많을 뿐 아니라 금융기업의 중심로서 화이트칼라층이 가장 선호하는 일자리가 몰려 있다. 금융 관련 기업들이 몰려 있다는 사실 하나만으로도 여의도의 미래 가치는 충분하다.

## ● 일자리

여의도는 전체가 일자리 지역이다. 그것도 사람들이 선호하는 일자리로만 꽉 찼다. 특히 여의도 동쪽에는 오피스, 유통시설, 호텔 등 대형 복합시설들이 가득하다. 서쪽의 국회의사당과 KBS 부지까지 개발되면 대한민국 최고의 입지가 될 수도 있다. 향후 일자리 증가가 예상되는 지역은 여의도에서 신도림역까지 이어지는 경인로이다. 영등포역 주변의 상업 지역이 정비돼 타임스퀘어와 함께 시너지를 낼 것이고 복합적인 산업·문화 거점으로서 관련 기업들이 계속 입주할 전망이다. 문래동 주변도 새로운 산업 벨트로 점차 더 많은 기업체가 입주할 것이라 예상된다. 신축되는 지식산업센터들과 2025년까지 개발될 제2세종문화회관만으로도 주목받을 만하다.

## ● 교통망

여의도는 신안산선의 출발점이다. 산업 벨트를 연결하는 매우 중요한 노선인 셈이다. 서울역까지 연장되면 여의도역은 서울역에서 출발하는 신안산선의 중간역이 되므로 더욱 중심지가 될 수 있다. 얼마 전에 개통된 서울 경전철 신림선도 지난다. 은평구 응암동 새절역부터 관악구 신림동 서울대입구역까지 연결됐다. 향후 건설될 경전철 서부선까지 연결되면 여의도의 교통망은 더욱 확충된다. 그리고 그 정점을 GTX-B 개통이 찍게 된다. 이렇게 되면 여의도는 진정한 광역의 중심지가 된다.

## ● 주거 환경

여의도는 강남권, 용산권과 함께 1970년대부터 50년 동안 서울 지역 고급 아파트 입지였다. 더욱이 여의도 14개 단지가 모두 재건축을 추진하고 있고 앞으로 10년 동안 재건축이 이어질 것으로 예상된다. 특히 여의도에는 상업지구와 주거지역이 함께 있기 때문에 상업지구에는 50층 이상의 고층 아파트, 주거지역에는 35층 이하의 재건축 아파트가 건설됨으로써 한강변 스카이라인이 남다른 또 하나의 명품 아파트 신도시로 재탄생할 것이다.

# 부도심 역할 맡은
# 7대 광역 중심

## 📍 '광역 중심'은 일종의 부도심

광역 중심은 도심의 역할을 나눠 가지는 한편, 도심의 역할을 강화시키는 '부도심'과 비슷하다. 입지적으로는 서울시 경계 또는 외곽에서 서울 3도심으로 진입하는 거점 역할을 담당하며 인천과 경기 등 배후 지역과 연결되기도 한다.

## 🏠 창동·상계 광역

노원구는 서울 동북권 중 인구가 가장 많은 곳이다. 상계동과 중계동을 중심으로 많은 아파트가 밀집돼 있다. 노원구의 핫이슈는 '재건축'이다. 앞으로 10년 내에 새 아파트가 가장 많이 들어올 지역이다.

　도봉구는 현재 서울 25개 구 중 가장 낮은 시세를 형성하고 있다. 그동안 지역 내 부동산 관련 이슈가 전혀 없었기 때문이다. 하지만 창동 역세권은 서울 동북권에서 추가 개발이 가능한 유일한 지역이므로 창동 역세권 개발이 도봉구 변화의 신호탄이 될 것으로 보인다.

**창동·상계 광역 지적편집도**

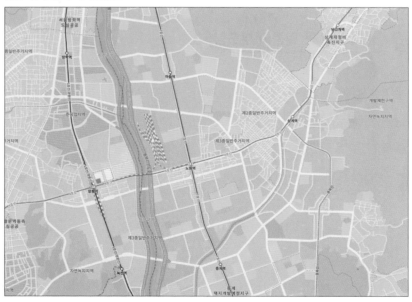

출처: 호갱노노

## • 일자리

창동 역세권 개발이 진행되고 있다. 38만m² 부지의 창동 차량기지를 이전하고 그 부지에 스타트업·문화·상업·아레나(경기장, 공연장) 시설을 건설한다는 계획이다. 이와 아울러 도심 유통센터까지 갖춘다는 계획도 포함돼 있다. 복합 상업시설 내에는 바이오 메디컬 지식형 R&D 센터도 들어설 예정이다.

## • 교통망

GTX-C, KTX, 동북선이 향후 동북권 교통망의 핵심이다. 이는 창동 역사가 메인 역이 될 것이라는 의미이다.

## • 주거 환경

상계동에는 1980년대 후반에 준공된 주공아파트가 많다. 이 단지들의 재건축 연한이 도래했다. 상계동 주공아파트 16개 단지와 창동 주공아파트 19개 단지의 재건축이 진행된다면 이 지역의 주거 환경이 크게 개선될 것으로 예상된다.

## 🏠 청량리·왕십리 광역

동대문구는 타 지역 대비 더욱 빠르게 서울에 편입된 지역으로, 인구 밀집도가 상당히 높다. 재래시장을 중심으로 상권이 발달해 있으며 대학도 여러 개 있다.

이 지역 내 상권과 대학 주변 인프라를 어떻게 활용하느냐가 향후 개발 방향이 될 것이다. 동대문구는 종로구, 중구, 용산구와 함께 애초에 도심지 권역이어야 했던 곳이다. 결국 동대문구가 발달하면 도심지로서의 역할을 하게 될 것이라는 의미이다.

**청량리·왕십리 광역 지적편집도**

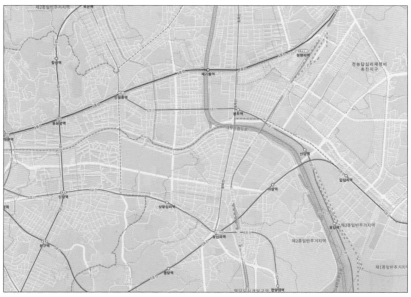

출처: 호갱노노

## ● 일자리

청량리 지역은 청량리 재정비촉진지구 내 주상복합 시설들이 준공되고 나면 다양한 업무시설이 유입될 것으로 기대된다. 왕십리 지역은 한양대학교 주변 지역 지구단위계획이 추진되면 산학 연계된 중소기업의 유치가 예상된다.

## ● 교통망

청량리역은 1호선과 경춘선, 경의중앙선의 트리플 역세권이자 강원도발 일반 철도 역사로서의 역할을 수행하고 있다. 강릉발 KTX가 2017년 12월 개통됐으며 의정부발 KTX 노선도 계획돼 있다. GTX-B, C, 수인분당선 연장, 경전철, 강북횡단선과 면목선도 추가될 예정이다. 왕십리역은 현재도 쿼터블 역세권(2호선, 5호선, 경의중앙선, 분당선)이다. 앞으로 동북선 경전철 역이 신설되면 5개 노선을 품은 역사가 된다.

## ● 주거 환경

청량리 재정비촉진지구 내 사창가 등의 혐오 상업시설이 정비되고 주상복합 위주의 주거시설이 대규모로 입주할 예정이다. 왕십리역 주변으로는 한양대학교 주변 지역이 지구단위구역으로 지정돼 정비될 예정이다. 이와 아울러 상왕십리 지역에는 시범 뉴타운 지역인 왕십리뉴타운이 입주해 있다.

## 📍 상암·수색 광역

마포구는 서울 서북권 3개 구 중 대장 격인 지역이다. 상암 DMC와 공덕역 주변에도 일자리가 많다. 이 일자리를 연결하는 교통망도 매우 편리하다. 앞으로 교통망과 한강변 개발이 추가될 예정이다.

**상암·수색 광역 지적편집도**

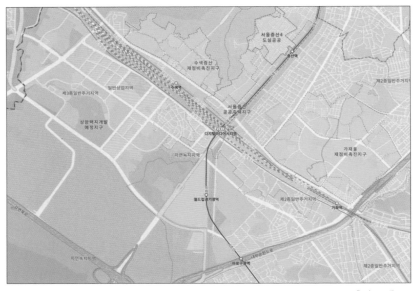

출처: 호갱노노

    2023년부터 가장 주목할 만한 곳은 수색·증산뉴타운 지역이다. 뉴타운 입주가 본격화되고 추가 개발 여지가 남아 있는 소중한 입지이기 때문이다.

    마포구의 상암동과 은평구의 수색동은 함께 시너지를 낼 수 있는 좋은 입지이다. 상암동은 업무지역, 수색동은 베드타운으로 함께 개발되고 있다.

### ● 일자리

상암 DMC는 영상 미디어 산업의 중심지이다. 3대 지상파 방송사가 모두 입주해 있고 CJ 등 케이블 및 종편 방송을 비롯해 미디어 산업 분야 기업이 계속 입주하고 있다. 수색 및 DMC 역세권이 개발되면 그동안 철도로 단절됐던 은평구 수색동과 마포구 상암동이 보도권으로도 연계됨으로써 추가적인 부동산 개발이 추진될 것으로 예상된다. 지금까지 방치됐던 수색 철도용지 복합개발만으로도 업무시설이 크게 증가하게 된다. 롯데 복합쇼핑몰 개발도 곧 진행될 예정이다.

### ● 교통망

현재 디지털미디어시티역을 중심으로 경의중앙선, 공항 철도, 6호선이 지난다. 인근에 경의중앙선 수색역이 있다. 수색 증산뉴타운에서 출발하는 서울 경전철 서부선이 착공될 예정이며 부천 대장~홍대선도 추가될 예정이다.

### ● 주거 환경

수색뉴타운 9개 블록, 증산뉴타운 6개 블록의 재개발 현장이 입주하거나 입주할 계획이다. 서울에서 가장 낙후됐던 수색동, 증산동이 주거 신도시로 탈바꿈하고 있는 것이다.

## 📍 마곡 광역

강서구는 여의도에 이어 일자리가 획기적으로 많아지는 곳이다. 일명 M밸리, 마곡 지구가 있기 때문이다. 2017년 4분기부터 본격적으로 입주하기 시작해 현재 진행 중이다. 마곡 지구는 5년 후, 10년 후 지금과는 다른 위상을 지닌 지역이 돼 있을 것으로 예상된다.

**마곡 광역 지적편집도**

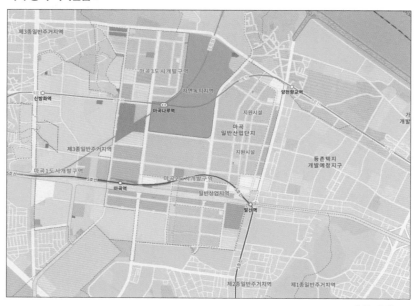

출처: 호갱노노

### ● 일자리

LG사이언스파크, 코오롱, 롯데, 이랜드, 에스오일, 넥센 등과 같은 국내 주요 대기업들이 2017년부터 입주하기 시작했다. 이 밖에 다른 중소기업들도 속속 입주하고 있다. 인근에 이대목동병원도 있다. 또한 호텔, 컨벤션 센터, 각종 비즈니스 센터, 복합 쇼핑몰 등과 같은 다양한 일자리가 추가될 예정이다.

## ● 교통망

현재 마곡 지구에는 5호선과 9호선이 있다. 2017년 말 공항 철도 마곡역이 추가로 개통됐다. 마곡 지구에도 일자리가 많지만, 강남권 등 기존 일자리 밀집지역으로의 접근성이 좋다는 의미이다. 일자리가 가장 많은 강남권까지는 9호선, 두 번째로 많은 종로구·중구까지는 5호선, 또 다른 일자리 밀집지역인 상암 DMC까지는 공항 철도를 통해 이동할 수 있다.

## ● 주거 환경

논밭만 있던 마곡 지구에 '마곡 M밸리'라는 대규모 주거단지가 입주했다. 이와 아울러 주변에 방화뉴타운도 곧 추가될 예정이다.

## 🏠 용산 광역

2022년 오세훈 시장은 '용산 정비창' 일대의 약 50만m²에 대한 개발 청사진 '용산 국제업무지구 개발 구상'을 발표하면서 용산 정비창에 미래 도시라는 키워드를 담아 글로벌 도시 경쟁력과 기술 혁신을 선도하는 미래 신중심지로서의 국제업무지구를 만들겠다고 밝혔다.

**용산 광역의 지적편집도**

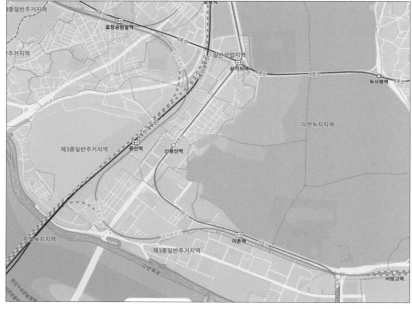

출처: 호갱노노

용산 국제업무지구 개발 구상은 향후 국제업무지구로 개발될 용산 정비창 일대에 대한 개발 가이드라인을 인·허가권자인 서울시가 제시한 것으로, 이번 발표를 시작으로 용산 정비창 개발이 본격화됐다.

용산 정비창 부지는 서울 한복판에 여의도 공원의 2배, 서울 광장의 40배에 달하는 규모이다. 대한민국 최고의 입지로, 서울에 남은 마지막 대규모 가용지이자 미래 발전 엔진이 될 잠재력 높은 중심 거점이다. 하지만 지난 2013년 용산 국제업무지구 도시개발사업이 최종 무산된 이후 10년 넘게 방치돼 왔다.

　현재 추진 중인 서울시의 구상에 따르면, 용산 정비창 일대는 초고층 마천루 사이에 넓은 공원과 녹지가 펼쳐지고 글로벌 하이테크 기업이 입주하고 싶어하는 아시아의 실리콘밸리로 개발될 예정이라고 한다. 좀 더 구체적으로 설명하면 일자리와 연구 개발(R&D), 회의장·전시장(MICE)부터 주거, 여가·문화 생활에 이르기까지 도시의 모든 기능

**용산 국제업무지구 조성 조감도(안)**

출처: 서울시

이 이 안에서 이뤄지는 '직주 혼합' 도시로 조성된다. 외국 기업과 인재의 유치·정착을 위해 국제교육시설·병원과 같은 외국인 생활 인프라도 들어선다.

이를 위해 서울시는 서울시 최초의 '입지규제 최소 구역'을 지정해 법적 상한 용적률 1,500%를 뛰어넘는 초고층 건물이 들어서도록 할 계획이다. 전체 부지의 70% 이상을 업무·상업 등 비주거 용도로 채우며, 고밀도 개발에 따른 영향을 최소화하고 공공성을 확보하기 위해 전체 부지 대비 기반 시설율(도로·공원·학교 등)은 40% 수준으로 정했다.

'입지규제 최소 구역'은 주거·상업·업무 등 다양한 기능이 복합된 지역으로 개발하기 위해 용도지역 등에 따른 입지 규제를 적용받지 않고 건축물의 허용 용도, 용적률, 건폐율, 높이를 별도로 정하는 규제 특례를 말한다. 용산 국제업무지구와 비슷한 뉴욕 허드슨 야드의 경우, 최대 3,300%까지 허용하고 있으며 평균 용적률은 1,800% 이상이다.

**용산 국제업무지구 복합 용지 계획(안)**

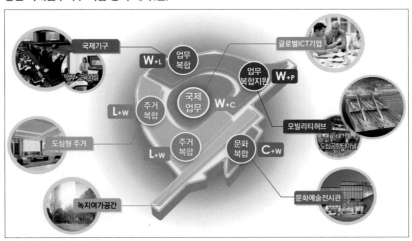

출처: 서울시

국제업무지구로서의 상징성과 서울을 대표하는 경관을 창출하기 위해 높이 제한은 최소화하되, 통경축, 보행축과 주변 지역을 고려한 스카이라인이 형성될 수 있도록 할 예정이다.

대규모 중앙 공원과 철도 부지 선형 공원 등 녹지 생태 공간을 곳곳에 조성해 지상부의 50% 이상을 녹지로 확보하고 차량은 지하로 달릴 수 있도록 지하 교통 체계를 구축한다. 녹지와 보행 공간은 용산역과 용산 공원, 한강까지 이어져 용산 일대를 녹색으로 만들겠다는 계획이다.

또한 교통부터 방재·안전, 환경·에너지에 이르기까지 정보 통신 기술(ICT) 기반 도시 인프라를 갖춘 서울을 대표하는 최첨단 스마트 도시가 된다. 지하도로는 물론 미래 교통수단인 UAM 등과 GTX, 지하철 등 다양한 교통수단을 연계하는 복합 환승 센터 개념의 1호 '모빌리티 허브'가 들어선다. 이를 통해 용산은 서울 도심과 강남으로, 인천 공항과 수도권 전역으로 연결되는 신교통 거점이 된다.

서울시는 2023년 상반기까지 도시개발구역 지정과 개발 계획을 수립하고 2024년 하반기 기반 시설 착공, 2025년 앵커 부지 착공을 목표로 사업을 추진하고 있다.

새로 태어나는 용산 국제업무지구(산업)를 중심으로 여의도 금융 중심지(금융), 예술 섬으로 변화를 준비 중인 노들섬(문화)을 삼각편대로 삼아 서울의 도시 경쟁력을 견인할 매력 거점을 완성한다는 목표로 추진 중이다. 용산 국제업무지구 개발 구상의 사업 구역은 용산 정비창 부지와 선로 부지, 용산 변전소 부지와 용산역 후면 부지를 포함해 총 약 49만 3,000m²(소유: 국토부 23%, 코레일 72%, 한전 등 5%)이다. 이는 사업 실현 가능성과 토지 활용성을 고려해 정한 것이다.

## ● 일자리

현재도 용산역 주변에는 다양한 기업체가 있고, 대기업 및 중소기업들이 속속 입주하고 있다. 하지만 용산구 일자리는 본격적으로 시작되지 않았다. 대한민국 최대, 최고의 업무시설이 될 용산 국제업무지구는 아직 아무것도 없는 나대지 상태일 뿐이다. 그리고 여기에 서울역에서 용산역까지 이어지는 한강대로 주변의 특별관리구역들은 본격적인 개발을 위해 대기 중이다. 미군이 완벽하게 철수하고 캠프킴 부지가 본격적으로 개발되기 시작하면 이곳은 최소한 강남구의 테헤란로(삼성역~강남구)의 위상이 될 수 있는 입지이다.

## ● 교통망

서울역에는 GTX-A와 GTX-B, 용산역에는 GTX-B가 정차할 예정이다. 그리고 서빙고동 한강중학교 앞 삼거리에는 신분당선 동빙고역, 국립중앙박물관에도 신분당선이 개통될 예정이다. 이즈음이면 용산구는 광역 철도망을 갖추게 된다. 용산역 주변의 업무 시설과 함께 시너지가 극대화될 것이라 예상된다.

## ● 주거 환경

용산구 내 대표적인 주거지인 동부이촌동에는 모든 아파트가 재건축 내지 리모델링되고 있다. 서빙고동도 마찬가지다. 한남동, 보광동, 동빙고동, 이태원은 한남뉴타운 2, 3, 4, 5구역으로 재개발되고 있다. 강남구와 서초구와 명품 주거타운으로 경쟁할 수 있는 유일한 강북 지역의 주거타운이 곧 본격적으로 시작된다.

## 🏠 가산·구로 광역

금천구는 서울에서 가장 낙후된 지역이었다. 가산디지털밸리라는 좋은 일거리 지역이 있었지만, 이를 뒷받침할 좋은 주거시설이 없었다. 앞으로 금천구는 주거시설이 얼마나 좋아질 것인지, 교통망이 얼마나 더 좋아질 것인지에 주목해야 한다. 현재는 1호선과 7호선을 이용할 수 있다.

구로구에는 구로디지털밸리가 있다. 교통편도 편리하다. 2호선 신도림역부터 구로디지털단지역까지 3개 역이 있다. 1호선 환승도 가능하다. 무엇보다 일자리가 많고 상업시설과 교육시설도 어느 정도 갖추고 있다.

**가산·구로 지역 지적편집도**

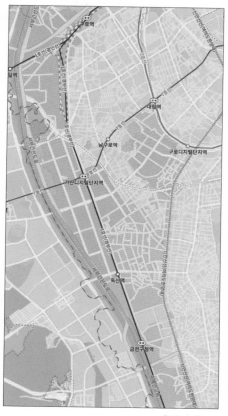

출처: 호갱노노

## ● 일자리

가산디지털밸리, 구로디지털밸리가 점점 더 확대될 예정이다. 현재는 1호선 라인으로 산업 벨트가 형성돼 있다. 앞으로 신안산선이 개통되면 7호선, 신안산선 라인까지 산업 벨트가 확장될 것으로 전망된다.

## ● 교통망

신안산선 개통이 가장 기대되는 계획이다. 신안산선 자체가 일자리 노선일 뿐 아니라 가산·구로만의 도시에서 광역 지역으로 확대되는 데 큰 역할을 하게 될 것이기 때문이다.

## ● 주거 환경

가산·구로 벨트 인근의 베드타운은 영등포구 신길뉴타운, 광명시 광명뉴타운, 철산 하안 재건축 단지, 광역 KTX 역세권 그리고 안양시 지역이다. 금천구와 구로구에는 대규모 신규 아파트 단지가 공급될 여지가 없으므로 주변 지역과의 연계성이 필요하다.

## 📍 잠실 광역

'강남 3구'는 강남구, 서초구에서는 사용되지 않고 송파구에서만 사용하는 말이었다. 하지만 현재 송파구의 위상은 과거와 다르다. 동남권에서도 가장 호재가 많은 지역이다. 이미 잠실은 강남구와 어깨를 나란히 하는 지역이 됐다. 삼성동 개발과 함께 추진되는 잠실 개발 계획과 수서·문정 개발 계획에는 송파와 강남을 하나로 묶는 안이 포함돼 있다. 가락, 오금동 지역의 유통·업무 시설 개발 계획도 송파구가 베드타운에서 벗어나는 기회가 될 것으로 전망된다.

　잠실은 그 자체만으로도 잠재 가치가 높은 곳이지만, 송파구 내 행정구역으로서의 잠실이 아닌 대한민국 중심지로서의 잠실이 될 것이므로 강남과 연계되는 여러 가지 개발 호재로 지금의 위상과는 다른 지역이 될 것으로 예상된다.

**잠실 광역 지적편집도**

출처: 호갱노노

서울에 세계의 일자리를 모이게 하라!

## ● 일자리

잠실 롯데타운 및 인근 상주 근무자들이 2만 명에 달한다고 한다. 수시로 왕래하는 협력업체 근무자까지 포함하면 3~4만 명이 매일 롯데월드타워 및 주변으로 출근한다. 잠실은 MICE 산업 벨트의 중요한 역할을 하게 될 지역이다. MICE 산업은 기업 회의(Meeting), 인센티브 관광(Incentive Tour), 국제 회의(Conference), 전시 사업(Exhibition)을 의미하는 것으로, 코엑스, 킨텍스, 벡스코 등이 이 산업에 속하는 시설이다. 잠실종합운동장 부지가 향후 MICE 시설의 핵심 지역이 될 예정이다. 호텔, 전시 컨벤션 시설 등으로 개발되고 현재 시설들의 역할도 추가될 예정이다.

## ● 교통망

삼성동의 확장되는 신설 교통망 8개를 그대로 이용할 수 있고 8호선 북부 연장 역시 잠실 지역의 교통 환경 광역 중심으로의 입지 가치를 높여 줄 것으로 예상된다.

## ● 주거 환경

이미 잠실 주공 1~4단지는 재건축됐으며 중심 단지인 5단지가 재건축을 앞두고 있다. 5단지의 높이는 50층으로, 동남권 한강변 주거시설의 랜드마크가 될 전망이다. 잠실종합운동장 앞 아시아 선수촌 아파트와 우성 1, 2, 3차 아파트의 재건축도 지역 주거 환경을 개선하는 데 큰 역할을 할 것이다.

# 6대 융·복합 산업 거점

### 🏠 미래 성장 산업을 선점하라!

6대 융·복합 산업 거점은 서울시가 새로운 성장 동력을 창출하고 서울
을 4차 산업혁명 메카로 육성하는 차원에서 지정된 사업 거점을 말한
다. 도심권 개발 계획과 연계해 미래 서울의 모습을 그려 나가는 데 반
드시 알아둬야 할 내용이다.

---

**6대 융·복합 산업 거점**

**홍릉** 바이오 클러스터, **상암·수색** DMC, **마곡** M밸리,
**가산·구로** G밸리, **양재·개포** AI 허브, **공덕** 블록체인 & 핀테크 벤처

---

서울에 세계의 일자리를 모이게 하라!

## 🏠 홍릉 – 바이오 의료 클러스터

'글로벌 바이오 산업혁명의 심장'이라는 비전을 바탕으로 지속 가능한
R&D 혁신 인프라 구축, R&D 맞춤형 생활 환경 조성, 역사·자연 및 지
역이 소통하는 공간 창출이라는 환경을 조성할 계획이다.

이를 위해 R&D 앵커 시설 조성, 글로벌 경쟁력 담보를 위한 지속 가
능한 앵커 시설 확충, 바이오·헬스 산업 인재를 위한 맞춤형 주택 공급,
연구 단지 특화형 스마트 인프라 구축, 주변 지역 및 주민 간의 소통 네
트워크 구축, 자연·역사·문화 등 지역 정체성 강화라는 6개의 추진 전
략에 따라 사업을 진행하고 있다.

**바이오 의료 허브로 개발되고 있는 홍릉**

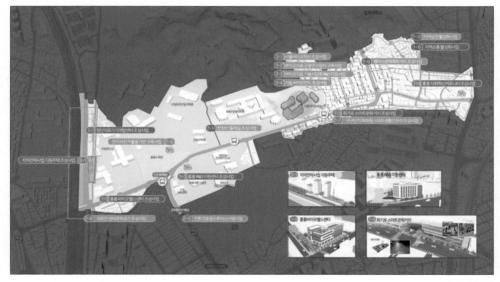

출처: 서울시

## 상암·수색 DMC –
## 문화 콘텐츠+VR/AR 등 신기술 접목 고도화

상암·수색 산업 거점지역은 대규모 개발 가능 용지를 활용해 서울 대
도시권 서북지역의 광역적 고용 기반을 구축할 것으로 예상된다.

**서북권 발전 구상**

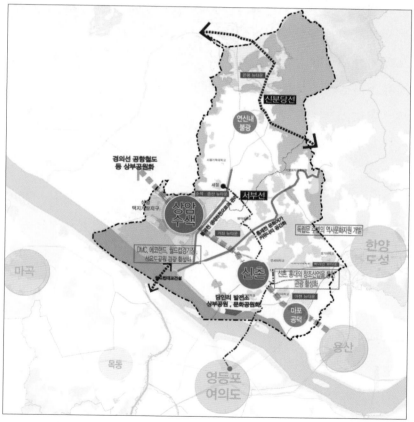

출처: 서울시

총 사업비 약 1조 7,000억 원이 투입되는 서울 상암~수색을 잇는 22만m² 규모의 수색 역세권 개발이다. 사업 완료 시 일자리 약 1만 5,000개 창출, 중심상업 수요 발생으로 약 2조 7,000억 원의 생산 유발 효과도 예상된다.

우선 수색 역세권 개발 사업은 수색교부터 DMC역에 이르는 약 32만m²이며 그중 운행선(철로)을 제외한 22만m²를 개발하게 된다. 상암·수색 지역의 광역 중심 기능을 확충하기 위해 DMC의 기능을 보완하는 업무 공간과 문화 관광시설 및 상업시설을 조성할 계획이다. 철길로 오랜 기간 단절된 상암과 수색 지역을 연결하기 위해 입체 보행로를 조성하고 차로를 신설한다. 환승이 불편한 경의선과 공항 철도 DMC 역사는 철도 상부를 통해 연결해 환승 시간을 절반으로 줄인다.

서울시와 코레일은 사업 실현성을 높이기 위해 DMC 역사를 1단계로 먼저 개발하고 나머지 철도시설 부지를 2단계로 개발할 예정이며 총 사업비는 약 1조 7,000억 원이 투입된다. 1단계로 추진되는 DMC 역 복합 개발은 약 2만m² 부지에 중심 상업시설을 도입할 예정으로 코레일 롯데쇼핑 출자회사인 롯데 DMC개발(주)에서 사전협상 신청서를 서울시에 제출하면 본격적인 사전협상을 추진할 예정이다. 2단계인 철도 시설 부지 약 20만m²는 지구 단위 계획을 수립하고 민간 사업 시행자 공모를 통해 도시개발 사업 등으로 추진할 계획으로, 2025년 공사 착공을 목표로 추진하고 있다.

지역 주민들의 숙원 사업인 수색 역세권 개발이 본격 추진됨에 따라 기반 시설 확충·정비를 통한 상암·수색 통합 및 지역 간 격차 해소 등이 기대된다.

## 상암·수색 거점지역 개발 계획

출처: 서울시

서울에 세계의 일자리를 모이게 하라!

## 📍 마곡 M밸리 – R&D 융·복합

마곡 지구(3,666,644.2m²)는 서울의 마지막 대규모 개발지인 강서구 마곡·가양동 일원이다. 서울시는 마곡을 지역 균형발전 및 서울의 경쟁력 회복과 세계 도시로의 도약을 위해 누구에게나 열려 있는 동북아 관문 도시, 첨단 기술과 산업이 융합되는 지식산업 혁신 기지, 지속 가능한 가치를 지향하는 미래의 녹색 도시로서 동북아 미래를 선도하는 지식 산업 그린 시티로 조성하려는 계획이다.

**서울식물원과 마곡 광장의 스마트시티 맵**

출처: 서울시

특히 4차 산업 스마트 기술을 실증하는 유연한 환경 조성 및 시민 체감형 스마트 솔루션을 확산한다. 이를 통해 지속 가능한 스마트시티 모델로 다양한 미래 기술이 실현될 수 있는 스마트시티 인프라를 구축할 예정이다.

**스마트시티 모델**

출처: 서울시

## 📍 가산·구로 G밸리 – IoT 중심 혁신 활동 공간

'G밸리'라고 불리는 서울 디지털 산업단지는 1960년대 한국 수출을 책임지던 우리나라 최초의 국가 산업 단지이다. 구로공단은 1964년 「수출산업단지개발조성법」에 따라 총 3단지로 조성됐으며 이 중 2단지와 3단지가 금천구 가산동에 위치하고 있다.

1960~1970년대에는 섬유, 의류, 봉제 등의 노동 집약적인 제조업 중심에서 현재는 IT 제조, 소프트웨어, 유통, 서비스업 등 첨단 정보 지식 산업을 이끌고 있다. G밸리(금천, 구로)는 서울시 전체 면적의 0.3%에 불과하지만, 고용 인원이 약 14만 명에 달하는 대표적인 일자리 창출의 중심지이며 금천구에 속한 G밸리에는 지식산업센터 100개와 약 9,400여 개의 입주업체가 자리잡고 있다.

**업종별 입주 현황(2021.12. 기준, 한국산업단지공단)** (단위: 개)

| 구분 | 제조 | | | | 비제조 | | 계 |
|---|---|---|---|---|---|---|---|
| | 전기 · 전자 | 섬유 · 의복 | 기계 | 기타 제조 | 정보 통신 | 기타 | |
| 1단지 | 539 | 187 | 90 | 170 | 1,414 | 776 | 3,176 |
| 2단지 | 349 | 185 | 115 | 150 | 715 | 519 | 2,033 |
| 3단지 | 1,502 | 330 | 441 | 684 | 2,417 | 2,080 | 7,454 |
| 계 | 2,390 | 702 | 646 | 1,004 | 4,546 | 3,375 | 12,663 |

**지식산업센터 현황(2021.12. 기준, 한국산업단지공단)** (단위: 개)

| 구분 | 준공 | 건설 중 | 미착공 | 계 |
|---|---|---|---|---|
| 1단지(구로) | 41 | 1 | 1 | 43 |
| 2단지(금천) | 22 | 4 | 1 | 27 |
| 3단지(금천) | 69 | 13 | 4 | 86 |
| 계 | 132 | 18 | 6 | 156 |

서울 구로동과 가산동 일대 'G밸리(서울디지털단지)'가 스마트 융·복합 혁신 도심 산업단지이자 서울 최대 융·복합 단지로 개발될 예정이다. 서울시는 구로구 구로동과 금천구 가산동 일대(192만 2,261m²)에 대해 한국 수출(서울 디지털) 국가 산업단지 계획 변경과 지형 도면을 고시했다. 이는 G밸리 개발 계획 변경(복합 시설 용지 계획)과 개발 실시 계획(지구 단위 계획 포함)을 아우르는 G밸리 최초의 국가 산업단지 계획 변경이다.

앞서 국내 최초 수출 국가 산업 단지로 조성된 G밸리는 1960~1970년대 준공 이후 현재 입주기업 1만 2,000여 개, 종사자 14만여 명이 상주하는 서울시 최대 산업단지로 자리매김했다. 민간 자체 개발을 통해 첨단 지식산업단지로 변모했지만, 그동안 계획적인 관리가 부족해 녹지 및 보행 환경, 기업 종사자 기반 시설과 지원시설 등을 제대로 갖추지 못했다.

우선 기업 간 교류, 연구 개발(R&D) 등의 지원 시설을 확충할 수 있도록 13개 전략 거점을 선정한 후 특별 계획(가능) 구역으로 지정했다. 13개 거점 대상은 이용도가 낮은 공공 용지와 역세권 내 노후(30년)한 민간 공장 부지이다. 향후 세부 개발 계획 수립을 통해 산업시설과 지원시설이 함께 들어설 수 있는 복합 용지로 용지를 변경할 수 있다. 해당 공공부지에는 연면적 30% 이상의 R&D 센터, 창업 지원시설 등 '산업 교류 혁신지원 공간'을 의무적으로 도입해야 한다. 민간 부지는 용지 변경에 따른 개발이익환수(지가 차액 50% 기부 채납)를 통해 산업 혁신지원 공간을 확충하는 방식으로 부족한 지원시설 인프라를 개선할 방침이다.

13개 거점에는 전체 부지 면적의 15% 이상 공원형 공개 공지도 조성된다. G밸리 3단지 가산디지털단지역과 안양천 연계축은 '수변 연계 활성화 가로'로 지정해 카페, 아케이드 등이 들어설 예정이다. 교통 체계도 G밸리 내부의 혼잡도를 낮추기 위해 현재 3~4차선을 5~7차선으로 확대할 계획이다.

## 📍 양재·개포 – AI, 빅데이터 등 신산업 R&D 캠퍼스

양재 일대를 4차 산업혁명 기반인 인공지능(AI) 산업의 글로벌 혁신 거점으로 조성한다. 그동안 진척이 없었던 '양곡 도매시장' 부지의 이전이 확정됨에 따라(농협과의 재산 교환 절차 2021. 12. 15. 완료) 공공 앵커 시설 건립을 비롯한 AI 산·학·연 생태계 조성에 속도를 낸다는 계획이다.

이 계획의 목표는 사통팔달의 교통 요충지이자, 삼성, 현대, LG, KT 등 대기업 연구소, 280여 개 중소기업 부설 연구소가 밀집해 있는 이 일대에 공공 앵커 시설을 건립하고 특구 및 지구 지정을 통해 명실공히 '한국을 대표하는 AI 산업, 양재 시대'를 여는 것이다. 지난 2017년 AI 분야 기술 창업 육성 기관인 'AI 양재 허브'가 들어선 데 이어, 2023년에는 AI 전문 인재를 육성하기 위한 '카이스트 AI 대학원'과 스타트업 육성을 위한 'AI 지원센터'가 들어선다.

2027년에는 양곡 도매시장 이전 부지에 공공 앵커시설의 핵심인 'AI ·R&D 캠퍼스'가 개관한다. 여기에는 AI 기업 540개 사가 동시 입주하고 대학 연구소, 정부 출연 연구소 등이 집적해 들어선다. 공공 주택

300호도 공급돼 AI 전문 인재들이 거주하면서 일할 수 있는 환경이 조성된다.

**AI 양재 발전 특구**

출처: 서울시

**지역 특화 발전 특구와 특정 개발 진흥 지구**

출처: 서울시

'AI 양재 허브(구양재 R&D 혁신 허브)'는 서울시가 양재를 인공지능 산업의 구심점으로 조성하기 위해 2017년 전국 최초로 설립한 AI 스타트업 육성 전문지원기관으로, 교총회관 등 3개의 민간 건물을 임차해 운영 중이다. 2018~2021년에 입주한 기업은 총 137개이다. 코로나 위기 속에서도 입주기업들은 685명의 신규고용 창출, 1,735억 원 매출액, 약 1,439억 원 투자 유치를 달성했다.

특히 서울시는 경쟁력 있는 기업, 연구소, 인재들이 몰릴 수 있도록 양재 일대에 대한 '지역 특화 발전 특구'와 '특정 개발 진흥 지구' 지정도 추진한다. 특구로 지정되면 AI, R&D 시설을 확충할 때 용적률 완화혜택을 받을 수 있고, 지구로 지정되면 세제 혜택 등의 인센티브를 받을 수 있다.

## 🏠 공덕 – 블록체인 & 핀테크 벤처

서울비전 2030에서 2040 서울도시기본계획으로 업그레이드되면서 마포구에는 2개의 핵심축이 생겼다. 기존의 상암DMC에 마포 공덕이 추가된 것이다. 이번에 추가된 마포 공덕에는 블록체인, 핀테크 등 금융 서비스 벤처 기업이 육성될 예정이다.

마포 공덕 입지는 종로구, 중구의 CBD와 여의도 YBD를 연결하는 중심 입지로서 향후 용산 국제업무지구와의 연계성도 강화된다. 지금 공덕역은 쿼트러플 역세권이다. 서울 지하철 5호선, 경의중앙선, 공항철도, 6호선이 지난다. 여기에 신안산선 2단계 구간(여의도~공덕~서울역)까지 추가되면 교통의 중심지 역할도 하게 될 것이다.

서울시는 블록체인 산업 육성 방안의 일환으로 2020년 1월 서울블록체인지원센터를 마포에 개관한 바 있다. 서울 여의도의 서울 핀테크

**마포블록체인지원센터**

출처: 서울시

서울에 세계의 일자리를 모이게 하라!

랩에는 8월 말 기준 81개 핀테크 스타트업이 입주해 있다. 핀테크 산업이 발전하면서 입주를 희망하는 기업들은 앞으로 더 늘어날 것으로 예상된다.

서울시는 이를 고려해 제2 서울 핀테크랩을 조성한다. 제2 서울 핀테크랩은 블록체인을 기반으로 하는 초기 핀테크 스타트업을 입주시켜 지원한다. 서울시는 제2 서울 핀테크랩과 마포 서울 창업허브 등에서 초기 단계 성장을 지원하고 일정 부분 성장한 기업이 서울 핀테크랩으로 진출해 지속적으로 성장할 수 있도록 지원할 계획이다.

# 신성장 산업 거점

신성장 산업은 앞으로 높은 성장률이 기대되거나 발전 가능성이 높은 새로운 산업을 일컫는다. 서울시는 업무 중심지 강화의 또 하나의 방안으로, 이러한 산업을 지역별로 특화해 거점지역을 만들 것을 계획하고 있다.

## 🏠 광운대

1980년대 지역경제 활성화를 견인했지만, 시설의 노후화, 분진·소음 등으로 혐오 시설로 전락했던 15만㎡ '광운대 역세권 물류 부지'가 2025년 최고 49층 높이의 업무·상업·주거시설이 어우러진 동북권 신경제 거점으로 재탄생한다. 부지 내에 있던 시멘트 사일로, 차고지, 물류창고 등은 작년 2020년 말 모두 다른 곳으로 이전했다. 현재는 부지 내 시설물들만 남아 있는 상태이다.

**동부권 신경제 거점으로 재탄생하게 될 광운대 역세권 현황**

(단위: m², %)

| 구분 | 면적 | 비율 |
| --- | --- | --- |
| 공공 용지 | 11,370 | 7.7 |
| 지구 중심 용지 | 19,662 | 13.3 |
| 복합 용지 | 77,722 | 52.5 |
| 승무 사업소 용지 | 4,003 | 2.7 |
| 공공 공지 | 905 | 0.6 |
| 소공원 | 3,006 | 2.0 |
| 완충 녹지 | 6,443 | 4.3 |
| 도로 | 25,052 | 16.9 |
| 합계 | 148,116 | 100 |

출처: 서울시

서울시는 코레일(토지 소유자), HDC현대산업개발(사업자)과 약 1년 여에 걸친 3자 사전협상 끝에 '광운대 역세권 개발 사업'에 대한 개발 계획을 확정했다. '사전협상 제도'의 목적은 5,000m² 이상 대규모 개발 부지에 대해 공공과 민간 사업자가 사전협상을 통해 구체적인 개발 계획을 수립하고 도시계획을 변경하는 것으로, 이는 토지의 효율적인 활용과 도시 개발 사업의 공공성을 강화하기 위해서이다. 광운대 역세권 개발 사업의 목적은 광운대 역세권 내 물류 부지(토지 면적 14만 816m²)에 주거·업무·판매·문화 등의 복합적인 기능을 갖춰 일자리를 창출하고 지역의 자족성을 강화하는 데 있다.

부지는 3개 용도(상업 업무·복합·공공 용지)로 나눠 개발된다. '상업 업무 용지'에는 호텔, 업무·판매 시설 등을 갖춘 최고 49층 높이의 랜드마크 건물이 들어선다. 상업과 주거시설이 함께 들어가는 '복합 용지'에는 2,694세대 규모의 주상복합 아파트 단지가 조성된다. 최고 49층의 아파트(35~49층) 총 11개 동이 들어설 예정이다. 저층부에는 공유 오피스, 상가 등이 들어선다(연면적 약 655천m²). 공공 기여로 확보한 '공공 용지'(11,370.2m²)에는 개발 사업에서 나오는 공공 기여금 약 2,670억 원을 활용해 주민 편의 시설과 320세대 공공 주택을 조성한다. 도서관, 청년 창업지원센터, 주민센터와 같은 생활 SOC를 확충할 예정이다.

**개발 계획(안)**

(단위: m², %)

| 구분 | 대지 면적 | 규모 | 건축 면적 | 건폐율 | 연면적 | 용적률 |
|---|---|---|---|---|---|---|
| 복합 용지 | 77,722.4 | 지상 49(복합) 35층(APT) (2,694세대) | 32,006.1 | 41.2 | 467,888 | 399.98 |
| 상업 업무 용지 | 19,662.1 | 지상 49층 (호텔, 업무, 상업 등) | 9,475.6 | 48.19 | 187,842 | 592.46 |

출처: 서울시

## 📍 김포공항

서울의 대표적인 개발 소외지 중 한 곳으로 꼽히는 강서구 김포공항 일
대에 노후 주거지 등의 지역 개발이 가속화될 예정이다.

　서울시의 '김포공항 일대 종합 발전 구상안 용역 보고서'에 따르면,
공항 내부는 국제교류 기능 등이 강화된 공항 복합도시(Airport City),
주변 지역은 '일자리 기반 신성장 거점'으로 육성하는 투트랙으로 개발
될 예정이다.

**김포공항 일대 종합 발전 구상안 비전 및 전략**

출처: 서울시

　김포공항은 일제 시대 김포비행장으로 건설된 이후 1954년 정식 공
항으로 개항하면서 '김포공항'이라는 공식 명칭이 붙었다. 하지만 지난
2001년 인천국제공항이 들어선 이후 국제선 기능이 대폭 약화되는 등
위상이 약해졌다. 부근의 공항동·방화동 주민들은 소음과 고도 제한

등에 따른 개발 정체로 어려움에 시달려왔다. 하지만 향후에는 김포공항이 국제 도시 서울의 '글로벌 관문'으로서 서남권 신성장 거점의 역할을 수행할 것으로 기대된다.

김포공항은 '공항 복합도시'로서 국제교류 기능 및 일자리가 강화될 예정이다. 이를 위해 3개 구역으로 나뉘어 국제선 터미널 인근에는 항공관련 지원업무를 하는 복합 단지, 국내선 터미널 옆에는 기존 상업시설과 차별화되는 의료 관광시설·쇼핑 문화 센터 등이 포함된 복합 상업 단지가 들어설 예정이다.

공항 입구에는 항공 벤처 등 연구 개발 단지가 들어섬으로써 산업 기능도 강화된다. 주변 지역은 공항과 연계해 '지역 특화 일자리 거점' 조성에 초점을 맞출 예정이다. 인근에 위치한 강서 농수산물 도매시장, 강서 운전 면허 시험장 입지에 대한 대규모 복합 개발도 이뤄질 전망이다.

## 🏠 수서·문정

수서동은 강남구에서 기반 시설이 가장 취약한 곳이고 문정동은 송파구에서 강남 권역과 가장 멀리 떨어진 지역이다. 강남구와 송파구에서 가장 위상이 낮은 이 두 지역이 주목할 만한 변화를 이뤄냈다. 수서동은 SRT 개통이라는 교통 호재를 맞이했고 문정동은 문정 법조 단지, 동남권 유통 단지, 장지 택지 개발 지구, 위례신도시라는 거대한 업무·상업·주거시설을 유치했다.

수서동은 강남권에 없던 전국 단위 철도 교통망을 유치함으로써 교통 편리성을 크게 끌어올렸고 문정동은 송파구 남쪽 지역에 업무·상업·주거 복합 지역을 대규모로 공급했다. 두 지역은 탄천이라는 천혜의 자연환경을 사이에 두고 서로의 부족한 점을 채우면서 하나의 완성도 있는 신도시를 만들어가고 있다.

수서역 주변 역세권 개발이 가속화되고 있고 문정 도시개발지구 역시 업무·상업·주거시설이 완성도가 높아질 예정이어서 수서·문정 지역 중심의 미래 청사진이 더욱 기대된다. 지금은 강남의 외곽 지역 같은 역할을 수행하고 있지만, 앞으로는 진정한 강남권으로서의 위상을 갖게 될 것으로 예상된다.

## 📍 동대문

서울시는 2022년 4월 '글로벌 뷰티 산업 허브 서울 기본계획'을 발표했다. 서울시가 뷰티 산업 분야의 마스터플랜을 제시하고, 2026년까지 5년간 2,040억 원을 투자해 서울을 뷰티 산업의 세계적인 중심지로 키운다. 이를 통해 뷰티·패션 예비 유니콘 기업을 현재 8개에서 2025년 12개로, 관련 일자리를 같은 기간 6만 명에서 10만 명으로 확대하겠다는 목표를 제시했다.

이 계획의 일환으로 동대문디자인플라자(DDP) 일대를 뷰티 산업 진흥 지구로 지정해 건축규제 완화 등 각종 인센티브를 제공한다. 또 국내 뷰티 기업 박람회인 '서울 뷰티 위크'를 신설하고, 뷰티 산업 육성 펀드를 1,000억 원 이상 조성한다. 뷰티 산업 육성은 서울비전 2030의 핵심 사항이다.

기본계획에는 DDP 일대를 연내 '뷰티·패션 융합 특정개발진흥지구'로 지정하고 다방면으로 지원한다는 내용이 담겨 있다. 특정개발진흥지구는 융자, 세금 감면 등 산업 활성화 지원과 함께 건축 규제 완화 등 도시계획상 인센티브를 받을 수 있다. 이와 더불어 뷰티 상권이 발달한 홍대, 성수 등 6개 지역은 트렌드 거점으로, 홍릉과 G밸리 등은 바이오·의료 기기 분야 연구 개발(R&D) 거점으로 육성한다.

2030 서울플랜에서는 서울시의 공간 구조를 '3도심, 7광역 중심, 12 지역 중심'으로 설정해 다핵 구조로의 전환을 제시하고 있다. 이러한 다핵 구조의 목적은 중심지별 특화 육성과 중심지 간 기능적 연계를 통한 상생 발전을 도모하기 위한 것이다. 서울시는 서울 대도시권 및 5개 대생활권 차원에서 중추 기능을 담당해야 할 도심·광역 중심·지역 중심을 전략적으로 관리한다.

## 🏠 가산·구로 – G밸리

바로 이전의 '7대 광역 중심'과 '6대 융·복합 산업거점'에 있는 가산·구로를 참고하기 바란다.

7장

교통·상권·입지로 보는
서울 부동산 미세분석

# 28

# 서울 교통망 발전사와 투자 교훈

## 🏠 1기, 2기, 3기로 나눠 추진했던 서울 지하철

우리나라 최초의 지하철은 1974년 서
울역을 중심으로 개통한 1호선이다.
1984년 강남과 강북을 한 바퀴 도는 2
호선이 개통됐고, 이후 순차적으로 3호
선, 4호선이 개통됐다. 1990년대 초반
까지 1~4호선이 개통됐고, 5~8호선도
개통을 추진하던 중이었다.

1993년 서울시는 '제3기 지하철 계
획'을 발표한다. 1993년에 발표했던 3
기 지하철 계획의 골자는 9·10·11·12

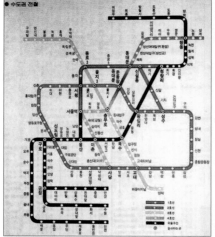

**1990년대 초반까지 개통된 지하철 노선도(1~4호선)**

**1993년 서울시가 발표했던 3기 지하철 노선도**

호선의 개통이다. 그런데 1997년 IMF 사태 때 IMF 측에서 사업성에 문제를 제기하면서 추진하지 못하다가 이후 9호선만 다시 추진됐다.

- **1기 지하철**: 1·2·3·4호선(1970년부터 1985년 사이 건설)
- **2기 지하철**: 5·6·7·8호선(1990년부터 2001년 사이 건설)
- **3기 지하철**: 9·10·11·12호선이었지만, 9호선만 추진(2001년~)

## 🏠 3기 지하철 노선은 다른 계획으로 대체 중

그렇다면 원래 계획에 있었던 나머지 노선들은 어떻게 된 것일까? 10·
11·12호선은 현재 광역 철도 노선과 서울 시내 경전철 노선 등으로 전
환돼 추진 중이다. 추진 중인 노선들도 함께 확인해 보자.

**현재 추진 중인 지하철 노선도**

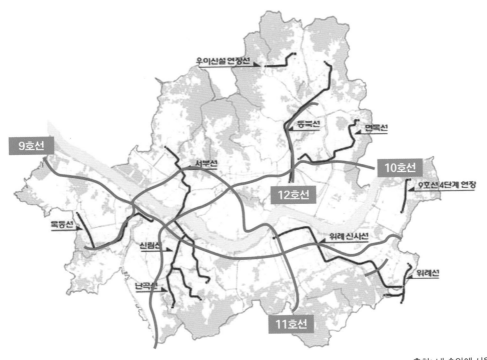

출처: 내 손안에 서울

## 9호선

9호선은 개화역에서 보훈병원역까지 운행 중이고, 2028년에는 강동구 둔촌동 고덕강일역까지 연장 개통될 예정이다. 향후 남양주 왕숙신도시까지 추가 연장이 추진된다. 9호선은 원안대로 진행되고 있다.

## 10호선

현재 신안산선, 즉 광역 철도로 변경돼 더 큰 규모로 공사 중이다. 경전철 면목선까지 연계되면 서울 동북권과 경기도 남서부 지역까지 연계되는 광역 교통망이 생기게 된다.

## 11호선

일부 구간이 광역 철도 신분당선으로 개통됐고, 강북 구간으로 연장될 계획이다. 강남권과 연계된 동쪽 라인은 이미 운행 중이고 원안에 있던 서쪽 라인은 강남 라인과 무관하게 경전철 목동선이나 부천 대장~마포 홍대 라인으로 확대될 예정이다.

## 12호선

서울시 최초의 경전철인 우이신설 경전철로 개통돼 운행 중이다. 일반 전철망은 아니지만, 경전철망으로 운행되고 있기 때문에 1993년 원안 그대로 개발됐다고 봐도 무방하다.

## 🏠 서울 미래 교통망 계획의 시사점

서울의 미래 철도 노선표가 시사하는 바는 다음과 같다.

### ① 실제는 계획과 다를 수 있다

첫째, 계획과 실제 구현 단계는 다를 수 있다는 점이다. 국내외 여러 가지 사정으로 인해 추진하지 못하게 된 경우가 많기 때문에 단순히 개발 호재는 개발 호재로만 끝날 수도 있다는 점을 고려해야 한다.

### ② 서울은 어떻게든 개발된다

둘째, 계획된 내용이 변경되고 시간이 더 많이 소요되더라도 추진될 지역은 어떻게든 추진된다는 점이다. 서울이기 때문에 가능성이 더 높다고 생각한다. 어떤 개발 공사이든 이용하는 사람들의 수가 고정돼 있는 것이 중요하다. 즉, 수요가 있어야 한다. 사업성이 높은지 낮은지에 대한 평가는 항상 이용하는 사람이 얼마나 있느냐로 판단해야 한다. 서울은 비서울 지역 대비 어떤 부동산 시설이라도 수요층이 더 많다고 평가할 수 있다.

### ③ 서울은 수도권으로 확장되고 있다

셋째, 서울은 지금 이 순간에도 계속 확장하고 있다는 점이다. 서울을 물리적으로 확대시킬 수는 없다. 그래서 앞서 서울 주변 지역이 서울의 역할을 나눠 수행한다고 이야기했다. 수도권이라는 의미는 '수도 서울의 역할을 나눠서 수행하고 있는 곳'이라는 의미이다. 우리가 인지하지 못하는 사이에 여러 가지 교통망을 통해 서울이 계속 확장되고 있었다는 것을 확인할 수 있다.

### ④ 강남과 연결되면 무조건 좋다

넷째, 서울 지하철 그리고 수도권 광역 철도망의 역사는 강남과의 접근성을 높이고자 하는 노력의 일환이라는 점이다. 3기 지하철 계획 중 일반 철도망으로는 9호선과 신분당선만이 개통돼 운행되고 있다. 두 노선의 공통점은 강남을 지나는 노선이라는 것이다. 고정적으로 이용할 수 있는 지하철 승객을 확보하기 위해서는 무조건 강남 노선이어야 한다는 대한민국 부동산 투자의 명제를 다시 한 번 확인할 수 있다.

---

**| 알아두면 좋을 TIP |**

호재는 호재일 뿐, 호재가 구체화되지 않으면 절대 미리 투자해선 안 된다는 점을 다시 한 번 강조한다. 지방 부동산의 경우는 더더욱 그러하다. 단, 서울이라는 부동산은 호재가 호재로만 끝나는 경우는 많지 않다는 시사점도 추가로 얻을 수 있다.

---

## 🏠 투자자는 호재를 어떻게 받아들여야 할까?

그렇다면 이 호재에 대해 어떤 태도를 가져야 할까? 호재가 발표되면 무조건 매수해야 할까? 부동산은 우리가 평생 함께해야 하는 필수 요소이다. 부동산 보금자리를 마련하고자 할 때 적절한 타이밍이라는 것은 없다. 매수 타이밍은 지금이다. '준비된 사수부터 쏘세요!'가 되는 것이다. 개별 조건에 맞춰 의사결정이 끝나고 경제적인 준비가 끝나면 그

순간이 매수 타이밍이 되는 것이다.

## 너무 늦은 것보다 너무 이른 것이 문제다

이미 늦었다면 어떻게 하느냐고? 너무 늦은 때란 없다. 오히려 너무 이른 때가 있을 수 있다. 지금 돈이 한 푼도 없는데 무리하게 감당할 수 없는 빚을 끌어와 투자하는 것은 너무 이른 때라고 할 수 있다. 그런 사람들은 먼저 최소한의 종잣돈을 마련하는 데 더 큰 노력을 기울여야 한다. 완벽하게 준비될 때까지 기다리라는 의미가 아니다. 적당한 자산과 적정한 대출을 이용할 수 있는 사람이라면 매수 타이밍을 너무 고민하지 말라는 의미이다.

예를 들어 보자. 서울 지하철 중 가장 알짜 노선이라고 하는 9호선 역세권의 부동산을 매수한다고 가정하면 과연 언제가 매수하기에 가장 좋은 시기일까? 9호선 개통과 관련된 정보는 다음과 같다.

- **1993년** 개발 계획 발표
- **2002년** 착공
- **2009년** 1단계 구간(개화~신논현) 개통
- **2015년** 2단계 구간(개화~종합운동장) 연장 개통
- **2018년** 3단계 구간(개화~보훈병원) 연장 개통
- **2028년** 4단계 구간(개화~고덕강일) 구간 개통 예정
- **그 이후** 남양주 왕숙신도시까지 연결될 계획

여러분이라면 어떤 시기에 9호선 라인의 부동산을 매수할까? 또는 매수해야 했을까?

정답은 없다. 개발 계획이 발표된 1993년 이후 언제 투자했더라도

장기 투자였다면 모두 좋았을 것이라는 말이 모범 답안이라고 생각한다. 1997년의 IMF, 2007년의 금융 위기 시기를 포함해도 현재 기준으로 보면 모두 성공한 투자였을 테니 말이다.

확정된 호재 지역에 장기 투자하면 성공할 확률이 매우 높다. 리스크는 매우 낮다. 서울에서도 9호선 라인이 가장 성공 확률이 높은 부동산 입지가 될 것이다.

9호선 라인은 이미 많이 올랐으니 타이밍을 놓쳤다고? 과연 그럴까? 지금 시세가 앞으로 30년 동안 그대로 유지될 것이라고 생각하는가? 향후 9호선 라인의 시세가 현재보다 오를 가능성이 클까, 내릴 가능성이 클까? 얼마나 오르고 내리느냐가 아니라 상승과 하락이라는 방향성만 보고 판단해 보자. 99%는 오를 수밖에 없는 지역인 셈이다.

## 장기적인 투자가 바탕이 돼야 한다

이것이 바로 부동산과 호재를 활용하는 방법이다. 단기적으로는 조정을 받거나 하락할 수 있겠지만, 장기적으로 보면 우상향 곡선을 그릴 수밖에 없는 입지와 부동산을 매수한다면, 최적의 타이밍은 특별히 조재하지 않는다는 의미이다. '준비된 사수부터 쏘세요'라는 말은 우상향 하리라는 확신이 있다면 언제라도 투자할 수 있다고 제안하는 것이다. 오늘 매수를 했는데 내일 시세가 하락할 수도 있다. 최저가로 매수하는 것은 불가능하다. 다만, 5년 후, 10년 후를 내다봤을 때 오늘보다 더 늦은 시기에 매수한다면 당연히 오늘보다 더 높은 가격을 지불할 확률이 높을 것이다.

언제 매수해야 할지 잘 모르겠다면, 지금 당장 매수하고 잊어버리는 것이 좋다. 오늘 사서 내일 매도할 단기 투자자가 아니라 중·장기 투자자라면 그 기간 동안은 제발 잊어라! 당장 생활비는 어떻게 하느냐고? 투자는 여윳돈으로 하는 것이다. 당장 쓸 생활비를 벌자고 하는 투자는 투자가 아니다. 생계를 위한 돈벌이는 별도로 해야 한다. 여윳돈이 없다면 말이다.

지금부터 설명하는 여러 가지 호재에 대한 이야기는 미래 청사진을 보면서 활용하길 권한다. 호재는 호재일 뿐이지만 성사될 확률이 높은 호재가 무엇인지, 그리고 단기간에 승부를 보겠다는 조급함을 버릴 수 있는지, 우상향할 수밖에 없는 조건을 갖추고 있는지만 따져 본다면 실패할 확률은 제로에 가깝다.

# 서울 교통 호재를
# 투자에 활용하는 법

## 🏠 교통망과 일자리를 묶어서 생각하라

교통이 편리해지면 사람들이 더 많이 찾아오게 된다. 교통 호재가 부동산 가치를 올려 주는 가장 큰 호재라는 데는 이견이 없을 것이다. 하지만 교통이 호재로서 작용하려면 호재가 끌어올 만한 뭔가가 더 있어야 한다. 즉, 그 호재와 시너지를 낼 추가 계획이 있어야 한다.

새로운 교통망을 만들어야 하는 이유는 여러 가지이지만 그중에서도 일자리 하나만큼은 반드시 체크하기 바란다. '교통이 편리한 곳 = 일자리가 많은 곳'이라는 등식으로 정의하는 전문가들이 많은 이유는 바로 이 때문이다.

그렇다면 '교통이 편리해지는 곳 = 일자리가 많아지는 곳'이라고 봐도 될까? 충분히 가능하다. 교통과 일자리는 밀접한 관계가 있으며 부동산 가치를 평가하는 데 가장 중요한 요인이라고 할 수 있다. 따라서 지금 어떤 곳의 교통이 가장 편리한지를 살펴보는 것도 의미가 있지만, 투자자의 입장에서는 미래에 교통이 편리해질 지역을 예측하는 것이 무엇보다 중요하다. 지금부터 서울 미래 교통망 지도를 그려 보자.

## 📍 철도망과 도로망이 신설되거나 연장되는 지역은 어디인가?

교통망에는 크게 '철도망'과 '도로망'이 있다. 철도망은 대중교통, 도로망은 물류의 통로라고 할 수 있다. 양쪽 모두 의미가 있다. 철도망의 수요층은 출퇴근 또는 업무상으로 이용해야 하는 근로자, 도로망의 수요층은 기업체 물류 관련 근로자일 것이다.

철도망을 다시 나누면 기존 노선을 연장하는 경우가 있고, 새로운 철도망이 생기는 경우가 있다. 기존 노선을 연장하면 연장되는 쪽의 지역에도 호재가 되지만, 기존 노선상의 입지에도 호재가 된다. 오히려 더 큰 호재가 된다. 새로운 철도망이 생기면 당연히 그 노선의 모든 입지에 호재가 된다. 아울러 신도시가 개발될 때 반드시 가장 먼저 도로망이 깔린다. 이 점도 주목해야 한다. 신도시 도로망은 주거지역이 신설되었음의 의미한다.

# 꾸준히 확장되는 서울 지하철

## 🏠 기존 노선이 연장되는 교통 호재

서울 지하철 9개 노선 중 가장 좋은 노선은 어디일까? 현재 기준으로 평가하면 '2호선'이다. 강북과 강남의 핵심 일자리 지역을 모두 연결하고 있기 때문이다. 따라서 처음 개통됐을 때의 가치만 놓고 보면 2호선이 가장 좋은 노선이었을 것이다. 하지만 2호선은 부동산 미래 가치를 평가할 때 치명적인 단점이 있다. 확장 가능성이 없다는 점이다. 1984년 순환선이 개통된 이후 거의 그대로 운행되고 있다.

하지만 2호선 이후에 개통된 3·4호선은 계속 확장돼 왔다. 원래 3호선과 4호선은 서울 시민만을 위한 노선이었지만, 이제는 서울과 경기도를 연결하는 광역 철도의 역할로 확대됐다. 3호선은 서울 이용 가치뿐 아니라 고양시의 가치까지 끌어올렸고, 4호선은 과천시·안양시·군포시·시흥시의 가치까지 끌어올렸다. 지하철이 연장될수록 가치는 점점 더 올라갈 것이다. 가치가 올라간다는 의미는 수요가 증가한다는 의미와도 같다.

새로 개통되는 지역의 가치도 올라가지만, 변두리에서 중심지로 업그레이드되는 것이므로 궁극적으로는 원래 노선이 있는 지역의 가치가 더 올라간다.

## 1호선 연장

현재 서울 지하철 1호선은 북쪽으로는 동두천 소요산까지, 남쪽으로는 아산시 신창역까지 연장돼 있다. 천안, 아산 지역에서 서울까지 출퇴근하기도 한다. 용산역에서 신창역까지 급행으로 이동하면 1시간 33분이 소요된다. 즉, 1시간대 이동이 가능하다.

2023년 4월부터 소요산역에서 연천역으로 연장될 계획이다. 초성리역, 전곡역, 연천역이 신설된다. 하지만 1호선 연장에 따른 호재가 발표된다 하더라도 너무 높은 비중을 두지 않는 것이 좋다. 1호선 운행 속도를 더 빠르게 하지 않는 한 1호선 구간이 연장되더라도 전철로 이동하는 실익이 크지 않기 때문이다. 그보다는 KTX, GTX 등 다른 교통망을 이용하는 것이 오히려 바람직할 것이다.

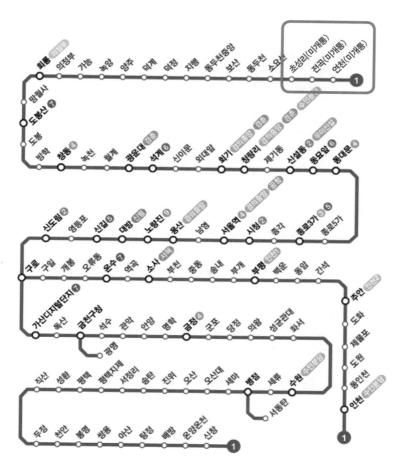

출처: 다음

## 2호선 연장

2호선은 순환선이다. 확장 가능성이 없다. 물론 신도림역에서 까치산까지, 성수역에서 신설동역까지 지선이 운행되고는 있다. 지선이 생기는 것도 호재가 될 수는 있겠지만, 엄청난 토지 매입비가 들어가는 차량 기지를 추가로 만들어야 하기 때문에 추가 지선을 더 기대하는 것은 무리이다.

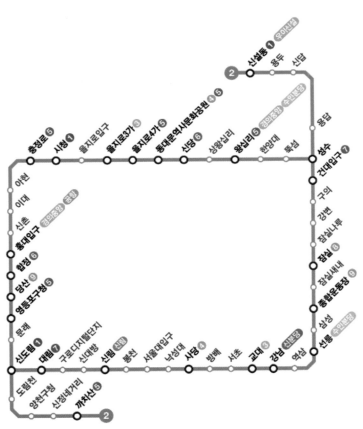

출처: 다음

## 3호선 연장

9호선이 개통되기까지 부동산 가치가 가장 높은 노선이었다. 종로구, 중구의 업무 지역은 물론 핵심 지역인 압구정동, 삼성동, 대치동을 관통하는 노선이었기 때문이다. 현재 북쪽 종점인 대화역에서 파주 운정 신도시를 지나 금릉역까지 그리고 남쪽 종점인 오금역에서 하남시청 역까지의 연장도 확정됐다. 두 지역 모두 착공될 경우 파주와 하남시에 큰 호재이다. 그리고 대화와 송파구의 입장에서는 더 큰 호재가 된다.

현재 구파발역행 열차를 일산 백석역까지 연장하는 안도 검토 중이다. 이 계획이 확정되면 지축, 삼송, 원흥, 원당, 화정, 대곡역의 프리미엄은 더 상승한다. 서울 권역으로 포함되는 효과가 발생하기 때문이다.

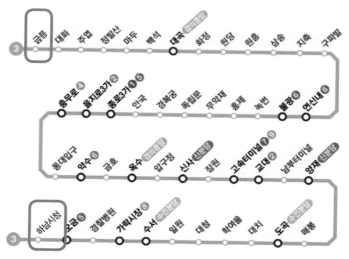

출처: 다음

## 4호선 연장

2022년 북쪽 종점인 노원구 당고개역에서 남양주시 진접역까지 연장됐다. 노원구가 종점이 아니라 남양주시가 종점이 됨으로써 노원구가 부도심으로 업그레이드된 것이다. 현재 수인분당선과 4호선을 직결하는 계획이 검토 중이다. 이렇게 되면 서울 배후의 수요가 더 증가하게 된다.

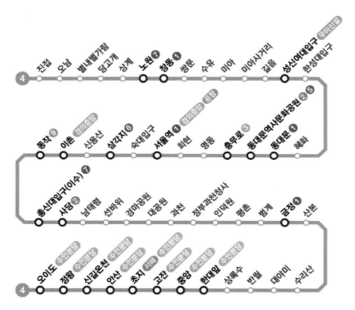

출처: 다음

## 5호선 연장

상일동역에서 하남시 하남검단산역까지 연장 개통됐다. 하남시가 역세권 지역으로 편입됨에 따라 하남 미사강변도시와 하남시 덕풍동의 부동산 가치에도 영향을 미쳤지만, 종점에서 중심지로 업그레이드되는 강동구 고덕동과 상일동이 가장 큰 혜택을 입었다.

그리고 김포시 장기역까지 5호선 연장안이 확정됐다. 이는 서울로 직접 연결되는 교통망을 갖추게 된 김포시의 최대 호재이자 강서구의 호재이다. 강서구의 경우, 혐오시설(차량기지, 건설 폐기물처리장)들을 제거하고 김포시라는 거대 배후 수요지를 확보하게 됐기 때문이다.

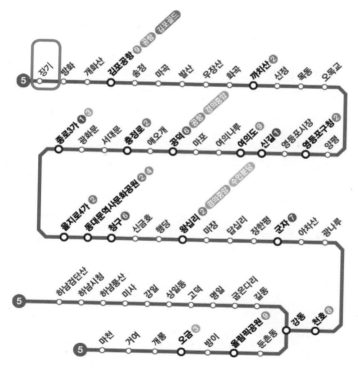

출처: 다음

## 6호선 연장

2019년 동쪽 종점 봉화산역에서 신내역까지 연장됐다. 6호선은 서울 지하철 9개 노선 중 유일하게 강북만 지나는 노선이다. 메인 일자리 지역인 종로구, 중구, 강남, 서초, 영등포구를 통과하지 못한다는 단점이 있는 노선이기 때문에 연장안에 대해서는 타 노선 대비 관심이 낮다. 현재 검토 중인 동구릉역 연장안이나 마석 연장안이 주목받지 못하는 이유가 바로 이 때문이다.

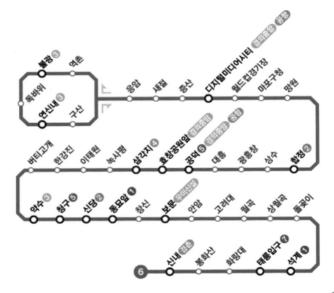

출처: 다음

## 7호선 연장

남북으로 모두 연장 공사 중이다. 남쪽으로는 청라국제도시역이 2027년 개통 예정이다. 7호선이 청라국제도시역를 통해 영종도까지 연계돼 여러 가지 시너지 효과를 기대할 수 있다. 서울뿐 아니라 부천 상동, 인천 부평구와 서구, 영종도까지 모든 지역에 호재가 된다. 북쪽으로는 현재 의정부 장암역까지만 있는 역이 의정부 민락2지구를 지나 양주 옥정 지구 그리고 궁극적으로 포천까지 연결될 계획이다. 2029년에 개통될 예정이다.

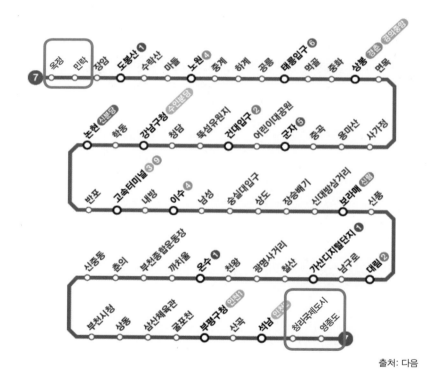

출처: 다음

## 8호선 연장

8호선의 종점은 현재 강동구 암사동이다. 현재 북부 연장 공사를 하고 있으며 2023년 12월 남양주 별내역까지 개통 예정이다. 암사역을 지나 한강을 건너 구리시, 다산신도시, 별내신도시까지 연장되는 노선이다. 성남시, 송파구, 강동구만 지나는 가장 짧은 노선이 광역 노선화되는 과정이며 송파구, 강동구, 구리시, 남양주시 모두에 큰 호재가 될 수 있다. 남쪽으로는 모란시장에서 판교까지의 연장을 검토 중이다.

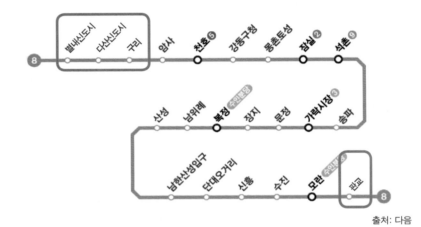

출처: 다음

## 9호선 연장

서울 시민 대부분이 가장 관심을 갖고 있는 연장 노선안이다. 현재는 강동구 둔촌동 중앙보훈병원역까지만 운행되고 있는데 2028년 강동구를 관통해 하남시 인접한 고덕강일역까지 연장 개통된다. 하남시와 남양주시까지 연장될 계획도 있어 서울 동부권 부동산 및 경기도 동부 지역 가치에 크게 도움이 되는 노선이다.

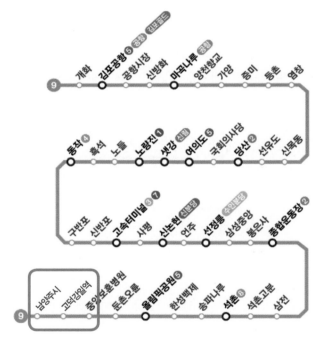

출처: 다음

## 신분당선 연장

경기도와 서울을 잇는 광역 철도 노선으로 웬만한 서울 노선보다 이용 수요층이 많다. 특히, 서울 도심권(종로구, 중구, 용산구)과 직접 연결되는 강남권 노선안인 만큼 부동산 활용도의 차원에서도 효용성이 매우 높다. 얼마 전 강남역~신사역 구간이 개통됐으며 미군부대 이전 후 신사역~용산역 구간 공사를 시작할 예정이다.

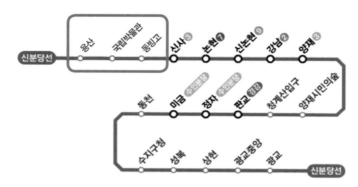

출처: 다음

# 더 빠르게, 더 많이 서울로 향하는 GTX

## 🏠 급행이 기본인 신설 노선

화성 동탄신도시에서 일산 킨텍스로 서울모터쇼를 보러 가는 데 40분, 의정부에서 삼성동 무역센터까지 출근하는 데 20분, G밸리에서 점심 시간에 송도에 가서 점심을 먹고 와도 1시간 30분이 걸린다면? GTX 개통에 대한 장밋빛 청사진이다. GTX는 '수도권 광역 급행 철도(Great Train eXpress)'라는 의미를 가진 신설 노선이다.

신설 노선들이 좋은 이유는 바로 속도이다. 기존 노선들은 이동 속도 면에서 경쟁력이 뒤처질 수밖에 없다. 기존 노선 중 9호선이 인기 있는 이유는 강남 노선이기 때문이기도 하지만, 급행이 있기 때문이기도 하다. 앞으로 신설 노선은 모두 급행으로 운영하는 것에 바탕에 두고 건설될 예정이다.

## 📍 GTX는 일자리를 중심으로 봐야 한다

GTX 개발 계획이 처음 발표됐을 때만 하더라도 이 노선을 이용할 수 있는 지역은 그야말로 흥분의 도가니였다. 경기도 북부와 남부 지역을 1시간 이내 생활권으로 묶을 수 있는 획기적인 교통망이었기 때문이다.

그런데 이렇게 환상적인 노선이 왜 10년이 넘도록 A 노선을 제외하고 여전히 공사가 되고 있지 않을까? 단순히 정부의 예산 부족 문제일까? 아마도 정상적으로 운행될 만큼 이용객이 충분하지 않아서일 것이다.

서울 지하철은 출퇴근 수단으로 가장 사랑받는 교통수단이다. 반복적으로 이용하는 승객을 위한 교통수단으로 사업성이 가장 높다. 자동차를 이용하는 도로망은 신호 체계와 예상할 수 없는 정체 현상 때문에 철도망보다 선호도와 이용도가 떨어진다.

GTX가 사업성이 있으려면 지속적으로 탑승하는 이용자가 풍부해야 한다. 바로 이 점이 GTX의 착공 여부를 결정하는 가장 중요한 열쇠이다. 일시적인 승객을 대상으로 하는 행사용, 관광용 노선이 아니라 출퇴근 수단으로 활용될 때 경제적 가치가 가장 높은 것이다. 이 점을 염두에 두고 각 노선을 살펴보자.

| 알아두면 좋을 TIP |

가장 대표적인 예로는 서울 지하철 9호선을 들 수 있다. 출퇴근 수단이 아니어도 되고 업무상의 필요로 두 지점 간에 이동하는 승객이 많아도 된다. 서울~부산 간 경부선 KTX 노선과 항공편이 회차마다 대부분 매진되는 이유가 바로 이 때문이다.

**광역급행철도(GTX) 노선도**

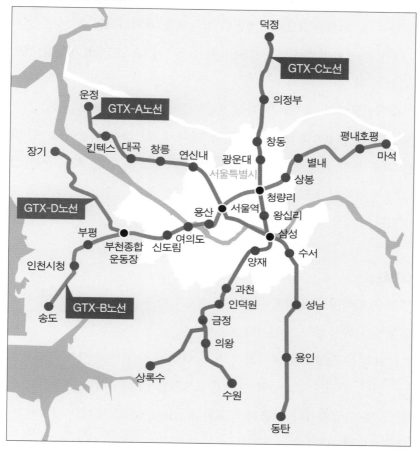

출처: 국토교통부, 한국부동산원

## GTX-A

일산 킨텍스에서 화성 동탄까지 40분 만에 돌파하겠다는 목표로 공사 중인 광역 급행 철도이다. 중간역인 삼성역까지 20분도 안 걸려 도착한다. 지금까지 제안된 교통망 중 가장 빠르고 임팩트가 있는 노선이다.

A 노선은 파주 운정신도시에서 출발해 고양시 킨텍스를 거쳐 고양

시 덕양구 대곡역, 연신내, 서울역, 삼성역, 성남, 용인을 지나 동탄에서 끝난다. A 노선은 2018년 착공돼 삼성역을 제외하고는 2025년 전후 개통될 예정이며 삼성역까지 포함된 전 구간은 2028년에 개통될 것으로 보인다.

대한민국에서 일자리가 가장 많은 종로구·중구(서울역), 강남구(삼성역), 분당구(판교역)를 모두 지난다. 따라서 베드타운 역할을 할 수 있는 파주 운정, 고양시 일산, 고양시 덕양구와 분당, 용인, 화성 동탄 간 GTX는 출퇴근 수단으로서의 활용도가 매우 높은 노선이 될 것으로 예상된다.

## GTX-B

남양주 마석에서 출발해 동대문구 청량리역과 서울역, 여의도를 지나 인천 송도까지 가는 노선이다.

B 노선은 강남권을 통과하지 않기 때문에 A 노선에 비해 사업성이 떨어진다. 하지만 남양주와 인천 송도까지를 서울의 배후 수요지로 만들 수 있는 입지이다. 아울러 김포한강신도시에서 출발해 부천까지 연결되는 GTX-D가 완공될 경우, 서울의 배후 수요지는 더욱 커진다.

향후 수요 유입 여부는 좀 더 지켜볼 필요가 있다. 철도망의 사업성 여부는 확실한 메인 지역이 있고 그 메인 지역으로 가고 싶어 하는 고정적인 수요층이 거주하는 지역과 연계돼야 한다. 2호선, 3호선, 7호선, 9호선, 신분당선 등의 강남권 노선처럼 말이다.

## GTX-C

C 노선은 양주에서 출발해 의정부를 거쳐 창동, 청량리, 왕십리, 삼성, 양재, 과천, 의왕, 금정을 지나 수원에서 끝난다. 강남권(삼성, 양재)으로 출퇴근하는 노선이므로 B 노선보다는 사업성이 높고, A 노선보다는 낮다. 강남과의 접근성이 좋아지는 입지들은 주목해 볼 만하다.

## 🏠 GTX의 투자 타이밍

그렇다면 우리는 과연 언제 GTX 호재에 투자해야 할까? 공사 기간이라는 물리적인 시간도 따져봐야겠지만, 그보다 더 중요한 전제 조건은 바로 '요금'이다. GTX는 당연히 일반 전철 대비 요금이 많이 비싸다. 그런 GTX를 타고 출퇴근하는 것이 서울에서 거주하는 비용보다 저렴해야만 이용 가치가 있을 것이다. 교통망과 부동산 시세 간에는 이런 함수 관계가 있다.

부동산 시장에서는 이미 GTX라는 호재가 반영돼 시세가 크게 오른 지역이 많다. 기존 철도망을 활용해 가장 빠르게 착공할 삼성~동탄 구간을 제외하면, 본격적인 GTX의 개통 시기는 여전히 많이 남아 있다. 따라서 단순히 GTX 호재만으로 부동산에 투자하는 것은 지양해야 한다. GTX는 서울에서 거주하는 비용이 너무 비싸 도저히 살 수 없다는 이야기들이 나와야 실질적인 필요성이 부각될 것이기 때문이다. 이때가 바로 투자 타이밍이다.

# 구석구석 편의성을 높이는 서울 경전철

## 🏠 프리미엄은 작지만 반드시 검토해야 하는 경전철

2019년 서울시는 '제2차 서울시도시철도망구축계획안'을 발표했다. 이 중에 서울 경전철이 포함돼 있다. 우이신설선과 신림선은 현재 개통돼 운행 중이고 현재 동북선이 공사 중이다. 목동선, 난곡선, 서부선, 면목선, 위례신사선이 공사를 준비 중이다.

경전철의 운행 목적은 간단하다. 전철망이 없는 입지, 버스로만 대중교통이 운행되는 입지에 작은 전철망을 도입하는 것이다. 기존에 전철망이 들어가지 않았다는 것은 그만큼 이용 고객이 많지 않을 것이라고 판단했기 때문이다. 결국 사업성이 떨어지는 지역이라는 의미이다. 메인 노선이 아니라 경전철이 들어간다는 것은 예산의 문제이기도 하다. 비용이 적게 들어가는 경전철이 도입된다 하더라도 사업 수지가 맞지 않을 가능성이 매우 크다.

의정부 경전철이나 용인 경전철이 매년 기하급수적인 적자를 기록하고 있다는 뉴스를 종종 봤을 것이다. 아마도 우이신설선과 신림선 역시 매년 적자 폭이 증가하고 있을 것이다. 이는 어쩔 수 없다. 서울 경전철은 취약 지역에 대한 복지정책 차원에서 접근해야지, 사업성으로 접근해서는 안 된다. 국민이 내는 세금으로 이런 복지정책에 활용하는 것은 당연하지 않을까?

**제2차 서울시 도시철도망구축계획(안)**

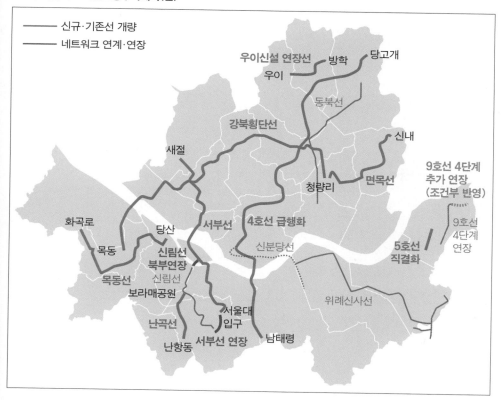

출처: 서울시

물론 부동산 가치를 평가하는 입장에서 사업성이 떨어진다는 것은 향후 부동산 가치가 상승할 가능성도 낮다는 의미가 된다. 따라서 경전철이 들어가는 지역은 메인 주거지보다 서브 주거지 및 상권의 확장 지역을 검토해 보길 추천한다. 의외의 숨은 보석을 발견할 가능성이 매우 높기 때문이다.

**서울 경전철 현황**

| 노선명 | 구간 | 길이 | 사업자 | 운영 상태 |
|---|---|---|---|---|
| 우이신설선 | 북한산우이역~정릉역~신설동역 | 11.4km | 우이신설경전철(주)<br>우이신설경전철운영(주) | 운영 중 |
| 신림선 | 샛강역~보라매역~관악산역 | 7.7km | 남서울경전철(주)<br>로템SRS(주)<br>광주광역시도시철도공사 | 운영 중 |
| 동북선 | 왕십리역~은행사거리(~상계역) | 12.7km | 동북선도시철도(주) | 공사 중 |
| 위례선 | 복정역~위례신도시 관통~마천역 | 5.0km | 위례트램(주) | 공사 중 |
| 서부선 | 새절역~여의도역~장승배기역<br>(~서울대입구역) | 15.77km | 서부경전철(주) | 사업제안 |
| 위례신사선 | 위례신도시~신사역 | 14.83km | 강남메트로(주) | 사업제안 |
| 우이신설선 연장 | 우이동~방학역 | 3.53km | 서울교통공사 | 미정 |
| 난곡선 | 보라매공원~난향동 | 4.3km | | 미정 |
| 면목선 | 청량리역~면목역~신내역 | 9.05km | | 미정 |
| 목동선 | 신월동~당산역 | 10.8km | | 미정 |
| 강북 횡단선 | 목동역~청량리역 | 24.8km | | 미정 |
| 서부선 남부 연장 | 서울대입구역~관악산역 | 1.72km | 미정 | 미정 |
| 신림선 서부 연장 | 샛강역~동여의도역 | 0.34km | 미정 | 미정 |

# 쾌적하고 빠르게
# 이동하는 서울 도로

## 🏠 서울 도로 정책은 우회도로 & 쾌적성을 높이는 전략

사실 서울의 도로망은 이미 촘촘하다. 도로망을 더 만들 공간이 없고
다른 대안도 별로 없다. 우회도로를 더 많이 만들 수밖에 없다. 이제 더
이상의 내부 순환 도로를 만들기 어렵다는 의미이다.

도로가 막히면 쾌적성은 떨어진다. 하지만 아이러니하게도 도로가
막힐수록 그 지역의 가치는 올라간다. 이런 점에서 보면 부동산의 가치
와 쾌적성이 반비례할 수 있다.

서울은 메인 도로망의 신설을 기대할 수 없고, 우회도로가 신설되거
나 기존 도로망의 쾌적성을 살리는 방향으로 도로망의 업그레이드를
기대할 수밖에 없다. 이것이 도로망 프리미엄 분석의 키포인트이다.

## 서초구 서리풀터널(정보사 부지) 개통

서리풀터널은 2019년 4월 개통됐다. 그동안 대한민국 업무 중심지는 '테헤란로'였다. 동쪽 삼성역에서 서쪽 서초역까지만 메인 도로였다. 서쪽 끝이 정보사 부대, 즉 지금의 서리풀공원으로 막혀 있었다. 이 서리풀터널이 개통되면서 메인대로가 동작구 이수역까지 연결된다. 테헤란로가 확장된 것이다. 업무시설 면적이 확장된다는 것도 의미가 있지만, 그동안 단절돼 온 서초구 방배동에도 활력을 불어넣어 줄 좋은 환경이 마련된 것이다. 우선 서초구 방배동과 서초동에 가장 큰 호재가 될 것이고, 동작구 사당동에는 부가적인 혜택이 쏟아질 것이다. 현재까지 사당동은 동작구에서 가장 시세가 낮은 곳이었지만, 그 가치가 한동안 계속 올라갈 것으로 예상된다.

**서리풀터널**

출처: 서초 소식지

## 서부간선도로 지하화

2021년 개통된 서부간선 지하도로로 이 구간의 상습 정체 문제가 어느 정도 해결됐다. 이전 서부간선도로의 가장 큰 맹점은 도로를 사이에 두고 안양천과 금천구, 구로구가 단절돼 있다는 것이다. 오히려 안양천은 광명시의 전유 공간으로 활용되는 경향이 있었는데, 서부간선도로 지하화 공사로 금천구와 구로구의 안양천 접근성이 큰 폭으로 개선될 것이다. 도로 정체 문제도 해소하고 환경 쾌적성도 개선하는 이 개통을 통해 지역 부동산 가치가 높아질 것으로 예상된다.

**서부간선 지하화 조감도**

출처: 내 손안에 서울

## 경인고속도로, 경부고속도로 등 지하화

화성 동탄·서울 양재 구간은 하루 교통량이 평균 20만 대에 이른다. 적정 교통량(13만 4,000대)의 1.6배에 육박해 출퇴근 시간이 아닐 때도 정체가 심하다. 고속도로가 혼잡해도 주변에 아파트나 빌딩 등이 이미 들어서 도로를 양옆으로 늘리는 '수평적 확장'을 하려면 막대한 보상 비용이 드는 등 한계가 컸다. 이에 따라 지하에 터널을 뚫는 방식으로 도로를 추가하는 '입체적 확장'을 하는 것이다. 국내 고속도로의 지상과 지하 구간 등에서 차량이 동시에 달리는 것은 이번이 처음이다. 지하도로 건설로 여유가 생기는 지상에는 버스전용차로를 확대해 대중교통의 기능을 강화할 계획이다.

**지하도 뚫리는 고속도로 구간**

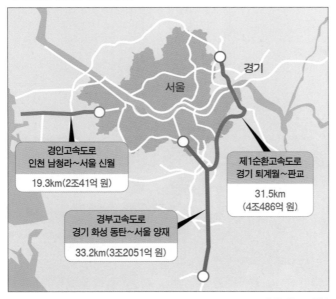

경인고속도로
인천 남청라~서울 신월
19.3km(2조41억 원)

제1순환고속도로
경기 퇴계원~판교
31.5km
(4조486억 원)

경부고속도로
경기 화성 동탄~서울 양재
33.2km(3조2051억 원)

출처: 국토교통부

수도권 제1순환고속도로 경기 퇴계원 판교 구간(31.5km)과 경인고속도로 인천 남청라 서울 신월 구간(19.3km)도 각각 4조 486억 원, 2조 41억 원을 들여 지하도로를 뚫는다. 그리고 상습 정체를 빚는 경부고속도로 양재 IC~화성 사이(32.3km)에 지하도로가 신설된다. 지하도로가 생기는 구간 주변 지역은 무조건 관심을 갖자.

## 동부간선도로 지하화

총 사업비 1조 3139억 원 규모의 동부간선도로 지하화 사업은 노원구 월릉교와 강남구 대치동을 왕복 4차로 지하도로로 연결하는 프로젝트이다. 12.2km 중 월릉교 영동대교 남단 구간(10.1km)은 민자 방식(BTO·수익형 민간 투자)으로 구축한다.

**동부간선도로 지하화 구상도**

출처: 서울시

영동대교 남단 구간·대치동 구간(2.1km)은 서울시가 재정을 투입해 구축한다. 개통 예정 시점은 민자 구간과 마찬가지로 2028년이다. 서울시는 이 구간이 뚫리면 월릉교·대치동 구간 이동 시간이 기존 30분 대에서 10분대로 줄어들 것이라고 설명했다.

서울시는 동부권 교통 수요 분산을 목적으로 민자 구간과 함께 노원구 하계동·성동구 송정동 구간(11.5km)에도 지하도로를 설치할 계획이다. 이 도로는 재정으로 건설하며 2034년 이후 개통 예정이다. 이 사업까지 마친 후 현동부간선도로를 생태공원으로 조성한다는 게 서울시의 구상이다.

## 강변북로 지하화

서울시가 서초구 양재나들목에서 경기 고양시로 이어지는 경부간선도로와 강변북로를 지하화하고 그 위에 공원 녹지, 문화 공간, 상업시설을 조성하는 초대형 도로 입체개발을 추진한다. 수조 원에 달하는 사업

**강변북로 구조 개선 구간**

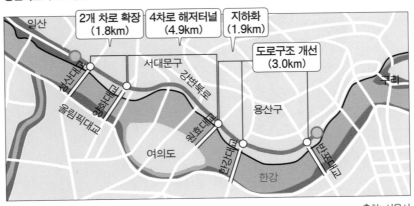

출처: 서울시

비를 조달하기 위해 경부간선도로 일부 구간 지하화로는 민간 복합 개발 방식이 검토된다. 서초·용산·마포 지역이 도로 지하화 사업의 최대 수혜 지역으로 꼽힌다.

도로 지하화가 추진되는 구간은 경부간선도로(경부고속도로 서울 시내 구간)는 양재나들목~한남나들목 6.8km, 강변북로는 가양대교~영동대교 17.4km이다. 강변북로 구간은 지하에 왕복 6차로 도로를 깔고, 기존 자동차 전용 도로는 최고 시속 50~60km의 일반 도로로 기능을 바꾼다.

전체 도로폭이 100m가량인 경부간선도로 구간은 지하화로 생기는 상부 공간에 공원 녹지와 문화 공간 등을 조성할 예정이다. 강변북로·경부간선도로 지하화 사업은 타당성 조사와 기본계획 용역이 진행 중이다. 착공 예상 시기는 강변북로는 이르면 2026년, 경부간선도로는 2028년이다. 완공 시기는 착공 5년 후이다.

# 상권 호재를
# 투자에 활용하는 법

## 🏠 기존 상권이 확장되거나 테마 상권이 형성될 입지에 주목하자

필자의 전작인 《김학렬의 부동산 투자 절대 원칙》에서는 상권을 이해
하는 포인트로 두 가지를 제시했다.

첫째, 주거 지역에 플러스가 되는 상권인가?
둘째, 상권 확장에만 도움이 되는 상권인가?

주거 지역에 도움이 되는 대표적인 예로는 스타필드, 롯데몰, 이케아
등과 같은 대형 유통시설이 들어오는 경우를 들 수 있다. 상권 확장에
만 도움이 되는 상권이란 주거시설이 상가로 전용되는 경우를 의미한
다. 상가로 분양되는 상권은 대형 상권이다. 일반인이 투자하기에 여간

부담스러운 게 아니다. 따라서 상가에 투자하고 싶은 사람이라면 기존 주거시설이 상가로 변하는 지역, 즉 상권으로 확장되는 지역을 파악해 둘 필요가 있다.

## 대형 유통시설 유치 지역

스타필드, 롯데몰, 이케아, 롯데백화점, 신세계백화점, 현대백화점, 코스트코, 이마트, 롯데마트, 홈플러스 등을 대형 유통시설이라고 한다. 판교, 광교의 아비뉴프랑이나 일산의 라페스타, 웨스턴돔, 원마운트, 레이킨스몰, 김포의 라베니체, 청라 커넬웨이, 송도 커넬워크와 트리플 스트리트 등의 복합 상가도 대형 유통시설에 포함된다.

안타깝게도 서울에는 이런 대형 유통시설이 들어올 입지가 이제 거의 없다. 서울처럼 부동산 시세가 높은 곳에서 신규 유통시설을 유치하는 것은 큰 부담이 된다. 서울에 대형 유통시설을 신축할 만한 큰 비용을 투입하기가 어렵기 때문이다. 따라서 서울 지역에서는 대형 유통시설이 신규로 건설될 부지를 검토하는 것이 아니라 기존 대형 유통시설의 입지를 확인해야 한다. 기존에 선점한 대형 유통시설 입지는 두고두고 부동산 프리미엄에 반영될 테니 말이다.

## 상권 중 황제 입지는 백화점

서울 지역에 있는 대형 유통시설에는 백화점, 대형마트, 복합 쇼핑몰 등이 있다. 이 시설을 가까운 곳에서 이용할 수 있다면 상권에 프리미엄이 생긴다. 이 3개 유통시설 중에서도 주거시설에 가장 큰 영향을 미치는 것이 '백화점'이다. 백화점이 '슬리퍼 생활권'에 있다면 금상첨화이다. 그다음은 복합 쇼핑몰이다. 특히 MZ 세대들이 즐겨 찾는 곳이라면 매우 좋은 상권이라고 할 수 있다. 아쉽게도 대형마트의 입지 프리미엄은 점점 떨어지고 있다. 온라인 쇼핑몰의 등장으로 가장 큰 타격을 본 것이 쇼핑시설이다.

**서울 주요 백화점 매출 순위** (단위: 억 원, %)

| 순위 | 백화점 | '21년 매출 | '20년 매출 | 신장률 |
|---|---|---|---|---|
| 1 | 신세계 강남점 | 24,940 | 20,394 | 22.3 |
| 2 | 롯데 잠실점 | 17,973 | 14,725 | 22.1 |
| 3 | 롯데 본점 | 16,670 | 14,768 | 12.9 |
| 4 | 현대 무역센터점 | 10,860 | 8,841 | 22.8 |
| 5 | 현대 본점 | 10,809 | 8,815 | 22.6 |
| 6 | 갤러리아 명품관 | 10,587 | 8,098 | 30.7 |
| 7 | 신세계 본점 | 10,026 | 7,827 | 28.1 |
| 8 | 현대 목동점 | 6,931 | 6,345 | 9.2 |
| 9 | 더현대서울 | 6,637 | – | – |
| 10 | 신세계 영등포점 | 5,564 | 4,714 | 18.0 |
| 11 | 롯데 노원점 | 4,053 | 3,916 | 3.5 |
| 12 | 현대 천호점 | 3,838 | 3,520 | 9.0 |
| 13 | 현대 신촌점 | 3,708 | 3,576 | 3.7 |
| 14 | 롯데 영등포점 | 3,299 | 3,526 | −6.4 |
| 15 | 현대 미아점 | 3,250 | 3,283 | −1.0 |
| 16 | 롯데 김포공항점 | 2,842 | 2,546 | 11.6 |
| 17 | 롯데 강남점 | 2,512 | 2,334 | 7.6 |
| 18 | 롯데 청량리점 | 2,347 | 2,291 | 2.4 |
| 19 | 현대 디큐브시티점 | 2,034 | 2,054 | −1.0 |
| 20 | 롯데 미아점 | 1,641 | 1,621 | 1.2 |
| 21 | 롯데 스타시티점 | 1,408 | 1,330 | 5.9 |
| 22 | 롯데 관악점 | 1,207 | 1,229 | −1.8 |

서울에 있는 주요 백화점과 입지를 정리해 봤다. 이 백화점에 가까운 입지를 가장 먼저 체크해야 한다. 서울시 안의 백화점 입지는 교통 편리성 측면에서도 대개 최적의 입지이다. 교통과 최고의 상권이 결합한 지역이므로 해당 지역의 가치는 서울과 운명을 함께할 가능성이 높다.

서울 상권 프리미엄을 분석하려면 백화점의 입지를 모두 체크하고 복합 쇼핑몰 입지도를 확인해 보자. 만약 두 시설이 함께 있다면 최고의 상권 입지라고 할 수 있다. 대표적인 예로 강남구 코엑스 상권, 서초구 고속버스터미널 상권, 용산구 아이파크몰 상권, 여의도 파크원 상권 등을 들 수 있다.

## 자연스럽게 형성되는 테마 상권도 주목

서울비전 2030에 따르면, 지자체의 부동산 활성화를 위해 테마 상권으로 지정해 전략적으로 지원하는 지역이 꽤 여러 곳 있다. 정부에서 추진하고 있는 도심 재생 정책에도 지역별 테마 상권을 형성하기 위한 지원책이 포함돼 있다. 하지만 지자체의 의지만으로 테마 상권이 형성된 곳은 거의 없다. 대체로 시장 소비자들의 자연스러운 의사결정에 의해 상권의 확장이 결정된다.

대형 유통시설로 생기는 상권은 위로부터의 의사결정이 중요하지만, 밑에서부터 생기는 상권은 결국 부동산 시세이다. 이는 저렴한 지역이어야 한다는 의미이다. 테마 상권 생성의 가장 큰 조건은 아직 시세가 비싸지 않은 지역 중에서 테마 상권이 생길 만한 입지가 있느냐의 여부이다.

저렴하게 개발할 만한 부지들이 있다면, 정부와 지자체가 지원할 때

지원금 형태가 아니라 대형 프랜차이즈들이 들어오지 못하도록 제도화하기도 했다. 차별화된 소규모 상가들이 진출할 수 있는 기반을 마련해 주는 것이다. 서촌이나 북촌에 프랜차이즈들이 들어오지 못하도록 지자체 협의체를 만든 것이나 해방촌에 대규모 개발을 하지 못하도록 한 것이 대표적인 사례라고 할 수 있다.

## 🏠 좋은 상권을 선점하기 위해 공부하자

시장은 돈의 논리로 움직일 수밖에 없다. 따라서 개인이 상권에 투자하려면 큰돈이 들어오기 전에 상권이 확장되는 지역들을 선점하려는 노력이 필요하다. 이미 시세가 크게 오른 지역도 있지만, 상권으로 발달할 지역들이 아직도 많이 남아 있다. 관심을 갖고 검토해 볼 만한 지역들을 권역별로 정리해 보자.

# 주목할 만한
# 서울 동북권 상권

## 📍 도봉구

서울 경전철 우이~신설선 개통으로 생긴 신설역 주변에 테마 상권이
생길 것이다. 특히 북한산, 도봉산 등산객들을 대상으로 한 테마 상가
는 어느 정도 수요가 있을 것으로 예상된다. 북한산입구역부터 4.19민
주묘 지역 사이 도로가 타깃 지역이다. 창동 도시개발 구역 주변도 상
권이 업그레이드되기 좋은 지역이다.

## 📍 노원구

기존 4, 7호선 주변의 역세권과 골목 테마를 결합해 볼 수 있는 지역이

다. 수락산역 주변에 테마 상권을 형성할 수 있다. 수락산 관광객을 대상으로 하는 상가뿐 아니라 일반 젊은층을 대상으로 하는 상권도 가능하다. 공릉동에 있는 폐경춘선 철도 주변이 유망하다. 경의선 숲길 주변에서 이미 일어나고 있는 대대적인 변화를 전망해볼 수 있기 때문이다. 아울러 현재 공사 중인 동북선 역세권 주변을 선점할 만한 관심 지역에 포함시켜도 좋다.

**경춘선 숲길**

출처: 서울시

## 🏠 강북구

우이~신설 경전철 가오리역, 화계역, 삼양역 주변도 저렴한 시세를 이용한 테마 상권 확대가 가능할 것으로 판단된다. 미아역~미아삼거리역 4호선 라인도 정비사업과 함께 상권 업그레이드가 가능한 지역이다.

# ◉ 성북구

4호선 성신여대입구역, 한성대입구역에서 성북동 방향으로 테마 상권이 형성될 수 있다. 자연과 어우러진 테마 상권을 만들기에 좋은 곳이다. 6호선 안암역, 보문역 주변도 차별화된 테마 상가를 유치하기에 좋은 입지이다. 하지만 성북구 미래 상권의 핵심 변화 지역은 길음역이다. 미아리텍사스 재개발 이후 상권의 위상 자체가 변경될 것이기 때문이다. 아마도 동북선 라인까지 상권이 확대될 것이다.

**미아리 텍사스촌이 사라지고 지어진 주거 단지**

출처: 서울클린업시스템

## 📍 중랑구

7호선 태릉입구역부터 시작해 먹골역, 중화역까지 내려오는 구간은 테마 상권이 생길 만한 좋은 입지이다. 경의중앙선 중랑역, 상봉역, 망우역은 타지에서 유입될 만한 테마 상권의 개발도 가능한 입지이다. 중랑천 테마와 7호선 역세권은 도보권에 많은 수요를 유입시킬 수 있는 조건이다.

## 📍 동대문구

테마 상권이 가장 강한 지역이자 재래시장 테마 상가의 업그레이드도 가능한 지역이다. 기존 상권을 확장하는 방식으로도 유용하다. 테마 상권이 형성되지 않은 제기역(경희대입구), 외대입구역 주변에 기존 재래시장과는 다른 콘셉트로 홍대 분위기의 상가들을 유치하는 것도 충분

**청량리 롯데캐슬 스카이L65**

**청량리역 한양수자인**

**효성해링턴플레이스**

출처: 동대문구청

7장

히 가능하다. 특히 2023년에 입주한 청량리 3대장 주상복합(롯데캐슬 스카이L65, 해링턴플레이스, 한양수자인192)의 주변을 눈여겨 봐야 한다.

## 📍 광진구

테마 상권으로 성장할 수 있는 최적의 입지 중 한 곳이다. 정비사업이 진행 중인 자양동은 테마를 한강과의 접근으로 활용할 수 있고, 2호선 라인인 건대입구역, 구의역 주변에 한 가지 콘셉트로 상권이 재정비되면 지금보다 더 인기 있는 상권이 될 수 있을 것이다. 5호선 라인인 군자역, 아차산역에 기존의 먹자 상권이 아닌 어린이대공원 테마와 연계된 상권들이 형성되면 시너지가 날 수 있을 것이다.

## 📍 성동구

성수동에 형성되고 있는 테마 상권이 가장 모범적인 상권 확장 사례이다. 기존 홍대 상권보다 한층 업그레이드되고 더 창의적인 방향으로 개발되고 있다. 앞으로 10년 동안 더 새로워질 확장 상권의 정답 같은 지역이다.

SEOUL

36

# 주목할 만한
# 서울 서남권 상권

## 🏠 강서구

5·9호선 개화산역 위 개화동 단독주택 단지 쪽에 특색 있는 테마 상권
이 유치되면 차별화된 분위기가 살아날 수 있다. 5호선 까치산역 서쪽
화곡1동에 테마 콘셉트의 골목 상권이 들어갈 만하다.


## 🏠 영등포구

도림천 인근의 대림역 주변이 최적의 테마 상가의 입지이지만, 중국인
집단 거주지이기 때문에 현재로선 적합하지 않다. 현재 조건에서 테마
상권으로 개발할 여지가 있는 곳은 7호선 신풍역 주변이다.

## 📍 양천구

역세권은 아니지만 경인고속도로 신월IC 주변은 모두 테마 상권이 형성될 만한 입지이다. 경인고속도로가 지하화되면 강서구 화곡동과 양천구 신월동, 신정동 인접 부지들은 모두 테마 상권 1군 후보지가 된다.

**경인고속도로 지하화 예상도**

출처: 국토교통부 보도자료

## 📍 관악구

사당역에서 관악산 올라가는 남현동과 신림선 경전철 역이 생긴 신림동 지역이 테마 상권이 들어오기 적합한 입지이다.

## 🏠 동작구

7호선 보라매역과 신대방삼거리역 사이 뒤쪽 블록 골목이 상권 개발 입지로 양호하고, 숭실대입구역 주변도 작은 상권이 생기기에 좋다.

**보라매역–신대방삼거리역 지도**

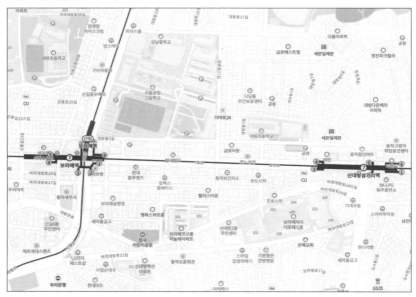

출처: 호갱노노

## 🏠 금천구

시흥동 법원단지에서 은행나무사거리까지 이어지는 20m 도로 라인은 테마 먹자 상권이 들어오기 좋은 입지이다. 신안산선이 개통되고 나면 더욱 탄력을 받을 것이다.

# 주목할 만한 서울 서북권 상권

## 🏠 서대문구

안산 주변으로 부동산 시세가 가장 낮은 홍은동 오르막 부근이 테마 상권을 만들기에 가장 좋은 지역이다.

## 🏠 은평구

연신내역~불광역 상권은 강한 재래 상권으로 정비가 필요할 것으로 판단된다. 새로운 테마 상권 지역으로는 6호선 응암역과 새절역 주변이 양호하다. 특히 GTX-A 연신내역 주변을 눈여겨볼 필요가 있다.

**상가가 밀집된 연신내역 주변 지적편집도**

## 🏠 마포구

마포구는 상권이 아닌 지역이 없다. 다만, 구 상권의 강자인 신촌과 이대의 정비가 필요한 상황이다. 코로나19로 2년간 상권의 성장이 주춤했지만, 홍대 상권은 계속 확장되고 있다.

서교초등학교 주변 상권에서 시작한 홍대 상권은 서교동, 동교동, 합정동, 망원동, 연남동, 상수동까지 확대됐고 현재 신수동을 걸쳐 공덕동 상권과 만났다. 마포구는 서울에서 유일하게 전 지역 상권이 가능한 지역이다. 마포구는 상권 확장의 교과서와 같은 곳으로, 타 지역에서도 벤치마킹할 것을 추천한다.

# SEOUL
# 38

주목할 만한
서울 동남권 상권

## 🏠 서초구

방배동 카페거리와 반포동 서래마을이 전형적인 상권 확장의 모범 사례였지만, 부동산 시세가 비싼 지역이기 때문에 서울의 타 지역처럼 차별화된 상권이 쉽게 들어오기는 어려운 입지였다. 하지만 서울 전체 시세가 상승해 이제 서초구가 오히려 더 저렴해 보이는 시기가 되었다. 특히 서리풀터널 개통과 방배동 재건축들이 진행되면서 다시 부각되고 있다. 신규 상권이 추가되기 어려운 서초구, 강남구 지역 중 유일하게 테마 상가로 재부각되기 좋은 입지이다.

**방배동 서래마을**

출처: 한국창업부동산정보원

## 📍 강남구

강남역 상권, 압구정역 상권, 논현동 상권, 신사동 상권 등 대한민국 최고 스트리트 상권이 모여 있는 곳이다. 가로수길과 세로수길의 상권 확장이 마지막 상권 확장의 모습이 될 것이다. 테마 상권이 아니라 일반적인 상권의 최고가 무엇인지를 보여 주는 곳이다.

## 📍 송파구

아파트 밀집 지역 이외에 방이동, 석촌동, 거여동, 마천동 등 단독·다가구·다세대 밀집 지역이 상권을 형성할 수 있는 유일한 지역이다. 그동안은 강남구, 서초구 대비 시세가 크게 낮아 상권이 확장됐는데 이제 시세가 높아져 진입하기 어려운 지역이 돼가고 있다.

## 📍 강동구

'강남 4구'로 불릴 만큼 시세가 크게 상승했다. 암사동, 천호동, 성내동은 지역 자체 특화 이미지만으로도 테마 상권이 가능한 지역이다. 8호선 연장 구간과 천호동 뉴타운 지역 인근은 상권으로 성장할 만한 좋은 조건을 갖춘 지역이다.

**천호뉴타운 입지**

SEOUL

39

# 주목할 만한 서울 도심권 상권

도심권은 상권의 확장이 아니라 정부와 지자체 차원에서 전체 상권을 정비하고 관리해야 한다. 단순히 지역 상권이 아니라 국가적인 관광지로 키울 수 있는 유일한 지역이자 대한민국 대표 산업의 한 분야로서 거대한 관광 입지로 부가가치를 만들 수 있는 지역이기 때문이다.

## 중구

대한민국에서 가장 비싼 땅인 명동을 갖고 있는 곳이다. 대한민국 1~2등 백화점인 롯데백화점 본점과 신세계백화점 본점, 대한민국 1~2등 재래시장인 남대문시장과 동대문시장이 모두 이곳에 있다. 대형 유통시설과 대형 재래시장이 공존하는 대한민국 대형 상권의 중심 지역이다. 종로구와 마찬가지로, 국가적인 차원에서 경쟁력을 잃지 않도록 정부와 지자체에서 개발하고 관리해야 할 것이다.

**세운상가**

출처: 서울특별시도시재생센터

## 📍 종로구

지난 600여 년 동안 대형 상권이었던 지역이다. 특히, 종로 상권은 한반도 최고의 상권이었다. 세운상가는 주상복합 건물 상권의 전형이었다. 테마 상권을 추가로 개발하기보다 기존 상권의 기능을 살리는 방향으로 정부와 지자체가 관리해야 할 필요성이 있다.

## 🏠 용산구

용산구는 그동안 입지를 정의하기 어려웠다. 주거 지역 위주의 지역인지, 업무시설 위주의 지역인지, 상업시설 중심지인지 구별하기 힘들 정도로 역할을 정의하기 어려웠다. 하지만 향후 방향성만 놓고 보면 업무시설과 상업시설이 크게 확장되고 성장할 만한 지역이다.

이태원 상권이 커져 경리단·해방촌 상권으로 확장됐고, 한남동 상권역시 계속 커지고 있다. 신도시 상권의 전형이라고 할 수 있는 동부이촌동 상권도 여전히 건재하다. 용산역 주변 상권, 삼각지 상권, 숙대입구 상권, 서울역 주변 상권 등 모든 지역이 서울시에서도 경쟁력을 갖고 있는 상권으로서의 역할을 하고 있다.

정부와 지자체에서는 이 도심권 상권의 고유 기능을 살리고 시너지를 더 낼 수 있도록 정책적인 지원을 해야 한다. 특히 용산구는 미군 부대 이전 후 용산국립공원이 문을 열 즈음이면 주변 상권을 이용하는 사람이 기하급수적으로 증가할 것으로 예상된다. 이 증가하는 수요층에게 양질의 상권 서비스를 제공하기 위해 여러 가지 기반 시설을 공급해야 한다.

# 물, 공지, 녹지
# 변하지 않을
# 절대 프리미엄

## 🏠 천연 환경은 황금알을 낳는 거위

서울은 풍수가 좋은 곳이다. 천혜의 환경, 즉 산과 강이 잘 조화된 곳이다. 서울을 방문한 외국인들은 첨단 도시와 엄청나게 큰 산과 강이 함께 있는 모습을 보고 놀란다고 한다.

특히 도시를 흐르는 강 중 한강처럼 큰 강은 매우 드물다. 외국의 도시에 흐르는 강들은 대체로 양재천, 중랑천, 안양천 정도의 규모라고 한다. 한강을 따라 올림픽도로와 강변북로가 있다. 이 도로를 따라 펼쳐지는 한강의 풍광은 매일 봐도 경이롭다.

이 한강이라는 자원은 두고두고 서울 부동산에 효자 노릇을 할 것이다. 한강은 서울의 쾌적함을 유지해 주는 데 가장 큰 역할을 하지만, 관광 상품으로서도 이만한 자원은 찾기 힘들기 때문이다.

**강과 산이 어우러진 서울**

출처: 한국관광공사

　환경에는 자연 환경과 인공 환경이 있다. 당연히 자연 환경이 인공 환경보다 가치가 높다. 추가 생산이 불가능하기 때문이다. 그러므로 우리는 먼저 천연 환경이 우수한 지역을 알고 있어야 한다. 현재는 제대로 평가받지 못한다 하더라도 그 가치가 부각될수록 시세 상승을 이끌 것이기 때문이다. 천연 환경이 없다면 인공 환경을 만들 수 있는지를 따져봐야 한다. 천연 환경보다는 절대 가치가 낮을 수 있지만, 인공 환경도 그 지역 부동산 가치를 올리는 데 꼭 필요한 요소이기 때문이다.

　환경 쾌적성을 따질 때는 물과 공기만 보면 된다. 물은 수 공간이 있는지만 체크하면 되고 공기는 녹지가 충분한지만 체크하면 된다. 녹지는 산과 공원으로 나눠서 체크할 수 있다.

# 서울 특유의 매력이 있는
# 산과 녹지

## 🏠 나무가 많은 산일수록 가치가 높다

### 남산

서울에서 녹지 공간 1위는 단연 '남산'
이다. 남산은 서울 한가운데에 위치하고
있다. 243m의 낮은 산이지만, 나무가 많
아 서울 중심부의 허파 역할을 톡톡히
해 왔다. 중구와 용산구 사이에 있는 산
이지만, 서울 대부분의 지역에서 남산
을 볼 수 있다. 녹지 공간까지는 아니더
라도 남산타워는 볼 수 있다. 자연 환경
을 관광 상품으로 개발한 대표적인 사례

**남산**

출처: 서울시50플러스포털

라고 할 수 있다. 관광지로서 인기가 많은 지역은 주거지로서도 수요가 많다. 관광지, 주거지로서 프리미엄을 주는 부동산은 조건이 비슷하다. 특히 서울에서는 더더욱 그러하다. 남산 주변은 주거 지역, 상업 지역, 업무 지역으로서 모두 적합한 입지라는 것이다.

남산 주변의 가치는 점점 높아질 것이다. 이미 '넘사벽' 가격이 돼버린 중구 명동은 논외로 하더라도 용산구, 성동구 등 남산 영향권 내에 포함된 지역은 녹지 공간으로의 가치가 점점 더 높아질 것이다.

## 우면산, 구룡산, 대모산

강남구, 서초구에 산이 없었다면 지금만큼 가치가 높지 않았을 것이다. 시세가 높아진 데는 업무시설이 많고 각종 기반 시설이 풍부하다는 점이 중요했지만, 좋은 자연 환경도 큰 몫을 했다. 서초구에 우면산이 없었다면, 강남구에 구룡산이나 대모산이 없었다면 지금만큼의 위상을 가질 수 있었을까?

**강남구 도심 속의 산**

출처: 강남구청

향후 주거 지역으로서의 가치를 따질 때 산 인접 지역이라는 프리미엄을 반드시 고려해야 한다. 이러한 산(녹지) 프리미엄은 지금보다 앞으로 더욱 높아질 것이기 때문이다.

## 용마봉, 아차산

중랑구, 광진구에 가치를 점점 올려 줄 프리미엄 환경이다. 환경은 질적인 수요 시장의 마지막 단계이다. 질적인 수요 시장은 강남에서 먼저 시작됐고, 이제 그 주변 지역으로 확장되고 있다. 산이 부동산 가치에 아직 반영되지 않았다고 판단되는 지역이더라도 시간이 가면 가치가 점점 더 높아질 것이다. 용마봉과 아차산 역시 나무가 많은 녹지이므로 그 영향권 내에 있는 지역도 주목해 볼 만하다.

**아차산이 보이는 면목동 일대**

출처: 서울연구데이터

## 북한산, 도봉산, 불암산, 관악산

서울의 북쪽과 남쪽의 테두리에 있는 산들이다. 4개 산의 공통점은 바위가 많다는 것이다. 바위가 많은 산은 풍수적으로 선호되지 않는다. 하지만 바위만 있는 절벽하고는 분명히 다르다. 바위가 많은 만큼 나무도 많기 때문이다. 바위가 많은 산이라 하더라도 그에 못지않게 나무가 많다면 주변 부동산에 틀림없이 플러스 효과를 준다. 다만, 나무가 많은 산 지역과 연계될 수 있도록 일부 지역을 공원화하는 약간의 개발은 필요하다.

북한산의 영향권 아래에 있는 은평구, 서대문구, 종로구, 성북구, 강북구에서 자연에 좀 더 접근할 수 있는 환경이 조성된다면 북한산과 시너지를 주고받을 수 있을 것이다. 도봉산과 불암산의 영향권 아래에 있는 도봉구, 노원구 등도 마찬가지이다. 관악산의 영향권 아래에 있는 금천구와 관악구의 지역 정비사업도 관악산 녹지 공간을 살리는 방향으로 만들어 나가야 한다. 그렇게 하면 산 영향권 안의 지역들에 혜택이 돌아간다. 신림뉴타운의 미래가 기대되는 이유도 바로 이 때문이다.

# 서울의 자존심,
# 한강에서 뻗은 수변 공간

## 🏠 한강과 그 지류들의 프리미엄

### 한강, 넘버 1 환경 프리미엄

대한민국 환경 프리미엄 넘버 1 입지는 '한강'이다. 아무리 조망이 좋
다 하더라도 남향과 조망권이 경쟁하면 대체로 남향 주택의 시세가 더
높다. 향에 대한 프리미엄이 조망보다 높은 것이다. 하지만 한강 조망
권은 남향보다 높다. 서울 강남 지역에 있는 대부분의 한강변 아파트
는 북향으로 한강을 조망해야 한다. 같은 단지 내에서도 남향의 맨 앞
동보다 한강 조망이 되는 맨 뒤 동의 가격이 훨씬 더 높다. 이것이 한강
조망권의 프리미엄이다.

한강 조망권 역시 세부적으로 나눌 수 있다. 한강 물이 보이는 입지
(한강물 뷰)와 한강 선까지만 보이는 입지(한강선 뷰)가 있다. 이 두 입지

를 합쳐 '한강 조망권'이라고 한다. 당연히 한강 물이 보이는 입지(한강 물 뷰)가 훨씬 더 큰 프리미엄을 가진다. 아울러 한강 물이 흘러오는 쪽인 동향의 프리미엄이 한강이 흘러나가는 방향인 서향보다 높다. 이것도 한강 프리미엄을 따지는 하나의 요소가 된다. 한강 프리미엄이 워낙 크기 때문에 이렇게 세부적으로 나눌 수 있는 것이다. 한강 프리미엄은 지금도 높지만, 점점 더 높아질 것이다.

**한강변 압구정 현대아파트**

출처: 서울연구데이터서비스

　한강 프리미엄에는 조망권 프리미엄 이외에 고수부지를 이용할 수 있는 프리미엄이 있다. 한강 고수부지에는 조깅 트랙, 자전거 트랙 등이 있고, 각종 운동 기구도 갖춰져 있으며 대형 광장 같은 공간도 있다. 이 밖에 여러 가지 상업시설도 있다. 이러한 여러 가지 기능을 하는 고수부지 공간을 도보로 활용할 수 있는 입지는 또 하나의 프리미엄을 갖는다. 강남구, 서초구, 송파구, 용산구, 여의도의 고수부지가 가장 잘 만들어져 있고, 그 외 지역의 고수부지는 시설이 상대적으로 적다. 이 또한 현재 지역 가치의 위상이 영향을 미친 것이다. 한강 조망권과 고수부지 이용권에 대한 프리미엄을 꼭 체크하기 바란다. 지금은 시설이 미약하지만, 시설이 많아질 것이라 예상되는 용산구 고수부지를 주목해야 한다. 특히 한남뉴타운과 서빙고동은 반포대교, 잠수교와 연결되는 구간이므로 필연적으로 개발될 것으로 예상된다.

### 한강 지류: 양재천, 안양천, 중랑천, 탄천, 아라뱃길, 창릉천

한강만큼은 아니지만, 한강의 지류천들도 주변 부동산에 프리미엄을 준다. 강남구와 송파구를 지나는 양재천과 탄천은 강남권에서 심장 같은 역할을 하고 있다. 그 지류천들이 없었다면 수 공간에 따른 쾌적함이 없어 분위기가 삭막했을 것이다.

양천구와 영등포구에 양질의 물을 공급하는 안양천의 프리미엄도 매우 높다. 특히 안양천은 향후 금천구와 구로구에도 큰 플러스 프리미엄

**양재천과 타워팰리스**

출처: 서울연구데이터서비스

**안양천과 목동아파트**

출처: 서울연구데이터서비스

을 줄 것이다. 노원구, 중랑구의 생명 같은 물이 돼가고 있는 중랑천 역시 타 지역 대비 밀집도가 높은 서울 동부권에 수 공간으로서의 역할을 충실히 해 오고 있으며 그 기능은 더 중요해질 것이다.

서울 내의 지류는 아니지만, 인공 운하 아라뱃길과 고양시의 자랑 창릉천 역시 한강의 지류로서 두고두고 즐길 만한 하천이다.

## 인공 조성 공원

서울에는 이제 대규모 공원이 생길 공간이 없다. 강서구 마곡 지구에 들어선 서울식물원이 아마도 마지막 대형 공원일 것이다. 고수부지도 없고, 이렇다 할 공원도 없던 강서구에는 큰 환경 프리미엄이 돼 줬다.

서울에는 신규 공원이 들어설 여지가 많지 않기 때문에 환경에 대한 중요성이 높아질수록 기존 대형 공원들의 가치도 더 높아지므로 기존 공원들의 영향권 입지들을 확인해 둘 필요가 있다.

---

### 지역별 인공 조성 공원

- **마포구**: 노을공원, 하늘공원
- **서대문구**: 안산공원
- **동작구**: 보라매공원, 국립서울현충원
- **서초구**: 서리풀공원
- **강남구**: 선정릉, 도곡공원
- **성동구**: 서울숲
- **송파구**: 올림픽공원
- **광진구**: 어린이대공원
- **강동구**: 길동일자산공원
- **용산구**: 미래의 용산공원(가장 강력한 프리미엄이 될 것)

---

이 공원들을 도보권으로 접근할 수 있는 지역은 주거시설이든, 상업
시설이든 플러스 효과가 있다.

**서울의 인공 조성 공원**

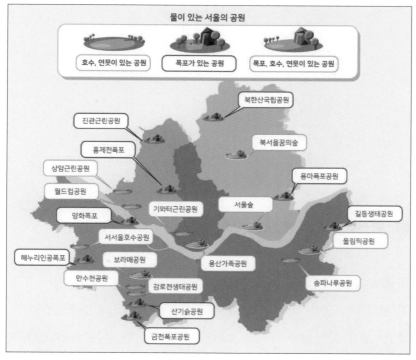

출처: 서울연구원

# 43

# 환경 개선 공간들

## 🏠 비선호 시설의 변신에 주목

비선호 시설이 선호 시설로 바뀌는 공간에도 주목할 필요가 있다. 비선호 시설들이 집단적으로 있던 곳이 일반적인 지역으로 변경된다면, 그것만으로도 부동산에 플러스 효과가 있다. 민감한 부분이므로 구체적인 지역명을 언급하는 것은 생략한다. 그대신 덜 민감한 주제로 몇 가지 예를 들어보자.

> ### 비선호 시설의 예
>
> - 지상 철로
> - 철도·차량 기지
> - 고압 전류 송전탑
> - 쓰레기 매립 및 폐기물 처리 시설
> - 군사 보호 시설(도심 내 군부대)
> - 외국인 집단 거주지(특히 아시아 계열)
>
> - 집창촌
> - 발전소
> - 유흥업소 밀집 지역

## 용산 미군 기지 이전

용산 미군 기지가 평택으로 이전함에 따라 군부대 부지에 대규모 국립 공원이 개발된다. 개발이 완료되면 서울의 허파 역할을 해 오던 남산의 기능이 몇 배 증폭될 것이다. 용산구는 배산임수의 자연 환경이 주는 쾌적성의 혜택을 최대한 누리게 될 지역이다.

**용산공원 조감도**

출처: 국토교통부

## 지하화

지상 철도가 지하화되는 곳을 주목할 필요가 있다. 서울역에서 노량진까지, 용산역에서 옥수역까지 철로를 지하화하는 안을 현재 검토 중이다. 지하화가 추진된다면 삼각지, 용산역 주변, 서부이촌동, 동부이촌동, 서빙고동에 엄청난 혜택을 안겨 줄 것이다.

## 철도 차량 기지

철도 차량 기지가 옮겨가는 입지를 반드시 확인해 봐야 한다. 창동 역사, 광운대 역사, 수색 역사 등이 좋은 사례이다.

**창동 차량기지 이전 계획**

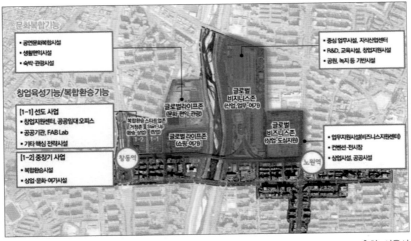

출처: 서울시

# 지역별 학군 프리미엄을 확인하라

## 🏠 몇몇 입지에 집중되고 있는 교육 프리미엄

부동산 구매 요인 중에, 즉 교통, 교육, 상권, 환경 중 현시점에 으뜸과 버금을 선택하라고 한다면 교통이 첫째, 교육이 둘째다. 서울의 영향력이 경기도, 인천으로 확장되기 전까지는 교육이 오히려 더 중요한 요소였다. 하지만 서울의 기능을 수도권에서 분담하기 시작하면서 교육보다 교통의 역할이 더 커졌다.

이는 교육에 대한 중요성이 줄어든 것이 아니라 교통의 중요성이 더 급격히 증가한 탓이다. 지방의 부동산이 계속 올랐지만 서울의 부동산이 훨씬 더 많이 오른 것과 같은 원리이다. 서울만 놓고 분석한다면, 원래 서울의 중심이었던 종로구의 시세가 빠진 것이 아니라 강남구가 큰 폭으로 상승한 것뿐이라는 의미이다.

## 교육, 양적인 팽창이 아닌 질적 성장의 시대

교육에 대한 중요성은 계속 더 높아지고 있다. 하지만 교육 분야 역시 이제는 양적인 팽창이 아니라 질적인 수준을 올리고 있다.

이것이 다른 요인들과 가장 큰 차이이다. 교통·상권·환경은 여전히 양적으로 성장하고 있기 때문에 신설·확장 측면에 더 주목해야 하지만, 교육은 신설·확장이 아니라 유지·강화 측면을 좀 더 고려해야 한다.

왜 교육 분야만 신설·확장이 아닌 유지·강화에 신경 써야 하는 것일까? 바로 출산 인구가 감소하기 때문이다. 전체 인구는 여전히 증가하고 있고 세대수도 매년 증가하고 있지만, 출산 인구는 지속적으로 줄어들고 있다. 단적인 예로 1971년 출생 인구가 102만 명인 데 비해 2021년생은 26만 명이다. 50년 만에 76만 명이 줄어든 것이다. 이는 곧 교육시설의 수요가 과거에 비해 줄었다는 의미이다.

## 1970~1980년대, 교육의 정점을 찍은 시기

물론 교육 자원이 양적으로 부족한 시기가 있었다. 아마도 1975년 이전 출생자들은 양적으로 매우 부족한 교육 환경에서 성장했을 것이다. 당연히 이 세대 때의 교육 프리미엄이 가장 높았다. 절대 부족의 시기였기 때문이다.

1976년부터 1983년까지가 교육시설이 급속하게 증가하던 시기였다. 학교 숫자도 증가하고 소위 학원가라는 것이 서서히 형성되던 시기였기 때문이다. 1984년부터 2000년까지가 양적 교육시설 성장의 전성기였다.

지금 학군의 위상은 모두 이때 만들어졌다. 강남 8학군과 대치동이 서울 부동산 시장에 대장주로 떠오른 시기이다. 목동학군과 중계동학군도 이때 만들어졌다.

## 2000년대 이후 교육시설은 '질적 성장'이 목표

2001년 이후부터 서울시의 교육시설은 포화 상태에 이른다. 더는 증설이 필요하지 않은 시기가 된 것이다. 아마도 2001년 이후 교육 환경에 대한 중요도가 그 밖의 요인들에 비해 조금씩 낮아지기 시작했을 것이다. 신설되는 학군보다 기존에 자리를 잡았던 학군 지역의 중요도가 더욱 올라가고 나머지 지역은 평준화된 것이다.

향후 교육 환경 문제에서 관심 포인트는 '학교 숫자가 줄어들 것이냐'이다. 알게 모르게 서울시에서도 학교들이 통폐합 형태로 폐교되고 있다. 심지어 이전을 하기도 한다. 따라서 학군 수가 꾸준히 유지되거나 증가하는 지역은 교육 프리미엄이 있다고 보면 된다. 학교 수가 감소하거나 학급당 인원수가 줄어드는 학교 지역은 교육 프리미엄이 빠질 수 있다.

# 🏠 서울의 학군지 분석

**교육청 기준으로 본 11개 학군**

**서울시 11개 학군**

| 1학군 | 동부교육지원청 | 동대문구, 중랑구 |
|---|---|---|
| 2학군 | 서부교육지원청 | 마포구, 서대문구, 은평구 |
| 3학군 | 남부교육지원청 | 구로구, 금천구, 영등포구 |
| 4학군 | 북부교육지원청 | 노원구, 도봉구 |
| 5학군 | 중부교육지원청 | 용산구, 종로구, 중구 |
| 6학군 | 강동송파 교육지원청 | 강동구, 송파구 |
| 7학군 | 강서교육지원청 | 강서구, 양천구 |
| 8학군 | 강남교육지원청 | 강남구, 서초구 |
| 9학군 | 동작관악 교육지원청 | 관악구, 동작구 |
| 10학군 | 성동광장 교육지원청 | 광진구, 성동구 |
| 11학군 | 성북교육지원청 | 강북구, 성북구 |

## 북부 교육청: 노원구, 도봉구

노원구 중계동 하나로 서울 지역 3대 교육 프리미엄에 속하는 지역이다. 중계동 은행사거리를 중심으로 대형 학원가가 형성돼 있고, 초·중·고등학교 모두 인기가 많다. 동북권 최강의 학군이자 남자 고등학교가 특히 강한 지역이다. 노원구는 학군 프리미엄 대비 부동산 시세가 낮다는 것이 가장 큰 장점이다. 학군만 놓고 보면 현재도 여전히 매력적인 주거 지역이다. 은행사거리를 중심으로 가까울수록 프리미엄 높아지고 멀어질수록 낮아진다.

## 성북 교육청: 강북구, 성북구

강북구보다 성북구의 초·중·고가 좀 더 인기가 있다. 성북구 길음뉴타운 내에 중구에서 이주해 온 계성고등학교가 있다. 국제학교도 이곳에 있다. 노원구 학원가의 영향력 아래에 있는 학군이다.

## 동부 교육청: 동대문구, 중랑구

노원구 학원가의 영향력이 있는 학군 지역이다. 동대문구의 신규 아파트 단지들 위주로 교육에 대한 관심이 좀 더 높아질 것으로 예상된다.

## 성동 교육청: 성동구, 광진구

성동구는 학군 프리미엄과 무관한 지역이다. 광진구는 '광남학군'이라고 할 정도로 전통적인 인기 학군 지역이다. 광남고등학교, 광남중학교가 특히 인기가 많다. 잘 나가는 학교 한두 개만 지역 내에 있어도 학군으로 평가받는 지역의 위상이 달라진다. 주변의 현대아파트들이 머지 않아 재건축되면 지역 위상이 더 높아질 것이다. 명문 학군을 갖추기 어려운 서울 강북 지역에서 강남에 준하는 학군을 갖춘 곳이기 때문이다. 강남 학원가의 영향권 지역이다.

## 중부 교육청: 종로구, 중구, 용산구

학교들이 강남구로 이전하기 전까지는 서울 최고의 학군 지역이었다. 학교가 하나씩 빠져나갈 때마다 교육 프리미엄이 감소한 유일한 지역이다. 종로구 풍문여고도 2017년 3월 강남구로 이전했다. 그래도 여전히 명문 학교들은 남아 있다. 종로구의 경복고등학교와 중앙고등학교, 중구의 환일고등학교와 이화여고, 용산구의 용산고등학교와 오산고등학교가 건재하다. 하지만 이 도심권의 학생 수가 감소하면 이 학교들조차 타 지역으로 이전할 수 있기 때문에 학생 수가 줄어드는지를 주의 깊게 살펴봐야 한다. 특히 학생 수가 급격히 감소하고 있는 종로구, 중구를 유심히 관찰해 볼 필요가 있다. 용산구는 인구 유입 호재가 많아 상대적으로 안전해 보인다.

## 서부 교육청: 은평구, 마포구

서북권역에서는 학군이 가장 취약한 곳이었다. 하지만 최근 10년 동안 대규모 신규 아파트들이 대거 입주하면서 이전보다 교육에 대한 관심이 높아졌다. 초품아(초등학교가 바로 인접해 있는 아파트 단지) 프리미엄이 높고, 중학교·고등학교에 따른 위상도 조금씩 높아지고 있다. 목동 학원가의 영향권 지역이다. 규모는 목동보다 작지만, 마포구에 새로운 학원가가 생기고 있다.

## 강서 교육청: 강서구, 양천구

서울시 넘버 2학군 지역이다. 초·중·고등학교 선호도가 매우 높고, 특히 목동 대형 학원가가 매우 넓게 형성돼 있다. 특목고를 많이 진학시키는 중학교가 많고, 서울대를 많이 보내는 고등학교도 많다. 일반고 중에는 목동 강서고가 서울대 진학률 최상위 학교이다. 목동 아파트 14개 단지가 재건축되면 목동학군에 대한 중요도는 더 높아질 것이다. 목

**목동 학원가**

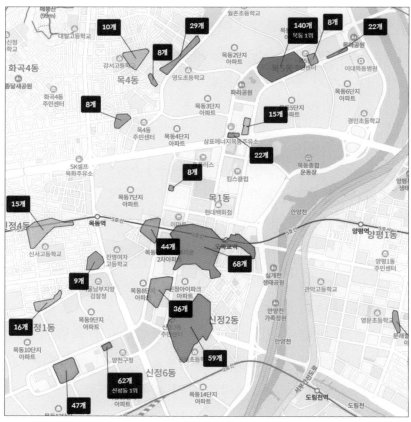

출처: 호갱노노

동 아파트 14개 중 7개 단지는 신정동에 있다. 따라서 행정동(행정 구역 상의 동)만 봐선 안 되고 학군의 정확한 영향력 범위까지 확인해야 한다. 신정동도 목동학군이다. 강서구는 5호선 우장산역 주변의 학교들이 매우 우수한 평가를 받고 있다. 마곡 지구가 입주하고 화곡동, 내발산동의 학군 프리미엄이 더 높아졌다.

### 남부 교육청: 영등포구, 구로구, 금천구

여의도학군은 별도 학군이다. 여의도는 강남·목동학군과 동급이다. 나머지 영등포구·구로구·금천구는 일반적인 학군이다. 영등포구의 뉴타운 지역 내 신규 아파트 단지들이나 금천구 내 신규 아파트 단지 주변 학교들의 선호도가 더 높아지고 있다. 모두 목동 학원가의 영향권 지역이다.

### 동작 교육청: 동작구, 관악구

평범한 학군 지역으로, 교육에 대한 중요도가 높은 지역은 아니다. 교육 편리성의 가치가 더 높기 때문이다. 초·중·고등학교가 없는 행정 동도 있다. 하지만 지역 가치를 평가할 때는 반드시 반영해야 한다. 목동 학원가와 강남권 학원가의 영향권 지역이다.

### 강남교육청: 서초구, 강남구

대한민국 최고의 학군 지역이다. 초·중·고등학교 모두 최상위권이다. 학원가의 영향력이 전국구다. 지방 학생들도 방학이나 주말에 원정을 온다. 학원 셔틀버스도 운행하지 않을 만큼 매우 도도한 학군이다. 그런데도 대한민국 입시 제도에 관한 한 모든 것이 있는 학군이다. 이 입시 제도에 대한 정보만으로도 부동산 가치가 존재한다. 특목고, 자사고, 일반고를 굳이 구분할 필요도 없다.

대치동 학원가 주변 아파트들은 40년 차 전후가 됐다. 그런데도 여전히 인기가 많다. 평당 1억 원이 돼도 수요층이 대기하고 있다. 강남 집값은 대치동 때문에라도 추세적인 하락이 되기 어렵다.

대치동 주변은 아파트, 빌라, 다세대, 원룸, 오피스텔 등 모든 종류의 주거시설과 모든 종류의 상가 시설에 대해 수요가 많다. 교육 프리미엄의 전형을 보여 주는 곳이다. 1990년 이후 지금까지 단 한 번도 이 위상이 흔들린 적이 없다. 심지어 점점 더 공고해지는 느낌이다.

**대치동 학원가 수**

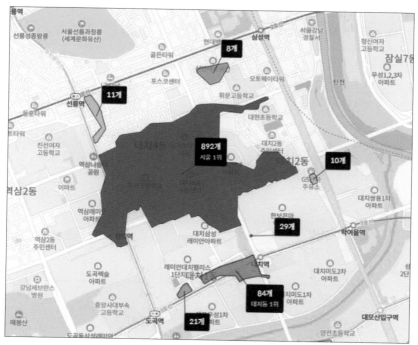

출처: 호갱노노

## 학군 종합 순위 TOP 10(2022년)

(단위: 개, %)

| 순위 | 지역 | 2018년도 서울대 진학률 | 4년제 대학 진학률 | 특목/자사고 진학률 | 학원수 |
|---|---|---|---|---|---|
| 1 | 서울 강남구 대치동 | 3.75 | 96.66 | 27.13 | 1,442 |
| 2 | 서울 서초구 반포동 | 4.2 | 95.07 | 36.02 | 456 |
| 3 | 부산 금정구 구서동 | 1.75 | 96.16 | 29.66 | 266 |
| 4 | 서울 양천구 목동 | 2.41 | 90.68 | 24.65 | 1,022 |
| 5 | 부산 해운대구 우동 | 0.99 | 94.35 | 18.75 | 306 |
| 6 | 경기 성남시 분당구 정자동 | 2.26 | 86.03 | 21.96 | 455 |
| 7 | 서울 강남구 개포동 | 3.21 | 87.93 | 30.65 | 183 |
| 8 | 대전 서구 둔산동 | 1.62 | 87.41 | 17.46 | 438 |
| 9 | 서울 강남구 역삼동 | 2.32 | 86.34 | 13.11 | 405 |
| 10 | 서울 강남구 삼성동 | 2.94 | 91.96 | 19.77 | 138 |

출처: 프람피 아카데미

## 전국에서 학원수가 가장 많은 지역 TOP 10(2022년)

(단위: 개)

| 순위 | 지역 | 학원수 |
|---|---|---|
| 1 | 서울 강남구 대치동 | 1,442 |
| 2 | 서울 양천구 목동 | 1,022 |
| 3 | 서울 양천구 신정동 | 853 |
| 4 | 대구 수성구 범어동 | 616 |
| 5 | 서울 노원구 중계동 | 597 |
| 6 | 부산 해운대구 좌동 | 556 |
| 7 | 서울 서초구 서초동 | 543 |
| 8 | 서울 노원구 상계동 | 515 |
| 9 | 경기 고양시 일산서구 일산동 | 500 |
| 10 | 경기 부천시 중동 | 493 |

출처: 프람피 아카데미

## 강동교육청: 송파구, 강동구

송파구는 강남구나 서초구에 비해 한 단계 아래 위상을 갖고 있는 지역이지만, 서울대 입시만 놓고 보면 넘버2 지역이다. 선호되는 인기 학교들이 많다. 대형 학원가도 형성돼 있는데, 대치동과 잠실이 인접해 있기 때문에 대부분 대치동 학원가를 이용한다. 송파구는 지속적으로 강남구를 따라가는 모습을 띠면서 학군 프리미엄이 형성될 것으로 예상된다. 대치동 학원가 접근성도 송파구 부동산 프리미엄에 반영될 것으로 예상된다.

강동구는 송파구에 비해 한 단계 아래의 학군이었다. 하지만 3만여 세대의 재건축 단지가 입주한 이후 입주민 구성이 이전보다 교육 환경에 관심이 많은 세대로 교체됐다. 이에 따라 강동구의 학군 프리미엄도 계속 높아질 것으로 예상된다.

## 위례신도시: 송파구, 하남시, 성남시

신도시 내 행정 구역마다 학군이 다르다. 신도시 초기 단계에는 학군에 따른 프리미엄이 형성되기 어렵다. 10년 정도 시간이 지난 후에 서울대 입시 성적, 학원가 형성 여부 등으로 교육 환경 평가를 하게 된다. 아마도 성남시나 하남시에 있는 학교들이 서울대 입시에 뛰어난 성적을 내지 않는 이상 송파구 지역이 가장 유리하고 이어서 성남시, 하남시 순으로 교육 프리미엄이 발생할 것으로 예상된다. 아파트 시세와 학군이 비례할 가능성이 높다.

# 45

# 랜드마크 아파트는
# 시세를 판단하는 기준

 **서울 내에서도 질적 성장이 중요해졌다**

양적인 시장과 질적인 시장은 지역별, 상품별로 소비자가 다른 프리미엄이 발생한다는 점에 차이가 있다. 양이 부족한 시대에는 공급을 하는 것만으로도 수익을 얻을 수 있었지만, 양이 더 이상 필요 없는 시장으로 올라서면 질적인 수준으로 가치를 평가해야 한다. 과거에는 부동산이라는 이유만으로도 시세가 꾸준히 상승했던 것이 사실이다. 특히 서울은 항상 공급이 부족한 지역이었기 때문에 어떤 지역, 어떤 상품을 사도 가격이 분명히 상승했다.

하지만 양적 성장 시대에서 질적 성장 시대로 변화되면서 향후 부동산 가치를 판단하는 데 어려움이 생기게 됐다. 같은 시기에도 가격이 꾸준히 올라가는 부동산이 있고, 정체된 부동산이 있으며 심지어 시세가 빠지는 경우도 종종 있다. 가격이 오르는 부동산 중에서도 크게 오르는 부동산이 있고, 천천히 오르는 부동산이 있다. 부동산 관심층은 이런 민감도 차이에 대한 통찰력이 있어야 한다. 하지만 일반인이 이해하기에는 너무 어렵다. 다각적인 조사도 필요하다. 조사 결과에 대한 해석 능력도 필요하다. 공부하지 않으면 어렵다.

## 🏠 <u>랜드마크 아파트로 다른 아파트의 가치를 판단하는 법</u>

일반인이 부동산 가격을 예측하는 방법에 대해 꽤 오랫동안 연구해 왔다. 그래서 내린 결론이 바로 '랜드마크 아파트 활용하기'이다. 《김학렬의 부동산 투자 절대 원칙》에서도 소개했듯이 지난 20여 년 동안 여러 지역, 여러 단지를 대상으로 테스트해 본 결과 무척 유용했다. 대기업에서 리서치를 의뢰해 진행하는 1억 원짜리 프로젝트만큼이나 효과가 좋았다.

방법은 매우 간단하다. 먼저 각 지역의 랜드마크 아파트를 찾는다. 그리고 그 아파트의 시세와 비교한다. 현재의 시세가 아니라 과거부터 지금까지 시세를 모두 비교해 본다. 이 비교 과정을 통해 내가 관심 갖고 있는 아파트의 시세가 어느 수준이어야 적정한지를 파악한다.

이 방법을 효과적으로 활용하고자 할 때 반드시 선행돼야 할 조건은 다음 두 가지이다.

**첫째, 수요가 있는 부동산 시세는 단기적인 등락이 있을 수 있지만,
중장기적으로 우상향한다는 믿음이 있어야 한다.
둘째, 랜드마크 아파트는 주기적으로 교체해 줘야 한다.**

부동산 시세는 거품이며 폭락해야 한다는 부정적인 인식을 가진 사람에게는 이 방법은 '돼지 우리의 진주'가 될 수밖에 없다. 수요가 있는 부동산 시세가 우상향한다는 믿음이 없으면 이 방법은 무용지물이라는 것이다. 굳이 공부할 필요가 없다.

## 🏠 어떤 것이 랜드마크 아파트인가?

랜드마크 아파트를 정할 때 가장 중요한 것은 그 지역 내 최고 인기 아파트를 선정해야 한다는 것이다. 인기 있는 아파트의 시세에는 이미 여러 가지 프리미엄이 포함돼 있을 가능성이 높고 따라서 시세가 높다. 시세 상승률만 놓고 볼 때 주변 아파트보다 낮을 수도 있다. 하지만 분명한 것은 IMF나 글로벌 금융 위기와 같은 특별한 시장 위기 상황이 오지 않는 이상 조정을 받더라도 일시적이라는 것이다. 조정을 받는다는 것은 투자층이 단기간에 빠져나간다는 의미이다.

랜드마크 아파트는 투자층도 관심이 많지만, 실수요층이 항상 대기하고 있는 아파트이기 때문에 조정의 기간이 길지 않다. 그래서 랜드마크 아파트를 활용하라고 제안한 것이다. 특별한 이벤트와 시기를 제외하고 궁극적으로는 우상향할 수밖에 없다는 것이다.

하지만 랜드마크 아파트라 하더라도 인근에 더욱 강력한 경쟁 아파

트가 나오면 자리를 물려 줘야 한다. 따라서 랜드마크 아파트는 새 아파트일수록 좋다. 새 아파트일수록 시세가 높기 때문이다. 같은 입지 조건이라면 말이다.

## 🏠 랜드마크 아파트를 알면 재개발·재건축 투자가 가능하다

이렇게 랜드마크 아파트를 기준으로 재건축·재개발 아파트의 예상 분양가도 정할 수 있고, 기존 아파트의 시세도 평가할 수 있다. 지역별 랜드마크 아파트를 확인하고 지속적으로 시세를 파악해야 하는 이유는 바로 이 때문이다.

다음 표는 서울시 구별 아파트 평균 시세와 랜드마크 아파트이다. 평당 가격 기준이다. 가장 수요층이 많은 30평형대 아파트를 기준으로 정리해 봤다. 재건축 이슈가 있는 1990년 이전 입주 아파트는 제외했다.

현재 랜드마크 아파트의 입주 연도를 보면 지역의 노후도도 파악할 수 있다. 2010년 이전 아파트가 랜드마크 아파트인 경우에는 지역 자체가 상대적으로 저평가됐을 가능성이 있다. 따라서 그 지역에 신규 아파트가 공급된다면 랜드마크 아파트가 변경될 가능성이 매우 높다.

| 지역<br>순위 | 구별 | 매매 | 전세 | 전세가율 | 랜드마크 | 매매 시세 | 평단가 | 준공<br>년도 |
|---|---|---|---|---|---|---|---|---|
| 1 | 서초구 | 7,701 | 2,961 | 38 | 아크로리버파크 | 46억 6,000 | 1억 3,700 | 2016 |
| 2 | 강남구 | 7,438 | 3,079 | 41 | 래미안 라클래시 | 34억 | 1억 | 2021 |
| 3 | 용산구 | 6,403 | 2,378 | 37 | 한가람 | 24억 | 7,273 | 1998 |
| 4 | 송파구 | 5,152 | 2,325 | 46 | 잠실엘스 | 27억 | 8,182 | 2008 |
| 5 | 성동구 | 4,733 | 2,308 | 48 | 강변동양 | 25억 | 7,813 | 2001 |
| 6 | 광진구 | 4,627 | 2,254 | 48 | 광장힐스테이트 | 21억 8,000 | 6,412 | 2012 |
| 7 | 양천구 | 4,601 | 2,019 | 44 | 목동센트럴푸르지오 | 19억 1,000 | 5,788 | 2015 |
| 8 | 마포구 | 4,456 | 2,161 | 47 | 래미안웰스트림 | 23억 | 6,571 | 2016 |
| 9 | 영등포구 | 4,048 | 1,910 | 46 | 당산센트럴아이파크 | 18억 9,500 | 5,922 | 2020 |
| 10 | 동작구 | 4,040 | 2,056 | 50 | 아크로리버하임 | 25억 4,000 | 7,471 | 2018 |
| 11 | 종로구 | 4,008 | 2,070 | 51 | 경희궁자이3단지 | 23억 | 6,970 | 2017 |
| 12 | 중구 | 3,957 | 2,082 | 51 | 서울역센트럴자이 | 18억 3,000 | 5,382 | 2017 |
| 13 | 강동구 | 3,924 | 1,922 | 49 | 고덕 그라시움 | 20억 | 5,888 | 2019 |
| 14 | 강서구 | 3,446 | 1,674 | 48 | 마곡엠밸리7단지 | 17억 5,500 | 5,318 | 2014 |
| 15 | 서대문구 | 3,354 | 1,766 | 52 | e편한세상신촌 | 18억 6,300 | 5,323 | 2017 |
| 16 | 동대문구 | 3,110 | 1,715 | 55 | 래미안크레시티 | 17억 | 5,000 | 2013 |
| 17 | 관악구 | 2,979 | 1,626 | 54 | e편한세상서울대입구 | 14억 8,000 | 4,485 | 2019 |
| 18 | 노원구 | 2,956 | 1,354 | 45 | 청구3차 | 14억 2,000 | 4,581 | 1996 |
| 19 | 은평구 | 2,904 | 1,591 | 53 | DMC센트럴자이 | 17억 2,000 | 5,212 | 2022 |
| 20 | 성북구 | 2,891 | 1,642 | 56 | 래미안길음센터피스 | 16억 4,700 | 4,706 | 2019 |
| 21 | 구로구 | 2,884 | 1,485 | 51 | 신도림4차e편한세상 | 16억 3,500 | 4,809 | 2003 |
| 22 | 중랑구 | 2,698 | 1,535 | 56 | 사가정센트럴아이파크 | 14억 9,000 | 4,515 | 2020 |
| 23 | 강북구 | 2,571 | 1,379 | 54 | 삼성래미안트리베라<br>2단지 | 11억 8,000 | 3.576 | 2010 |
| 24 | 금천구 | 2,538 | 1,361 | 53 | 롯데캐슬골드파크3차 | 14억 2,000 | 4,057 | 2018 |
| 25 | 도봉구 | 2,483 | 1,239 | 50 | 북한산아이파크 | 12억 | 3,750 | 2004 |
| 서울 | | 4,107 | 1,934 | 59 | | | | |

(2022년 12월 기준)

## 🏠 서울의 랜드마크 변화

1980년 이후 2009년까지 강남구 압구정동 현대아파트가 서울에서는 2위 아파트와 압도적인 차이로 랜드마크 아파트였다. 하지만 서초구 반포동에 래미안퍼스티지, 아크로리버파크 등의 신규 아파트가 입주한 후에는 서울 랜드마크 아파트로서의 위상을 넘겨 주게 됐다. 입지만으로도 서울에서 가장 가치가 높은 곳이었지만, 질적 수요 시장의 소비자들 요구사항에는 조건이 맞지 않았던 것이다.

이것이 바로 질적인 시장의 모습이다. 아무리 입지가 좋아도 상품 경쟁력이 떨어지면 가격 조정을 받게 된다. 압구정동 현대아파트는 재건축 이슈를 빼면 가격 상승에 한계가 있는 것이다. 그런데도 압구정동 현대아파트의 시세는 빠지지 않았다. 재건축 이슈가 터지기 전까지, 서

**압구정현대 6차 48평 매매·평당 가격**     (단위: 원)

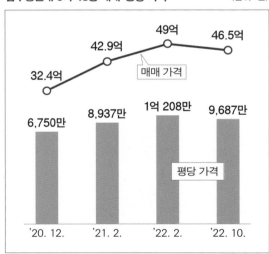

출처: 국토교통부 실거래가 공개 시스템

초구 반포동에 역전을 당한 10년 동안 거의 제자리걸음을 했다. 그 밖의 강남권역 신규 아파트가 시세를 역전했던 것뿐이다.

최근 압구정동 현대아파트의 시세가 다시 상승하고 있다. 재건축 이슈 때문이다. 압구정동 현대아파트가 재건축을 완료해 입주하면 아마도 서울의 랜드마크 아파트 지위를 탈환할 것이다. 이것이 바로 랜드마크 아파트의 역할이다. 우리는 이러한 기준 아파트를 활용해 각 지역의 아파트 시세를 정하는 것이다.

압구정동 현대아파트는 현재 평당 1억 원 전후이다. 현재 서울의 랜드마크인 아크로리버파크가 1억 3,000만 원이므로 압구정동 재건축이 진행되면 무조건 1억 3,000만 원 이상으로 분양가를 책정해도 분양이 잘될 것이다. 10년 후에는 더 높은 가격으로 책정할 수 있을 것이다.

서울시 아파트 시세가 지역별로 분화될수록 지역별 가격 책정에는 다른 기준을 적용해야 한다. 지역별 랜드마크 아파트의 가격을 알아야 하는 가장 중요한 이유는 바로 이 때문이다.

# 서울을 소유하거나
# 서울 같은 부동산을 소유하십시오.
# 지금 당장!

## 👑 빠숑 블로그에서 반복적으로 했던 답변들

18만 명이 즐겨 찾는 네이버 블로그 '빠숑의 세상 답사기'에는 다양한 내 집 마련 상담 사연이 준비돼 있다. 대부분 필자의 지인들에게 내 집 마련에 대한 생각을 전달했던 사례들이다. 빠숑 칼럼을 읽는 분들이 의사결정 과정에 조금이라도 도움이 되길 바라는 바람에서 올려 둔 것이다.

많은 사람을 만나 많은 질문을 받고 수백 가지 답변을 드렸는데, 그 내용들을 정리해 보니 몇 가지 공통점이 있었다.

다세대·빌라보다 아파트를 추천했다.
구 아파트보다 새 아파트를 추천했다.
가격보다 삶의 질을 먼저 고려하라고 조언했다.
최소 5년은 이사 걱정 없이 살 집을 추천했다.
비서울보다 서울을 추천했다.

전세나 월세로 거주하고자 하는 사람들에게도 이와 똑같은 제안을 했다. 사람들은 저마다 다르지만, 살아가는 모습이나 좋아하는 것에는 공통되는 부분이 많다. 그 공통분모만 체크해도 합리적인 선택을 하는 데 충분하다.

## 👑 모든 답변의 의도는 투자 의사결정을 분명하게 돕는 것이었다

의사결정 과정을 단순화해드리고 싶었다. 고민해야 하는 요소가 너무 많으면 의사결정이 더욱 어려워진다. 그래서 자동으로 체크가 되는 것들은 제외하고, 정말 개인적인 사정 때문에 고려해야 하는 부분만 체크할 수 있게 해드리고 싶었다. 이것이 바로 필자가 칼럼을 쓰고, 책을 출간하고, 강의를 하는 가장 큰 이유이다.

### 다세대·빌라보다 아파트를 추천했다

다세대·빌라는 감가상각이 아파트 대비 너무 빠르다. 재개발 목적이 아니라면 다세대·빌라를 매수해 들어갈 필요가 없다. 10년 차 가까이 되면 여지없이 집 관리에 대한 고민이 시작될 것이다. 아파트는 그런 고민을 할 필요가 없다. 단지에서 관리를 해 주기 때문이다. 그래서 아파트를 추천했다.

### 구 아파트보다 새 아파트를 추천했다

아무리 아파트라 하더라도 20년 차가 넘어가면 관리 측면의 고민이 시작된다. 또한 시세가 주변 아파트 대비 오르지 않으면 또 다른 고민이 생긴다. 구아파트보다는 신규 아파트가 고민거리가 더 적기 때문에 추천했다.

### 가격보다 삶의 질을 먼저 고려하라고 조언했다

아무리 새 집이어도, 아무리 큰 집이어도, 아무리 싼 집이어도 출퇴근을 하는 데 2시간 가까이 걸리는 거리라면 몇 억짜리 삶의 가치를 낭비하는 것이라 생각한다. 아이들의 학교가 너무 멀리 있어서, 학원가가 너무 멀리 있어서 셔틀버스를 타고 30분 이상 이동해야 한다면 이 역시 몇십 억짜리 기회를 놓치는 것이라고 생각한다.

### 최소 5년은 이사 걱정 없이 살 집을 추천했다

최소 5년 이상 안정된 생활을 해야 한다. 10년이면 더욱 좋다. 현재의 경제적인 수준보다 5년 이후 경제적 수준에 맞는 집, 조금 무리가 되더라도 선택하라는 제안을 드렸다. 실거주 집이라면 말이다.

### 비서울보다 서울을 추천했다

과천, 성남, 광명, 하남과 같은 서울 이상 지역은 당연히 포함된 지역 개

넘이다. 조금만 무리하면 서울을 선택할 수 있는데 약간의 경제적 이유 때문에 탈서울을 준비하는 사람들에게 '그럼에도 불구하고 서울에 남는 것이 좋겠다'라는 조언을 드렸다. 아마도 제가 상담에서 가장 많이 제안한 내용이 아닐까 한다.

## ♔ 이 모든 답변을 서울에 적용해 보자

왜 내 집을 마련하려는 사람들에게 서울을 추천했을까? 앞의 1번부터 5번까지의 고민에 대한 답변이 될 수 있기 때문이다. 부동산 관련 의사결정을 할 때 정답은 없다. 하지만 서울을 선택하면 가장 정답에 가까운 결과를 얻을 수 있다. 리스크를 낮추고 성공 확률은 높아지기 때문이다.

### 다세대·빌라보다 아파트를 추천했다

**→ 서울은 다세대·빌라에 재개발 가능성이 있다**

서울은 다세대·빌라라 하더라도 가격 하락 폭이 상대적으로 낮다. 또한 향후 재개발이 추진될 가능성이 지방보다 높다. 수요가 지방보다 월등히 많기 때문이다. 그리고 더 많아지고 있기 때문이다.

### 구 아파트보다는 새 아파트를 추천했다

**→ 서울은 구 아파트 수요도 꾸준하다**

서울은 30년이 넘은 아파트라 하더라도 심지어 관리가 잘되지 않는 단지라 하더라도 사람들이 거주한다. 공실이 날 가능성이 매우 적다. 서울에는 40~50년 된 아파트도 꽤 많다. 대부분 사람들이 살고 있다. 이런 아파트라도 거주 수요가 있기 때문이다.

**가격보다는 삶의 질을 먼저 고려하라고 조언했다**

**→ 서울의 삶의 질은 대한민국 최고다**

가격보다 삶의 질을 먼저 고려하라고 말씀드렸다. 지방 대비 서울의 프리미엄이 높은 이유는 삶의 질이 월등히 높기 때문이다. 그 격차는 앞으로 더 커질 것이다. 서울보다 삶의 질이 좋은 곳이 없기 때문이다.

교외 지역의 전원주택을 좋아하는 사람들이 종종 있다. '여기가 서울보다 훨씬 좋다', '공기의 질이 다르지 않느냐'며 서울과 비교한다. 맞다. 하지만 그곳은 공기 질만 좋다. 교통, 교육, 상권, 그리고 가장 중요한 일자리 등 나머지는 모두 '별로'다.

**최소 5년은 이사 걱정 없이 살 집을 추천했다**

**→ 향후 서울 진입은 더 어려워질 것이다**

최소 5년 이상 거주할 집이어야 한다고 말씀드렸다. 비서울 지역에서 서울로 간다고 할 때 5년 후 이사하기가 더 쉬울까, 지금 이사하는 게 더 유리할까? 지금 서울에 있는 것이 더 유리하다. 5년 후 10년 후에는 서울로 진입하기가 더 어려워지기 때문이다.

그래서 서울을 추천했던 것이다.

지방에 평생 일자리가 있고, 서울에 살 이유가 없는 사람들에게 하는 이야기가 아니다. 수도권에 있어야 하는 사람들에게 하는 제안일 뿐이다. 서울이 아니라 하더라도 서울 같은 역할을 하는 지방 지역이라면 똑같은 이유로 추천을 한다.

## ♛ 서울을 고민하고 있는 분들에게

이 에필로그에서 하고 싶은 제안은 서울에서 거주하고 싶은데 선택의 문제 때문에 결정을 하지 못하는 사람들에게 하는 것뿐이다. 특히 거주가 아니라 투자가 목적이라면 더욱이 중·단기 투자라면 서울이 아니라 비서울 지역의 수익률이 월등히 더 높을 것이다.

정부청사가 세종시로 내려간 후 세종시의 인구가 급증했다. 파격적인 혜택이 집중되는 명품 신도시였기 때문이다. 세종시에 일자리가 있는 사람이라면 당연히 세종시로 이주하는 것이 가장 좋다. 하지만 세종시의 인구를 늘려 준 것은 서울, 과천의 공무원들이 아니었다. 대부분이 대전, 청주, 공주, 천안 등 지방에서 살던 사람들이었다. 현재 살고 있는 곳보다 훨씬 좋은 주거 환경을 제공해 줬기 때문이다.

그런데 서울, 과천 사람들은 내려가지 않고 주말 부부를 선택했다. 특히 학생 자녀가 있는 세대는 더 서울을 고집했다. 세종시가 아무리 급속하게 성장한다 하더라도 서울이 갖고 있는 여러 가지 프리미엄 이상의 혜택을 줄 순 없기 때문이었을 것이다. 서울, 과천에서 10여 년 이상 살아온 경험상 이들은 서울을 떠난다는 것이 어떤 의미인지 알고 있었던 것이리라. 부득이하게 외국이나 지방에 가야 하는 경우가 있다. 그런 경우일지라도 서울에 집 한 채는 마련해 뒀으면 한다. 그래야만 다시 돌아올 때 부담이 덜 되기 때문이다.

　같은 논리로 부산, 대구, 광주, 전주도 생각해 봤으면 한다. 부산에 연고가 있는 사람이라면 부산을 포기하면 안 된다. 대구에 기반이 있다면 대구를 끝까지 챙겨야 한다. 광주, 전주도 마찬가지이다. 각 생활권에서 수십 년 동안 대장 역할을 해 온 지역에는 우리가 눈으로 볼 수 없는, 부동산이 주는 여러 가지 장점이 있다. 그것이 프리미엄이라는 것이다. 그 프리미엄에는 가치라는 개념이 들어가 있다. 그 가치는 시간이 흐르면 흐를수록 더 커진다. 시간이 흐를수록 이전보다 더 비싼 비용을 들여야 살 수 있다는 의미이다.

　'모우닝'이라는 아이디를 쓰시는 분과 주고 받았던 댓글 전문을 그대로 옮겨 본다.

**모우닝**　　출근길에, 예상되는 정부정책에 대한 글을 보니 맘이 답답하네요. 그냥.. 전 무주택자…

**빠송 김학렬**　혹시 실례가 되지 않으시다면 무주택자이신 이유를 여쭤봐도 될까요?

**모우닝**　　저는 특별히 무주택자인 이유가 있는 건 아니고요.
　　　　　　자금이 많이 부족하니까요. 부동산에 관심 가진 게 올해 봄부터라 완전 초보예요.
　　　　　　갭투자가 뭔지도 모르는 무식자였다가 살고 싶은 지역에 가진 종잣돈으로 갭투자라도 해야지 하고 보니 최근에 엄청 올라서 절망…
　　　　　　지난 3, 4년이 갭투자하기 좋은 시장이었다는 것도 이제야 알게 되고…. 제 무지함을 탓해야죠.

그냥 집 사는 걸 포기할까도 싶고 무슨 일이 있어도 내집 하나는 마련해야 하지 않을까도 싶고…

공부해야 할 관련 정보는 넘쳐나고. 그냥 맘이 조급해지고. 그런 거죠, 뭐.

영영 서울에 아파트 하나 못 사는 걸까 하는…

다른 부동산 카페들도 들어가 보고 저 자신이 세상을 너무 몰랐구나 반성도 하게 되고. 만감이 드는 요즘이네요.

빠송님 블로그에선 많은 힘과 위안을 받게 돼 매일 방문하게 돼요.

근데 오늘 아침엔 그냥 부동산은 전쟁이구나, 정부는 대충 대중의 분위기에 맞춰 조절하고 마는구나, 부동산은 그들만의 리그인 것인가 하는 생각에 사로잡혔었네요.

저에게도 기회는 오려니 싶지만 제가 확신이 안 드는 선택, 엄청 무리한 선택은 안 하려고 하는데… 책에선 흔들리지 말라고 하셨지만 자꾸 흔들려서. 하루에도 생각이 오락가락하고 그냥 혼자 지치네요.

요즘엔 맘을 다스리는 법과 나 자신을 믿는 수양이 더 필요한 거 같아요. 저한테…

**빠송 김학렬**   네. 그러셨군요..

맞습니다. 먼저 마음을 단단히 먹는 자세가 중요합니다. 그리고 나서야 그다음 단계로 가는 거지요.

그런데요.

집은 어떻게든 한 채 마련하시는 것으로 하셨으면 좋겠어요. 세상이 어떻게 되든 신경 쓰지 마시고요. 내집 마련하는 것에만 집중하셨으면 합니다. 돈을 모아서는 절대 내가 원하는 집 살 수 없습니다. 그 전에 사야 합니다.

임대 주택이든, 보금자리든, 신혼 부부 특별 공급이든, 내집 마련 신청서이든 가능한 한 모든 방법과 수단들을 찾아보세요. 더 적극적인 사람들에게 기회는 더 많이 가더라고요.

저도 힘껏 응원하겠습니다.

에필로그

모우닝 님의 이 거짓 없는 넋두리가 꽤 오랫동안 마음을 후벼팠다. 내가 가장 걱정하는 상황이 이런 것이다. 실거주로 집이 필요한 사람들이 내집 마련에 대한 희망 자체를 잃어버리는 것 말이다.

여러분들도 끝까지 포기하지 않으셨으면 한다. 그 간절함으로 이 책을 집필하게 됐다. 의사결정을 하는 데 이 책이 조금이라도 도움이 됐으면 한다. 고민을 거듭해 마음의 준비가 되거든, 좀 더 빨리 움직였으면 한다.

## ♛ 내집을 꼭 마련하기 바란다

부동산 규제가 강화되든, 부동산 투기꾼들이 기승을 부리든, 그 어떤 이유로 세상이 뒤집히든 신경 쓰지 마시라. 투기 과열 지구, 투기 지역, 양도 소득세 등 어렵기만 한 이야기를 이러쿵저러쿵 떠들어대더라도 아무 의미 없다고 생각해야 한다. 1가구 1주택으로 주택을 구매하려는 사람들에게는 아무 상관이 없는 이슈이기 때문이다. 그저 실거주할 집 하나만 보고 갔으면 한다.

그 집이 이왕이면 서울이면 더 좋겠다는 말씀을 드리고 싶었다. 서울 부동산의 미래에 여러분들이 계셨으면 한다. 그렇게 서울의 미래 주인이 되시길 바란다.

— 스마트튜브 빼송 김학렬 소장

# 《서울 부동산 절대원칙》
# 독자를 위한 특별부록

---

1. 2023년 현명한 투자를 위한 투자원칙 제안

2. 서울 25개 구 재개발·재건축 정비사업 총정리

# 2023년 현명한 투자를 위한 투자원칙 제안

문재인 정부(2017~2021년)는 부동산 규제 방안을 왜 끊임없이 내놓았을까? 부동산 시장이 지속적으로 우상향할 것이 예상됐기 때문이다. 시장에 맡겨 뒀다가는 끝도 없이 오를 거라는 심리적 압박을 받기 때문이었을 것이다.

## 박근혜 정부의 방향성(2013 ~ 2016년)

2013년부터 2015년까지 전국의 부동산 시세가 동시에 올랐다. 그리고 2016년에는 수도권과 부산, 세종을 제외하고는 모두 시세 조정장에 들어갔다. 굳이 정부가 통제하지 않아도 시장이 자율적으로 조정되는 시기가 찾아온 것이다. 하지만 수도권, 부산, 세종은 2016년 내내 올랐다. 정부는 이 3개 권역만큼은 정부의 규제 방안이 필요하다고 판단했다.

2016년 11월 3일 박근혜 정부의 마지막 부동산 정책이 발표된다. '실수요자 중심 부동산 안정화 대책'이었다. 결론부터 말씀드리겠다. 지난 20년간 발표된 부동산 정책 중에서 가장 시의적절했으며 시장 문제를 정확히 파악하고 그에 대한 맞춤형 해결 방안을 제시한 최고의 부동산 정책이었다고 평가한다. 2016년의 주택 시장은 분양권이 주도했다. 실수요자들이 신규 분양을 받아야 했는데 투자층이 실수요층보다 많이 들어온 것이다. 그래서 11·3 대책으로 투자층을 배제하고자 했다.

## 문재인 정부의 방향성을 보여 준 2017년의 대책들

2017년이 되자 부산도 조정을 받기 시작했다. 미세하지만 그런 움직임이 시작됐다. 하지만 서울의 신규 분양 시장은 멈출 줄 몰랐다. 투자층을 제외하고 실수요만으로도 시장의 상승 기운이 크게 남아 있었던 것이다. 서울은 지방보다 상승 시장이 늦게 열렸다. 그래서 2년 전후는 더 상승할 수밖에 없는 시장이었다.

### ▶ 6·19 대책

문재인 정부가 들어서고 부동산 시장을 임의로 조정하겠다며 칼을 내밀었다. 그것이 바로 2017년 6월 19일에 발표된 '주택시장의 안정적 관리를 위한 선별적·맞춤형 대응 방안'이었다. 이전 정부의 11·3 대책을 구체화했다. 대출 규모를 줄이고, 조정대상지역을 선정해 집중 관리하기로 한 것이다.

하지만 정부의 목적은 6·19 대책이 아니었다. 일종의 '간 보기' 정책이었던 것이다. 노무현 정부 때 여러 가지 부동산 정책의 부작용으로 시행착오를 겪었는데, 이를 줄이기 위해 시장을 순차적으로 통제하는 방향으로 방침을 정한 것이다.

## ▶ 8·2 대책

곧바로 메인 대책을 발표하게 된다. 2017년 8월 2일 '실수요 보호와 단기 투기 수요 억제를 통한 주택 시장 안정화 방안'이다. 문재인 정부의 부동산 정책의 방향성을 담았다. 단기 투자는 모두 투기로 보겠다는 의미이다. 투기로 볼 수 있는 거래는 중단시키고 실수요자들이 주택을 구매할 수 있도록 기회를 주겠다는 것으로 요약할 수 있다.

새로운 정책은 없었다. 노무현 정부 때 3년에 걸쳐 17번 발표했던 정책을 한 번에 실시하는 것으로 바꿔 적용했을 뿐이다. 문재인 정부는 인수위 기간이 전혀 없었다. 취임과 동시에 바로 국정을 운영해야 했다. 단기간에 준비한 정책으로는 정말 완벽한 짜임새를 갖춘 내용이었다. 이미 꽤 오랜 기간 준비해 온 정책이라는 것을 알 수 있었다.

정책의 성공 여부를 떠나 문재인 정부가 부동산 정책에 대해 거는 기대가 상당히 높았고 의지도 단호했다. 그래서 정책의 효과가 나타나지 않자 강도를 또 높인 것이다. 심지어 8·2 대책으로 풍선 효과가 발생하자, 그 지역을 또 규제했다. 8·2 대책의 후속 조치를 한 달 만에 발표하는 신속성을 보였다. 9·5 추가 대책이 바로 그것이다.

## ▶ 9·5 대책

풍선 효과가 발생한 지역을 투기과열지구로 묶었고 풍선 효과가 예상되는 지역까지 미리 규제했다. 정말 지독하리만큼 끔찍한 규제 정책이었다. 역대 정부 사상 최고의 규제 정책이었다.

'정말 무섭게 준비했구나. 대단하다'라는 생각이 들면서도 한편으로는 정부가 측은하기도 했다. 왜냐하면 이런 정부의 대응은 너무나도 단기적인 대책들이기 때문이다. 좀 더 솔직히 평가하면 그건 부동산 정책이 아니었다. 단순한 수요 억제 정책이었다. 부동산 정책은 부동산 요구사항을 충족시키는 데 필요한 정책이어야 하는데, 문재인 정부의 부동산 정책은 그저 규제 대책만으로 가득했기 때문이다.

공급이 문제라면 공급에 대한 대책이 필요하다. 공급이 충분하다면 왜 수요가 문제가 되겠는가? 아주 간단한 논리이다. 집값을 낮추는 것이 정부의 진정한 목적이라면 공급을 무한정 늘리면 된다. 하지만 공급을 늘릴 수 없다는 데 문제가 있다. 그 대상지가 서울이기 때문이다. 서울은 물리적으로 추가 공급이 불가능하다.

게다가 서울은 이미 질적 시장으로 돌입했기 때문에 가격 인상은 불가피하다. 억지로 막는다고 오르지 못할 시장이 아니다. 자본주의 시장이 아닌가.

서울은 규제보다 합리적으로 세금을 걷는 방법을 찾아야만 했다. 임대 시장을 양성하고 임대 사업자들에게 임대 소득을 보장해 주는 대안을 찾아야만 했다. 그래야만 임대 시장과 함께 가격도 안정되기 때문이다.

## 규제책으로 부동산 시장이 안정화됐는가?

문재인 정부의 부동산 정책 효과를 평가해 보자. 시장이 정책 발표 전후 단기적으로만 침묵했을 뿐이다. 왜냐하면 더 크게 상승을 해 버리고 말았기 때문이다. 필자 역시 시장이 조정되기를 기대했다. 어떤 규제를 한다 하더라도 중·장기적으로는 다시 오르게 돼 있다. 근본적인 문제가 해결되지 않았기 때문이다. 특히 서울, 강남은 더더욱 그렇다. 서울의 집값을 잡는 방법은 간단하다. 강남과 서울의 역할을 분산시키면 된다. 하지만 문재인 정부의 정책은 서울과 강남을 오히려 더 강화만 시켰다. 그런 규제정책만으로는 서울이 더 크게 우상향할 수밖에 없었다. 2020~2021년 말도 안 되는 상승장은 2017~2019년 25번째의 규제정책이 만들어 낸 괴물인 셈이다.

20여 년 동안 부동산 리서치를 하고 연구 활동을 해 오고 있지만 2021년 시장 같은 경우는 처음 경험했다. 지난 부동산 역사상 단 한 번도 언급되지 않은 정말 작은 규모의 지역들까지 폭등했다. 우리가 알고 있는 대부분의 지역을 규제하다 보니 규제하지 않은 지역들이 모두 오를 수밖에 없었다. 이것이 문재인 정부 부동산 정책의 가장 큰 패착이었다.

## 빠숑이 제안하는 '흔들리지 않는' 부동산 투자의 절대원칙

이 과정에서 정부의 정책을 믿고 매매가의 안정과 임차 시장의 안정화를 기대했던 순진한 일반인 세대들만 더 큰 피해를 보고 말았다. 무주택자들은 집을 사기가 더 어려워졌고, 임차로만 이주하고 있다. 전세가는 폭등했고, 매매와 전세가 부담스러웠던 세대는 월세로만 집을 찾고 있다. 대한민국은 세계적으로 월세 수준이 가장 낮은 국가였는데 월세 가격이 오르다 보니 이제 월세로도 살기 어려운 시장이 되고 있다. 매매, 전세, 월세 모두 부담스러운 시장이 되고 말았다는 것이다.

다음은 이런 어려운 시장에서 빠숑 김학렬 소장이 드리는 부동산 시장의 승자로 살아남기 위한 제안이다.

### ▶ 1. 정부가 규제했던 지역에 먼저 관심을 두길 바란다.

그만큼 미래 수요가 많은 지역이기 때문이다. 투기 지역이 제일 좋은 곳이고 그다음이 투기 과열 지구이다. 그리고 그다음이 조정 대상 지역이다. 다른 지역은 정부도 굳이 규제할 필요가 없었을 것이다.

### ▶ 2. 결국 입지가 부동산의 핵심이다.

수요가 많은 입지여야 한다. 일자리가 기본이라고 말씀드렸다. 그것만 놓치지 않아도 충분하다.

### ▶ 3. 시장의 방향성은 양극단으로 더 벌어진다.

중간 영역이 더 확대된다. 선택의 폭이 다양해지고 있는 것이다. 스펙트럼이 넓어지는 것은 거부할 수 없는 전개 방향이다. 이렇게 다양화되는 시장의 스펙트럼 때문에 더 선택이 어려워진다고 느낄 것이다. 가능한 한 최상위 집단에 가까운 쪽으로 선택해야 한다. 그게 더 안전하기 때문이다.

### ▶ 4. 방향성을 확인했다면 흔들리지 말고 가야 한다.

달라지는 것은 오직 가격뿐이다. 인플레이션만큼만 달라지는 것이다. 그건 폭등이 아니다. 거품도 아니다. 여러분들이 인정하기 싫어도 시장은 그렇게 갈 수밖에 없다. 수요가 많은 곳은 늘 공급이 부족할 수밖에 없기 때문이다.

**▶ 5. 절대 단순 호재에 현혹되지 않아야 한다.**

다른 사람보다 좀 늦어도 된다. 확정된 것에만 집중해야 한다.

이 다섯 가지 마인드만 가지면 정부가 어떤 정책을 내놓든, 어떤 시장이든 최상의 의사결정을 할 수 있다. 다시 한 번 말하지만 여러분들의 보금자리는 여러분이 직접 결정하는 것이다. 그 경쟁에서 절대 뒤처지는 선택을 하지 않길 바란다. 이 책이 그런 선택에 도움이 됐으면 한다.

# 서울 25개 구 재개발·재건축 정비사업 총정리

## 향후 10억 원 이상 가치를 가져다 준 서울 정비사업 리스트 _____

서울에 주택을 공급할 방법은 정비사업밖에 없다. 재건축, 재개발, 리모델링이 바로 그것이다.

지난 5년간의 재건축은 문재인 정부의 묻지마 규제 때문에 진도를 거의 못 나갔다. 재개발 역시 지난 10년 동안 새로운 구역이 한 곳도 지정되지 못했다. 이번 정부는 도심 내 원활한 공급을 위해 정비사업을 강하게 추진하고 있다. 공공에서 지원하면서까지 재개발 구역을 늘려가고 있다. 민간 차원에서도 규제가 적고 속도도 빠른 리모델링이 열심히 추진 중이다. 15년차에서 30년이 사이의 거의 모든 아파트들이 리모델링을 검토하거나 진행하고 있다.

이런 시점에서 서울시의 2040 도시기본계획이 발표되었다. 정비사업은 이제 정상적인 시장에 맞춰 공급을 준비해야 한다. 확정된 분양계획을 보면, 2023년 이후 부동산 시장은 재건축과 재개발을 중심으로 한 도시정비사업이 위주로 전개될 것이라는 것을 알 수 있다.

지금까지 수도권의 공급은 대부분 분당, 일산 등의 1기 신도시와 동탄, 광교 등 2기 신도시, 그리고 지난 정부에서 발표된 3기 신도시 등 대규모 택지개발사업이 주도했다. 여전히 신도시 분양 물량이 많이 남아 있지만, 향후 시장의 이슈에서는 순위가 밀릴 것으로 예상된다. 새로운 택지개발사업보다는 도심 내 도시정비사업 관련 이슈가 훨씬 더 많은 비중을 차지하고 있기 때문이다. 최근 공급 시장의 주목을 독차지하고 있는 도시정비사업에 집중할 때가 온 것이다.

## 왜 도시정비사업은 그토록 중요한가

왜 신도시 등 택지개발사업보다 도시정비사업에 더 주목해야 할까? 그 이유는 양적인 주택 수요가 이제 어느 정도 충족이 되었기 때문에 질적인 것에 집중하기 때문이다. 2012년을 전후로 주택보급률이 이미 100%를 넘었다. 물론 지역에 따라 다르겠지만, 평균적으로 보면 거의 모든 지역이 대부분 100% 전후다.

서울에서 모든 거주 수요를 감당할 수 없어서 서울 주변에 대규모 택지지구, 즉 신도시를 개발했다. 그런데 분당, 일산 등 1기 신도시조차 포화되었고, 뒤이어 동탄, 김포, 운정 등 2기, 3기 신도시를 추가로 지정했는데 2기 신도시를 건설하던 중에 주택보급률이 100%가 넘은 것이다.

주택보급률 100%의 의미는, 한 세대 당 한 집을 물리적으로 소유하게 할 수 있다는 의미다. 즉, 이제 입지가 좋고 상품이 좋지 않으면 선택될 확률이 낮다는 것이다. 결국 '서울', '새 집'이라는 조건에 수요가 더 집중될 것이다.

2040 서울도시기본계획은 이러한 상황을 반영한 구상이다. 택지개발로 주택을 양적으로 공급하기보다는 낙후된 주거환경을 개선하는

도시정비사업을 중심으로 부동산 공급 방향을 전환하겠다는 것이다.

## 어떤 지역이 정비사업의 대상이 되는가

그런데 낙후된 도심이라고 무조건 개발이 되지는 않는다. 개발이 되기 위해서는 사업성이 충족되어야 한다. **'정비사업 대상 주택 가격 + 추가분 담금 < 신규분양 아파트 분양가'**가 되어야 사업성이 있다고 판단한다. 따라서 정비사업이 추진되기 위해서는 시장에서 어느 수준 이상의 분양가가 받아들여져야 한다. 현재 시점에서 정비사업이 가능하고, 또 가장 필요한 지역은 서울이다. 서울은 사업성도 만족하기 때문에 향후 재건축 분양 물량이 매우 많아질 것이다.

이에 비해 비서울 정비사업의 경우는 사업 추진이 쉽지 않다. 주택의 시세가 높지 않고, 원주민들의 경제력이 높지 않기 때문이다. 결국 원주민의 수요가 아니라 타 지역에서 신규로 유입이 수요가 얼마나 될 것인가가 사업성을 판단하는 기준이 된다. 따라서, 비서울지역일수록 정비사업이 추진되려면 교통과 생활여건이 좋은 입지, 가장 핵심적인 입지여야 한다.

재건축, 재개발 등 도시정비사업의 추진 기준은 주변 시세와 입지 여건이다. 두 조건은 연결이 되어 있다. 교통이 편리하고, 생활여건이 좋으면 시세도 높다. 이런 입지여야 도시정비사업이 추진될 확률이 높다.

《서울 부동산 절대원칙》에서 제공되는 서울 정비사업 리스트는 여러분들의 부동산 인생에 있어 전환점이 될 정도로 엄청난 가치가 있는 정보이다. 부디 알차게 활용하시길!

# 1. 강남구

## ▶ 재개발 구역 리스트

| 동 | 구역 | 단계 | 예정 세대수 | 면적(m²) | 사업 유형 구분 |
|---|---|---|---|---|---|
| 대치동 | 남서울종합시장 | 관리처분 | 90 | 4,497 | 기타(도심,시장재개발) |
| 도곡동 | 도곡동547-1 | 이주/철거 | 82 | 3,321 | 가로주택 정비사업 |
| 삼성동 | 삼성동98일원 | 이주/철거 | 118 | 5,848 | 가로주택 정비사업 |

## ▶ 재건축 단지 리스트

| 동 | 단지명 | 사업 단계 | 총세대수 | 예정 세대수 |
|---|---|---|---|---|
| 개포동 | 경남 | 기본계획 | 678 | – |
| | 우성3차 | 기본계획 | 405 | – |
| | 우성6차 | 추진위 | 270 | – |
| | 주공고층5단지 | 사업시행인가 | 940 | 1,279 |
| | 주공고층6단지 | 조합설립인가 | 1,060 | 2,994 |
| | 주공고층7단지 | 조합설립인가 | 900 | 2,994 |
| | 현대1차 | 기본계획 | 416 | 823 |
| 논현동 | 동현 | 구역지정 | 548 | 905 |
| 대치동 | 개포우성1차 | 안전진단 | 690 | – |
| | 개포우성2차 | 안전진단 | 450 | – |
| | 대치우성1차 | 사업시행인가 | 476 | 712 |
| | 선경1,2차 | 안전진단 | 1,034 | – |
| | 쌍용1차 | 사업시행인가 | 630 | 1,072 |
| | 쌍용2차 | 사업시행인가 | 364 | 620 |
| | 은마 | 조합설립인가 | 4,424 | 5,811 |
| | 한보미도맨션1차 | 안전진단 | 1,204 | 3,861 |
| | 한보미도맨션2차 | 안전진단 | 1,232 | – |
| 도곡동 | 개포럭키 | 조합설립인가 | 128 | 157 |
| | 개포우성4차 | 조합설립인가 | 459 | 1,080 |
| | 개포우성5차 | 추진위 | 180 | – |
| | 개포한신 | 사업시행인가 | 620 | 816 |

| 동 | 단지명 | 사업 단계 | 총세대수 | 예정 세대수 |
|---|---|---|---|---|
| 도곡동 | 도곡우성 | 구역지정 | 390 | 548 |
| | 삼익 | 추진위 | 247 | 398 |
| | 삼호 | 이주/철거 | 144 | 308 |
| 삼성동 | 진흥 | 안전진단 | 255 | – |
| | 홍실 | 착공 | 384 | 419 |
| 압구정동 | 구현대1,2차 | 조합설립인가 | 960 | 3,576 |
| | 구현대3차 | 조합설립인가 | 432 | 3,576 |
| | 구현대4차 | 조합설립인가 | 170 | 3,576 |
| | 구현대5차 | 조합설립인가 | 224 | 3,576 |
| | 구현대6차 | 조합설립인가 | 728 | 3,576 |
| | 구현대7차 | 조합설립인가 | 560 | 3,576 |
| | 대림아크로빌 | 조합설립인가 | 56 | 4,536 |
| | 미성1차 | 추진위 | 322 | 3,712 |
| | 미성2차 | 추진위 | 911 | 3,712 |
| | 신현대 | 조합설립인가 | 1,924 | 4,536 |
| | 영동한양1차 | 조합설립인가 | 936 | 1,537 |
| | 한양2차 | 조합설립인가 | 296 | 1,537 |
| | 한양3차 | 조합설립인가 | 312 | 2,135 |
| | 한양4차 | 조합설립인가 | 286 | 2,135 |
| | 한양5차 | 안전진단 | 343 | 3,576 |
| | 한양6차 | 조합설립인가 | 228 | 2,135 |
| | 한양7차 | 조합설립인가 | 239 | 3,576 |
| | 한양8차 | 안전진단 | 90 | 3,576 |
| | 현대10차 | 조합설립인가 | 143 | 3,576 |
| | 현대13차 | 조합설립인가 | 234 | 3,576 |
| | 현대14차 | 조합설립인가 | 388 | 3,576 |
| | 현대8차 | 조합설립인가 | 515 | 2,135 |
| | 현대빌라트 | 조합설립인가 | 19 | 4,536 |
| 역삼동 | 은하수 | 이주/철거 | 63 | 233 |

| 동 | 단지명 | 사업 단계 | 총세대수 | 예정 세대수 |
|---|---|---|---|---|
| 역삼동 | 현대트라움 | 이주/철거 | 14 | 233 |
| 일원동 | 개포우성7차 | 조합설립인가 | 802 | 1,234 |
| | 개포한신 | 관리처분계획 | 364 | 498 |
| 청담동 | 삼익 | 착공 | 888 | 1,261 |
| | 진흥 | 안전진단 | 375 | – |

## ▶ 재개발 구역 리스트

| 동 | 구역 | 단계 | 예정 세대수 | 면적(m²) | 사업 유형 구분 |
|---|---|---|---|---|---|
| 명일동 | 현대하이츠연립 | 이주/철거 | 30 | 1,043 | 가로주택 정비사업 |
| | 명일동336-16일원 | 조합설립인가 | – | 738 | 가로주택 정비사업 |
| 성내동 | 유원연립 | 조합설립인가 | 42 | 1,868 | 가로주택 정비사업 |
| | 공원빌라 | 조합설립인가 | 92 | 2,051 | 가로주택 정비사업 |
| | 성내동288-1일원 | 조합설립인가 | 268 | 9,682 | 가로주택 정비사업 |
| | 광신,장미가로주택 | 조합설립인가 | – | 2,684 | 가로주택 정비사업 |
| 암사동 | 대명아파트 | 이주/철거 | 94 | 3,238 | 가로주택 정비사업 |
| | 암사동495번지일대 | 조합설립인가 | 261 | 9,586 | 가로주택 정비사업 |
| 천호동 | 천호A1-2구역 | 구역지정 | 781 | 30,700 | 주택재개발 |
| | 천호3-3구역 | 구역지정 | 568 | 24,620 | 주택재개발 |
| | 천호A1-1구역 | 기본계획 | 757 | 26,756 | 주택재개발 |
| | 천호동107-33일원 | 조합설립인가 | 159 | 7,565 | 가로주택 정비사업 |
| | 국도연립 | 조합설립인가 | 86 | 2,704 | 가로주택 정비사업 |
| | 천호동110번지일대 | 조합설립인가 | 195 | 8,001 | 가로주택 정비사업 |
| | 천호동221번지일대 | 조합설립인가 | 201 | 8,422 | 가로주택 정비사업 |
| | 천호8 | 조합설립인가 | 520 | 7,613 | 도시환경정비사업 |
| | 천호3-2구역 | 추진위 | – | 19,292 | 주택재개발 |

## ▶ 재건축 단지 리스트

| 동 | 단지명 | 사업 단계 | 총세대수 | 예정 세대수 |
|---|---|---|---|---|
| 길동 | 삼익파크 | 조합설립인가 | 1,092 | – |
| 명일동 | 고덕주공9단지 | 안전진단 | 1,320 | – |
| | 고덕현대 | 안전진단 | 524 | 940 |
| | 삼익가든맨션 | 조합설립인가 | 768 | 1,324 |
| | 삼익그린2차 | 조합설립인가 | 2,400 | 2,740 |
| 천호동 | 천호우성 | 조합설립인가 | 479 | 629 |

# ▶ 재개발 구역 리스트

| 동 | 구역 | 단계 | 예정 세대수 | 면적(m²) | 사업 유형 구분 |
|---|---|---|---|---|---|
| 미아동 | 강북7구역 | 구역지정 | 228 | 11,526 | 도시환경정비사업 |
| | 미아제1지구 | 구역지정 | – | 10,579 | 주거환경개선지구 |
| | 미아제3지구<br>(주거환경개선지구) | 구역지정 | – | 19,042 | 주거환경개선지구 |
| | 미아제4지구 | 구역지정 | – | 22,127 | 주거환경개선지구 |
| | 미아제5지구 | 구역지정 | – | 9,308 | 주거환경개선지구 |
| | 미아동791-2882일대 | 구역지정 | – | 143,251 | 주택재개발 |
| | 미아동345-1일대 | 기본계획 | – | 44,061 | 주택재개발 |
| | 미아제2지구 | 기본계획 | – | 35,616 | 주거환경개선지구 |
| | 미아3재정비촉진구역 | 사업시행인가 | 1,037 | 57,553 | 주택재개발 |
| | 미아1구역 | 조합설립인가 | 132 | 6,439 | 가로주택 정비사업 |
| | 미아2구역 | 조합설립인가 | 183 | 6,746 | 가로주택 정비사업 |
| | 미아3구역 | 조합설립인가 | 268 | 9,489 | 가로주택 정비사업 |
| | 강북5구역 | 조합설립인가 | 560 | 12,870 | 도시환경정비사업 |
| | 미아2재정비촉진지구 | 조합설립인가 | 3,519 | 179,566 | 주택재개발 |
| | 미아제11구역 | 조합설립인가 | 598 | 35,891 | 주택재개발 |
| | 강북3구역 | 조합설립인가 | 920 | 24,349 | 도시환경정비사업 |
| 번동 | 번동411일원 | 기본계획 | – | 79,517 | 주택재개발 |
| | 번동441-3일대 | 기본계획 | – | 32,877 | 주택재개발 |
| | 번동2지역<br>(번동454번지일대) | 기본계획 | 1,437 | 70,897 | 주택재개발 |
| | 번동5구역 | 이주/철거 | 298 | 10,127 | 가로주택 정비사업 |
| | 번동1구역 | 이주/철거 | 146 | 4,518 | 가로주택 정비사업 |
| | 번동2구역 | 이주/철거 | 254 | 7,821 | 가로주택 정비사업 |
| | 번동3구역 | 이주/철거 | 226 | 7,374 | 가로주택 정비사업 |
| | 번동4구역 | 이주/철거 | 318 | 10,311 | 가로주택 정비사업 |
| | 번동9구역 | 조합설립인가 | 130 | 4,946 | 가로주택 정비사업 |
| | 번동10구역 | 조합설립인가 | 207 | 9,510 | 가로주택 정비사업 |

| 동 | 구역 | 단계 | 예정 세대수 | 면적(m$^2$) | 사업 유형 구분 |
|---|---|---|---|---|---|
| 번동 | 번동3-1구역<br>(번동413-44번지일대) | 조합설립인가 | – | 6,967 | 가로주택 정비사업 |
| | 번동7구역 | 조합설립인가 | 154 | 5,618 | 가로주택 정비사업 |
| | 번동8구역 | 조합설립인가 | 165 | 6,533 | 가로주택 정비사업 |
| | 번동6구역 | 조합설립인가 | 284 | 9,124 | 가로주택 정비사업 |
| 수유동 | 수유제1지구 | 구역지정 | – | 34,429 | 주거환경개선지구 |
| | 인수봉숲길마을 | 구역지정 | – | 40,446 | 주거환경개선지구 |
| | 수유동170일대 | 기본계획 | 232 | 122,124 | 주택재개발 |
| | 수유동52-1일원 | 기본계획 | – | 72,755 | 주택재개발 |

## ▶ 재건축 단지 리스트

| 동 | 단지명 | 사업 단계 | 총세대수 | 예정 세대수 |
|---|---|---|---|---|
| 수유동 | 보광빌라 | 사업시행인가 | 96 | 141 |

# 4. 강서구

## ▶ 재개발 구역 리스트

| 동 | 구역 | 단계 | 예정 세대수 | 면적(m²) | 사업 유형 구분 |
|---|---|---|---|---|---|
| 내발산동 | 우장범진 | 관리처분 | 70 | 2,317 | 가로주택 정비사업 |
| 등촌동 | 등촌654 | 이주/철거 | 73 | 2,663 | 가로주택 정비사업 |
| 방화동 | 서울빌라 | 관리처분 | 52 | 1,478 | 가로주택 정비사업 |
| | 방화2구역 | 구역지정 | 728 | 34,900 | 주택재개발 |
| | 신중앙연립 | 사업시행인가 | 42 | 1,616 | 가로주택 정비사업 |
| | 방화동598-146번지일대 | 조합설립인가 | 190 | 7,442 | 가로주택 정비사업 |
| 염창동 | 양지빌라 | 조합설립인가 | – | 182 | 가로주택 정비사업 |
| | 염창동우성연립 | 조합설립인가 | – | 2,341 | 가로주택 정비사업 |
| 화곡동 | 화곡동817,826번지일대 | 조합설립인가 | 170 | 5,282 | 가로주택 정비사업 |

## ▶ 재건축 단지 리스트: 없음

# 5. 관악구

## ▶ 재개발 구역 리스트

| 동 | 구역 | 단계 | 예정 세대수 | 면적(m²) | 사업 유형 구분 |
|---|---|---|---|---|---|
| 봉천동 | 봉천제13구역 | 기본계획 | 192 | 12,273 | 주택재개발 |
| | 청룡동 | 기본계획 | – | 68,720 | 주거환경개선지구 |
| | 새싹마을 | 사업시행인가 | 1,674 | 46,260 | 주거환경개선지구 |
| | 봉천동1535일원 | 조합설립인가 | – | 2,457 | 가로주택 정비사업 |
| | 봉천동649-189번지 | 조합설립인가 | – | 2,892 | 가로주택 정비사업 |
| | 봉천4-1-3구역 | 조합설립인가 | 855 | 79,832 | 주택재개발 |
| | 봉천14구역 | 조합설립인가 | 1,571 | 74,209 | 주택재개발 |
| 신림동 | 신림동650일대 | 기본계획 | – | 92,041 | 주택재개발 |
| | 신림동419일대 | 기본계획 | – | 43,247 | 주택재개발 |
| | 신림동675일대 (신림7구역) | 기본계획 | 1,480 | 76,880 | 주택재개발 |
| | 신림5구역 | 기본계획 | – | 160,392 | 주택재개발 |
| | 신림2재정비촉진구역 | 이주/철거 | 1,487 | 95,795 | 주택재개발 |
| | 신림동655-78번지일원 | 조합설립인가 | 275 | 7,758 | 가로주택 정비사업 |
| | 신림1재정비촉진구역 | 조합설립인가 | 4,188 | 233,729 | 주택재개발 |

## ▶ 재건축 단지 리스트

| 동 | 단지명 | 사업 단계 | 총 세대수 | 예정 세대수 |
|---|---|---|---|---|
| 봉천동 | 복권 | 조합설립인가 | 108 | – |
| | 일두 | 예비안전진단 | 204 | – |
| 신림동 | 해바라기 | 조합설립인가 | 120 | 714 |
| | 건영1차 | 조합설립인가 | 492 | 604 |
| | 관악 | 조합설립인가 | 119 | – |
| | 뉴서울 | 사업시행인가 | 120 | 306 |
| | 미성 | 조합설립인가 | 280 | 516 |

# 6. 광진구

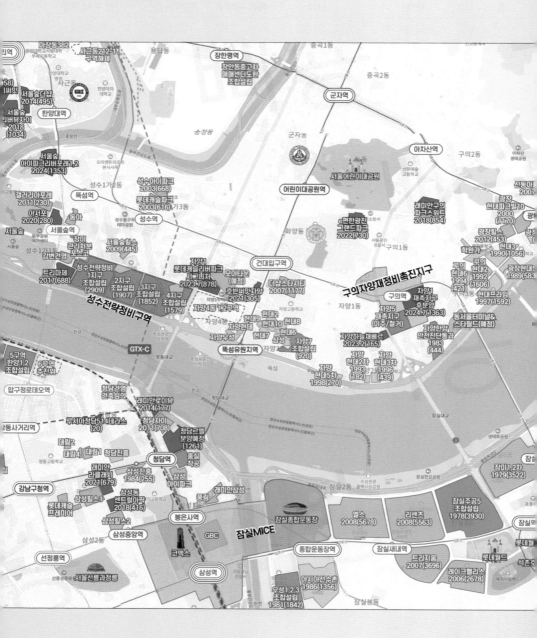

## ▶ 재개발 구역 리스트

| 동 | 구역 | 단계 | 예정 세대수 | 면적(m²) | 사업 유형 구분 |
|---|---|---|---|---|---|
| 자양동 | 자양4동12-10일원 | 기본계획 | – | 75,608 | 주택재개발 |
| | 자양4동통합구역 | 기본계획 | 2,950 | 139,130 | 주택재개발 |
| | 자양번영로3나길 | 조합설립인가 | 64 | 2,308 | 가로주택 정비사업 |
| | 자양현대한창LH참여형 | 조합설립인가 | 126 | 4,849 | 가로주택 정비사업 |

## ▶ 재건축 단지 리스트

| 동 | 단지명 | 사업 단계 | 총세대수 | 예정 세대수 |
|---|---|---|---|---|
| 광장동 | 광장극동1차 | 안전진단 | 448 | – |
| | 삼성1차 | 조합설립인가 | 165 | 225 |
| 중곡동 | 중곡 | 조합설립인가 | 270 | 296 |

# 7. 구로구

## ▶ 재개발 구역 리스트

| 동 | 구역 | 단계 | 예정 세대수 | 면적(m²) | 사업 유형 구분 |
|---|---|---|---|---|---|
| 가리봉동 | 가리봉동87일대 | 기본계획 | 1,179 | 40,552 | 주택재개발 |
| | 가리봉동115번지일대 | 기본계획 | 2,200 | 90,875 | 주택재개발 |
| 개봉동 | 양송이마을 | 기본계획 | – | 52,196 | 주거환경개선지구 |
| | 너른뜰마을 | 기본계획 | – | 36,450 | 주거환경개선지구 |
| | 개봉동270-38일원 | 기본계획 | – | 38,627 | 주택재개발 |
| | 개봉동49일대 | 기본계획 | – | 54,947 | 주택재개발 |
| | 진주빌라 | 조합설립인가 | – | 1,576 | 가로주택 정비사업 |
| 고척동 | 고척동253일대 | 기본계획 | 1,450 | 62,239 | 주택재개발 |
| | 고척제4구역 | 이주/철거 | 947 | 41,675 | 주택재개발 |
| | 고척동241-11일원 | 조합설립인가 | 161 | 7,990 | 가로주택 정비사업 |
| | 홍진은성우정연립 | 조합설립인가 | 160 | 5,977 | 가로주택 정비사업 |
| | 고척6구역 | 조합설립인가 | 210 | 7,965 | 가로주택 정비사업 |
| 구로동 | 구로동728일원 | 기본계획 | – | 64,151 | 주택재개발 |
| | 살구마을 | 기본계획 | – | 52,196 | 주거환경개선지구 |
| | 남구로역세권공공임대주택 | 사업시행인가 | 299 | 10,832 | 주택재개발 |
| 궁동 | 한양빌라 | 조합설립인가 | 99 | 3,122 | 가로주택 정비사업 |
| 신도림동 | 신도림동 293번지 일대 도시환경정비사업 | 조합설립인가 | – | 196,648 | 도시환경정비사업 |
| 오류동 | 오류동 | 기본계획 | – | 78,800 | 주거환경개선지구 |
| | 오류동4일대 | 기본계획 | – | 53,107 | 주택재개발 |
| | 오류시장 | 조합설립인가 | 234 | 4,899 | 기타 (도심,시장재개발) |

## ▶ 재건축 단지 리스트

| 동 | 단지명 | 사업 단계 | 총세대수 | 예정 세대수 |
|---|---|---|---|---|
| 개봉동 | 길훈 | 착공 | 205 | 295 |
| 고척동 | 산업인 | 조합설립인가 | 342 | 369 |

| 동 | 단지명 | 사업 단계 | 총세대수 | 예정 세대수 |
|---|---|---|---|---|
| 고척동 | 한성 | 조합설립인가 | 130 | 254 |
| | 한효 | 구역지정 | 290 | 448 |
| 구로동 | 극동 | 기본계획 | 493 | – |
| | 보광 | 사업시행인가 | 340 | 675 |
| 궁동 | 우신빌라 | 구역지정 | 762 | 1,127 |
| 신도림동 | 미성 | 안전진단 | 824 | – |
| 오류동 | 길훈 | 조합설립인가 | 198 | 242 |
| | 서울가든빌라 | 구역지정 | 339 | 653 |
| | 현대연립 | 이주/철거 | 240 | 447 |
| | 화랑 | 조합설립인가 | 90 | 167 |
| 온수동 | 대흥빌라 | 사업시행인가 | 246 | 988 |
| | 동진빌라 | 사업시행인가 | 246 | 988 |
| | 두암 | 조합설립인가 | 108 | 162 |
| | 성원빌라 | 사업시행인가 | 251 | 988 |
| 항동 | 동삼파크빌라 | 조합설립인가 | 162 | – |

# 8. 금천구

가산
디지털단지

독산역

중앙하이츠빌
2004(554)

독산역롯캐
뉴스테이
2021(1065)

금천현대
2002(996)

e편한세상
독산더타워
2019(432)

신안산선

독산2동

이랜드해가든
2008(192)

롯캐골드파크1
2016(1743)

롯캐골드파크3
2018(1236)

소규모주택정
시흥4동
주민센터

롯캐골드파크2
2017(292)

베르빌
2004(229)

금천구청역

무지개
사업시행
DL이앤씨
1980(640)

부영부지
(공동주택)

시흥목련

시흥사거리역

건영1차
1986(260)

우정,금천
종합병원
(4·9기공식)

## ▶ 재개발 구역 리스트

| 동 | 구역 | 단계 | 예정 세대수 | 면적(m²) | 사업 유형 구분 |
|---|---|---|---|---|---|
| 독산동 | 독산동1036일대 | 기본계획 | – | 79,036 | 주택재개발 |
| | 독산동1072일대 | 기본계획 | – | 81,663 | 주택재개발 |
| | 독산연립 | 조합설립인가 | – | 986 | 가로주택 정비사업 |
| 시흥동 | 시흥동810일대 | 기본계획 | 1,100 | 38,859 | 주택재개발 |
| | 시흥3동950일원 | 기본계획 | – | 97,042 | 주택재개발 |
| | 시흥동871일대 | 기본계획 | 2,000 | 79,341 | 주택재개발 |
| | 시흥중앙하이츠 | 조합설립인가 | 488 | 18,602 | 가로주택 정비사업 |
| | 시흥5동919번지일대 | 조합설립인가 | 422 | 13,342 | 가로주택 정비사업 |
| | 시흥동934일대 | 조합설립인가 | – | 4,351 | 가로주택 정비사업 |
| | 시흥동943번지일원 LH참여형 | 조합설립인가 | 470 | 16,458 | 가로주택 정비사업 |
| | 시흥3동1003번지일원 LH참여형 | 조합설립인가 | 258 | 7,993 | 가로주택 정비사업 |
| | 시흥동923번지일대 | 조합설립인가 | 255 | 8,642 | 가로주택 정비사업 |
| | 한미빌라일대 | 조합설립인가 | – | 1,864 | 가로주택 정비사업 |
| | 천록빌라 | 조합설립인가 | – | 3,198 | 가로주택 정비사업 |
| | 시흥동920번지일대 | 조합설립인가 | 183 | 6,778 | 가로주택 정비사업 |
| | 청기와,훼미리 | 조합설립인가 | 283 | 8,205 | 가로주택 정비사업 |
| | 시흥연립 | 조합설립인가 | 101 | 3,742 | 가로주택 정비사업 |
| | 시흥동817번지 | 조합설립인가 | 231 | 9,906 | 가로주택 정비사업 |

## ▶ 재건축 단지 리스트

| 동 | 단지명 | 사업 단계 | 총세대수 | 예정 세대수 |
|---|---|---|---|---|
| 시흥동 | 구현대(220-2) | 이주/철거 | 140 | 219 |
| | 럭키남서울 | 안전진단 | 986 | – |
| | 무지개 | 사업시행인가 | 639 | 993 |

# 9. 노원구

## ▶ 재개발 구역 리스트

| 동 | 구역 | 단계 | 예정 세대수 | 면적($m^2$) | 사업 유형 구분 |
|---|---|---|---|---|---|
| 공릉동 | 안마을 | 기본계획 | - | 41,594 | 주거환경개선지구 |
| 상계동 | 상계3 | 기본계획 | - | 121,862 | 주택재개발 |
| | 상계2동177-66일원 | 기본계획 | 1,633 | 96,469 | 주택재개발 |
| | 상계5동154-3일대 | 기본계획 | 4,300 | 192,670 | 주택재개발 |
| | 상계1구역 | 사업시행인가 | 1,388 | 86,433 | 주택재개발 |
| | 상계2구역 | 사업시행인가 | 2,200 | 100,842 | 주택재개발 |
| | 상계5구역 | 조합설립인가 | 2,042 | 115,964 | 주택재개발 |
| | 오성빌라 | 조합설립인가 | 103 | 4,353 | 가로주택 정비사업 |
| 월계동 | 또바기마을 | 기본계획 | - | 85,165 | 주거환경개선지구 |
| | 월계동534일원 | 기본계획 | - | 51,621 | 주택재개발 |
| 중계동 | 중계본동 | 관리처분 | 2,437 | 188,900 | 주택재개발 |

## ▶ 재건축 단지 리스트

| 동 | 단지명 | 사업 단계 | 총세대수 | 예정 세대수 |
|---|---|---|---|---|
| 공릉동 | 대명 | 이주/철거 | 120 | 161 |
| 상계동 | 상계주공11단지 | 안전진단 | 1,944 | - |
| | 상계주공5단지 | 조합설립인가 | 840 | 996 |
| | 상계주공7단지 | 예비안전진단 | 2,634 | - |
| | 한양 | 안전진단 | 492 | - |
| 월계동 | 동신 | 관리처분계획 | 864 | 1,070 |
| | 미륭,미성,삼호3차 | 안전진단 | 3,930 | - |

# 10. 도봉구

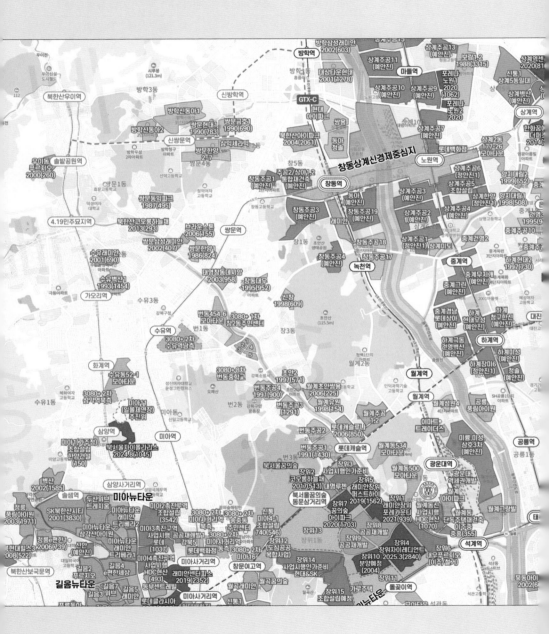

## ▶ 재개발 구역 리스트

| 동 | 구역 | 단계 | 예정 세대수 | 면적(m²) | 사업 유형 구분 |
|---|---|---|---|---|---|
| 도봉동 | 안골마을(도봉동2) | 구역지정 | – | 25,853 | 주거환경개선지구 |
| | 도봉동625-80 | 조합설립인가 | 207 | 7,474 | 가로주택 정비사업 |
| 방학동 | 방학3구역 | 기본계획 | 1,600 | 72,533 | 주택재개발 |
| | 방학성삼빌라 | 조합설립인가 | 113 | 4,289 | 가로주택 정비사업 |
| 쌍문동 | 쌍문3구역<br>(쌍문동724일대) | 구역지정 | 320 | 15,036 | 주택재개발 |
| | 쌍문동81일대 | 기본계획 | – | 64,316 | 주택재개발 |
| 창동 | 창동470일대 | 기본계획 | – | 135,145 | 주택재개발 |
| | 창동501-13번지일대 | 조합설립인가 | 225 | 8,103 | 가로주택 정비사업 |
| | 신창연립 | 조합설립인가 | 62 | 1,695 | 가로주택 정비사업 |

## ▶ 재건축 단지 리스트

| 동 | 단지명 | 사업 단계 | 총세대수 | 예정 세대수 |
|---|---|---|---|---|
| 창동 | 주공1단지 | 예비안전진단 | 808 | – |

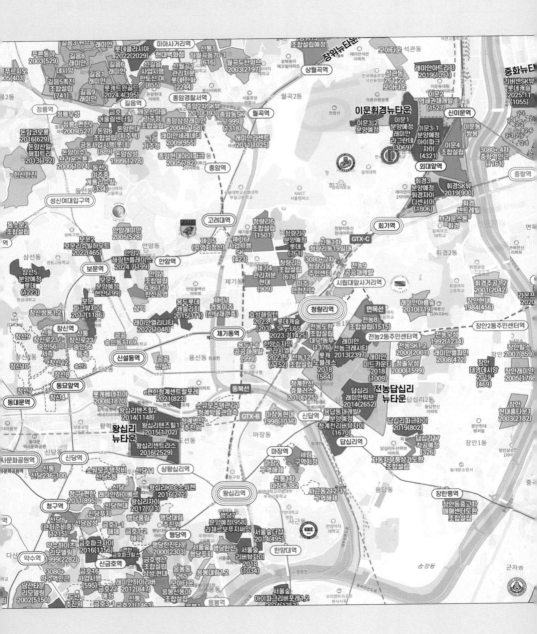

## ▶ 재개발 구역 리스트

| 동 | 구역 | 단계 | 예정 세대수 | 면적(m²) | 사업 유형 구분 |
|---|---|---|---|---|---|
| 답십리동 | 간데메공원 | 기본계획 | – | 102,735 | 주택재개발 |
| | 답십리자동차부품상가 | 조합설립인가 | 618 | 17,914 | 도시환경정비사업 |
| 신설동 | 신설제1구역 | 조합설립인가 | 169 | 11,204 | 주택재개발 |
| 용두동 | 용두제1구역(2지구) | 이주/철거 | 299 | 3,701 | 도시환경정비사업 |
| | 용두1구역(6지구) | 조합설립인가 | 995 | 20,780 | 주택재개발 |
| | 용두1도시환경정비사업(5지구) | 추진위 | 324 | 15,457 | 도시환경정비사업 |
| 이문동 | 이문4재정비촉진구역 | 사업시행인가 | 3,628 | 149,690 | 주택재개발 |
| | 신이문역세권장기전세주택 | 추진위 | 1,265 | 39,718 | 도시환경정비사업 |
| 장안동 | 장안동134-15일대 | 기본계획 | – | 67,758 | 주택재개발 |
| 전농동 | 전농제9구역 | 구역지정 | 1,159 | 49,061 | 주택재개발 |
| | 전농도시환경정비구역 | 조합설립인가 | 824 | 27,623 | 도시환경정비사업 |
| | 전농제12구역 | 조합설립인가 | 297 | 16,237 | 주택재개발 |
| | 전농제8구역 | 조합설립인가 | 1,750 | 93,697 | 주택재개발 |
| 제기동 | 제기제6구역 | 관리처분 | 423 | 24,298 | 주택재개발 |
| | 제기제4구역 | 이주/철거 | 909 | 33,486 | 주택재개발 |
| 청량리동 | 청량리19일대 | 기본계획 | – | 27,981 | 주택재개발 |
| | 청량리제6구역 | 조합설립인가 | 1,236 | 83,883 | 주택재개발 |
| | 청량리제8구역 | 조합설립인가 | 610 | 28,997 | 주택재개발 |

## ▶ 재건축 단지 리스트

| 동 | 단지명 | 사업 단계 | 총세대수 | 예정 세대수 |
|---|---|---|---|---|
| 장안동 | 현대 | 조합설립인가 | 456 | 746 |
| 제기동 | 경동미주 | 이주/철거 | 228 | 351 |
| 청량리동 | 미주 | 구역지정 | 1,089 | 1,370 |

# 12. 동작구

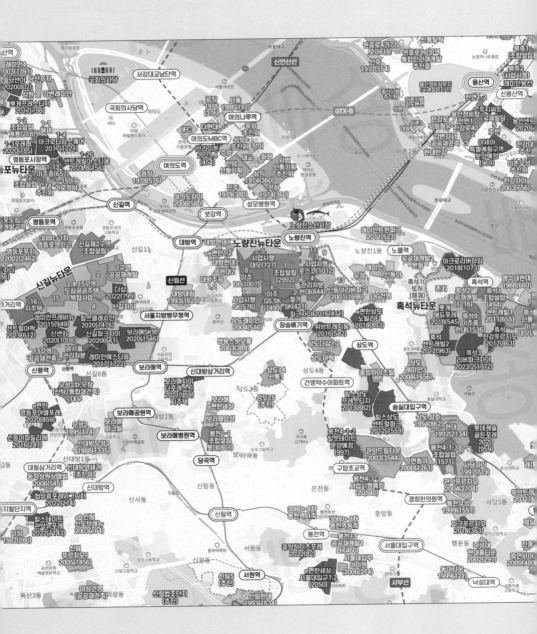

## ▶ 재개발 구역 리스트

| 동 | 구역 | 단계 | 예정 세대수 | 면적(m²) | 사업 유형 구분 |
|---|---|---|---|---|---|
| 노량진동 | 노량진221-24일원 | 기본계획 | – | 31,783 | 주택재개발 |
| | 노량진1재정비촉진구역 | 사업시행인가 | 2,992 | 132,132 | 주택재개발 |
| | 노량진3재정비촉진구역 | 사업시행인가 | 1,012 | 73,068 | 주택재개발 |
| | 노량진4재정비촉진구역 | 이주/철거 | 844 | 40,513 | 주택재개발 |
| | 노량진5재정비촉진구역 | 이주/철거 | 727 | 38,017 | 주택재개발 |
| | 노량진6재정비촉진구역 | 이주/철거 | 1,499 | 72,822 | 주택재개발 |
| | 노량진2재정비촉진구역 | 이주/철거 | 421 | 16,208 | 주택재개발 |
| 대방동 | 노량진7재정비촉진구역 | 사업시행인가 | 576 | 33,155 | 주택재개발 |
| | 노량진8재정비촉진구역 | 이주/철거 | 987 | 55,833 | 주택재개발 |
| 본동 | 본동47 | 기본계획 | – | 51,696 | 주택재개발 |
| 사당동 | 남성역세권구역 | 기본계획 | – | 114,382 | 도시환경정비사업 |
| | 사당4동 | 기본계획 | – | 26,177 | 주택재개발 |
| | 사당동206-1번지일원 | 조합설립인가 | 217 | 7,880 | 가로주택 정비사업 |
| | 사당동192-1번지일대신남성연립 | 조합설립인가 | 124 | 5,726 | 가로주택 정비사업 |
| 상도동 | 상도14구역 | 기본계획 | 1,190 | 50,142 | 주택재개발 |
| | 상도15구역 | 기본계획 | 3,200 | 141,286 | 주택재개발 |
| | 상도동279일원 | 기본계획 | – | 49,155 | 주택재개발 |
| 신대방동 | 신대방역세권장기전세주택 | 추진위 | 1,459 | 58 | 도시환경정비사업 |
| 흑석동 | 흑석9재정비촉진구역 | 이주/철거 | 1,540 | 901,991 | 주택재개발 |
| | 흑석11재정비촉진구역 | 이주/철거 | 1,509 | 89,318 | 주택재개발 |
| | 흑석1재정비촉진구역 | 조합설립인가 | 474 | 35,303 | 주택재개발 |
| | 흑석2재정비촉진구역 | 조합설립인가 | 986 | 45,229 | 도시환경정비사업 |

## ▶ 재건축 단지 리스트

| 동 | 단지명 | 사업 단계 | 총세대수 | 예정 세대수 |
|---|---|---|---|---|
| 사당동 | 인정 | 조합설립인가 | 55 | 84 |

# 13. 마포구

## ▶ 재개발 구역 리스트

| 동 | 구역 | 단계 | 예정 세대수 | 면적(m²) | 사업 유형 구분 |
|---|---|---|---|---|---|
| 공덕동 | 공덕동A | 기본계획 | 1,535 | 82,320 | 주택재개발 |
| | 공덕7구역 | 기본계획 | 703 | 29,972 | 주택재개발 |
| | 공덕제6구역 | 조합설립인가 | 166 | 11,326 | 주택재개발 |
| | 공덕동111-72번지 | 조합설립인가 | 375 | 14,961 | 가로주택 정비사업 |
| 노고산동 | 신촌지역(마포)4-1지구 | 구역지정 | 147 | 1,817 | 도시환경정비사업 |
| | 신촌지역(마포)4-10지구 | 구역지정 | 295 | 4,751 | 도시환경정비사업 |
| | 신촌지역(마포)4-12지구 | 구역지정 | 236 | 4,115 | 도시환경정비사업 |
| | 신촌지역(마포)4-5지구 | 구역지정 | – | 531 | 도시환경정비사업 |
| | 신촌지역(마포)2-7지구 | 구역지정 | 189 | 1,874 | 도시환경정비사업 |
| | 신촌지역(마포)4-9지구 | 사업시행인가 | 286 | 4,716 | 도시환경정비사업 |
| 대흥동 | 대흥동535-2일대 | 기본계획 | 270 | 19,603 | 주택재개발 |
| 도화동 | 마포로1구역제10지구 | 조합설립인가 | 231 | 3,661 | 도시환경정비사업 |
| 망원동 | 인경서진빌라 | 조합설립인가 | – | 788 | 가로주택 정비사업 |
| | 망원동456 | 조합설립인가 | 287 | 9,829 | 가로주택 정비사업 |
| | 성도서광 | 조합설립인가 | – | 3,090 | 가로주택 정비사업 |
| | 망원동464-1번지일대 | 조합설립인가 | 143 | 3,801 | 가로주택 정비사업 |
| | 망원동459번지일대 | 조합설립인가 | – | 3,846 | 가로주택 정비사업 |
| | 망원동454-3번지일대 | 조합설립인가 | 218 | 8,516 | 가로주택 정비사업 |
| 성산동 | 성산동160-4일원 | 기본계획 | 2,336 | 84,876 | 주택재개발 |
| 아현동 | 마포로3-1지구 | 이주/철거 | 198 | 4,619 | 도시환경정비사업 |
| 연남동 | 이조빌라 | 조합설립인가 | 40 | 920 | 가로주택 정비사업 |
| | 연남동244-16일원LH참여형 | 조합설립인가 | 81 | 2,794 | 가로주택 정비사업 |
| 중동 | 중동78일원 | 기본계획 | – | – | 주택재개발 |
| 합정동 | 합정동369일원 | 기본계획 | – | 90,243 | 주택재개발 |
| | 합정7구역 | 사업시행인가 | 209 | 2,888 | 주택재개발 |
| | 합정동447일원 | 조합설립인가 | – | 5,778 | 가로주택 정비사업 |

## ▶ 재건축 단지 리스트

| 동 | 단지명 | 사업 단계 | 총세대수 | 예정 세대수 |
|---|---|---|---|---|
| 공덕동 | 공덕현대 | 조합설립인가 | 183 | 219 |
| 성산동 | 성산시영 | 구역지정 | 3,710 | 4,823 |

# 14. 서대문구

## ▶ 재개발 구역 리스트

| 동 | 구역 | 단계 | 예정 세대수 | 면적(m²) | 사업 유형 구분 |
|---|---|---|---|---|---|
| 남가좌동 | 남가좌2동337-8일대 | 기본계획 | – | 76,569 | 주택재개발 |
| 북가좌동 | 서부중앙시장재개발사업 | 관리처분 | 78 | 2,532 | 기타(도심,시장재개발) |
| | 가재울7재정비촉지구역 | 조합설립인가 | 1,574 | 79,696 | 주택재개발 |
| 북아현동 | 북아현3재정비촉진구역 | 사업시행인가 | 3,633 | 263,100 | 주택재개발 |
| | 북아현제2구역 | 사업시행인가 | 2,320 | 120,056 | 주택재개발 |
| 연희동 | 연희2구역 | 기본계획 | – | 49,745 | 주택재개발 |
| | 연희제1구역 | 이주/철거 | 1,002 | 55,173 | 주택재개발 |
| 천연동 | 천연동89-16일원 | 기본계획 | – | 24,466 | 주택재개발 |
| 충정로3가 | 충정로1구역 | 기본계획 | 190 | 8,369 | 주택재개발 |
| | 마포로5구역제2지구 | 추진위 | 192 | 5,596 | 도시환경정비사업 |
| 홍은동 | 홍은동크로바빌라 | 관리처분 | 40 | 1,150 | 가로주택 정비사업 |
| | 홍은동8-400일대 | 기본계획 | 1,610 | 94,313 | 주택재개발 |
| | 홍은1구역 | 기본계획 | 191 | 11,564 | 도시환경정비사업 |
| | 홍은동355번지일대 | 조합설립인가 | 162 | 7,769 | 가로주택 정비사업 |
| | 홍은동322-1일원 | 조합설립인가 | 152 | 7,448 | 가로주택 정비사업 |
| | 홍은동11-360번지일대 | 조합설립인가 | 248 | 11,600 | 가로주택 정비사업 |
| | 홍은동326-2일원 | 조합설립인가 | 116 | 6,543 | 가로주택 정비사업 |
| 홍제동 | 홍제동267-1일대 | 기본계획 | – | 28,270 | 주택재개발 |
| | 홍제2구역 | 조합설립인가 | 69 | 3,940 | 도시환경정비사업 |
| | 홍제동266-238번지일대 | 조합설립인가 | 116 | 4,990 | 가로주택 정비사업 |

## ▶ 재건축 단지 리스트

| 동 | 단지명 | 사업 단계 | 총세대수 | 예정 세대수 |
|---|---|---|---|---|
| 홍제동 | 인왕 | 관리처분계획 | 132 | 620 |
| | 인왕궁 | 관리처분계획 | 113 | 620 |

# 15. 서초구

## ▶ 재개발 구역 리스트

| 동 | 구역 | 단계 | 예정 세대수 | 면적(m²) | 사업 유형 구분 |
|---|---|---|---|---|---|
| 방배동 | 방배남부종합시장 | 사업시행인가 | 124 | 3,924 | 기타(도심,시장재개발) |
| | 방배삼호12,13동 | 이주/철거 | 119 | 4,821 | 가로주택 정비사업 |
| | 방배동1434번지일원 | 조합설립인가 | 54 | 1,931 | 가로주택 정비사업 |
| | 방배대우아파트 | 조합설립인가 | 222 | 6,827 | 가로주택 정비사업 |
| | 방배동977번지 | 조합설립인가 | 78 | 5,901 | 가로주택 정비사업 |
| | 방배빌라 | 조합설립인가 | 24 | 643 | 가로주택 정비사업 |
| 서초동 | 서초동1622일대 | 이주/철거 | 67 | 3,586 | 가로주택 정비사업 |
| | 서초교대타운 | 조합설립인가 | 91 | 3,108 | 가로주택 정비사업 |
| 양재동 | 양재동374일원 | 기본계획 | – | 61,289 | 주택재개발 |
| | 양재동382일원 | 기본계획 | – | 68,804 | 주택재개발 |
| | 양재서건주택LH참여형 | 조합설립인가 | – | 1,236 | 가로주택 정비사업 |

## ▶ 재건축 단지 리스트

| 동 | 단지명 | 사업 단계 | 총세대수 | 예정 세대수 |
|---|---|---|---|---|
| 반포동 | 강남원효성빌라 | 조합설립인가 | 107 | 103 |
| | 궁전 | 추진위 | 108 | 249 |
| | 반포미도1차 | 안전진단 | 1,260 | 1,739 |
| | 반포미도2차 | 안전진단 | 435 | 435 |
| | 삼호가든5차 | 조합설립인가 | 168 | 305 |
| | 신반포(한신15차) | 착공 | 180 | 641 |
| | 주공1단지 | 이주/철거 | 3,590 | 5,335 |
| | 주공1단지 | 착공 | 3,590 | 2,091 |
| 방배동 | (신)삼호4차 | 조합설립인가 | 481 | 839 |
| | 삼익 | 이주/철거 | 408 | 707 |
| | 신동아 | 이주/철거 | 493 | 843 |
| 서초동 | 신동아1차 | 이주/철거 | 893 | 1,340 |

| 동 | 단지명 | 사업 단계 | 총세대수 | 예정 세대수 |
|---|---|---|---|---|
| 서초동 | 신동아2차 | 이주/철거 | 104 | 1,340 |
| | 아남 | 조합설립인가 | 166 | 200 |
| | 진흥 | 조합설립인가 | 615 | 825 |
| 잠원동 | 신반포12차 | 조합설립인가 | 324 | 432 |
| | 신반포16차 | 사업시행인가 | 396 | 468 |
| | 신반포18차(337동) | 착공 | 182 | 202 |
| | 신반포19차 | 조합설립인가 | 242 | 610 |
| | 신반포20차 | 조합설립인가 | 112 | 142 |
| | 신반포21차 | 착공 | 108 | 251 |
| | 신반포22차 | 이주/철거 | 132 | 160 |
| | 신반포25차 | 조합설립인가 | 169 | 610 |
| | 신반포27차 | 사업시행인가 | 156 | 210 |
| | 신반포2차 | 조합설립인가 | 1,572 | 2,050 |
| | 신반포4차 | 조합설립인가 | 1,212 | 1,696 |
| | 신반포7차 | 조합설립인가 | 320 | 1,030 |
| | 한신타운 | 조합설립인가 | 110 | – |

# 16. 성동구

## ▶ 재개발 구역 리스트

| 동 | 구역 | 단계 | 예정 세대수 | 면적(m²) | 사업 유형 구분 |
|---|---|---|---|---|---|
| 금호동2가 | 금호제16구역 | 사업시행인가 | 595 | 27,485 | 주택재개발 |
| | 금호제21구역 | 구역지정 | 1,219 | 75,447 | 주택재개발 |
| 마장동 | 마장동457일대 | 기본계획 | – | 75,382 | 주택재개발 |
| | 마장동382일대 | 기본계획 | – | 18,749 | 주택재개발 |
| 사근동 | 사근동190-2일원 | 기본계획 | – | 66,284 | 주택재개발 |
| | 사근동293일대 | 기본계획 | 526 | 28,465 | 주택재개발 |
| 성수동1가 | 성수전략1지구 | 조합설립인가 | 2,909 | 194,398 | 주택재개발 |
| 성수동2가 | 성수전략3지구 | 조합설립인가 | 1,852 | 114,193 | 주택재개발 |
| | 성수전략4지구 | 조합설립인가 | 1,579 | 89,828 | 주택재개발 |
| | 성수전략2지구 | 조합설립인가 | 1,907 | 131,980 | 주택재개발 |
| 용답동 | 장안평중고차매매센터 | 조합설립인가 | – | 29,884 | 주택재개발 |
| 응봉동 | 응봉동265일원 | 기본계획 | – | 37,287 | 주택재개발 |
| 하왕십리동 | 하왕제9구역 | 기본계획 | – | – | 주택재개발 |
| 행당동 | 행당동248번지일대 | 구역지정 | 631 | 11,421 | 도시환경정비사업 |
| | 행당제8구역 | 기본계획 | – | – | 주택재개발 |
| 홍익동 | 한신아파트 | 조합설립인가 | 105 | 3,411 | 가로주택 정비사업 |

## ▶ 재건축 단지 리스트

| 동 | 단지명 | 사업 단계 | 총세대수 | 예정 세대수 |
|---|---|---|---|---|
| 마장동 | 세림 | 조합설립인가 | 811 | 996 |
| 성수동1가 | 장미 | 이주/철거 | 173 | 286 |
| 옥수동 | 한남하이츠 | 사업시행인가 | 535 | 790 |

## ▶ 재개발 구역 리스트

| 동 | 구역 | 단계 | 예정 세대수 | 면적(m²) | 사업 유형 구분 |
|---|---|---|---|---|---|
| 길음동 | 신길음구역 | 사업시행인가 | 883 | 28,500 | 도시환경정비사업 |
| | 신길음1구역 | 조합설립인가 | 405 | 8,390 | 도시환경정비사업 |
| 돈암동 | 돈암제6구역 | 조합설립인가 | 889 | 47,050 | 주택재개발 |
| 동선동4가 | 동선제2구역 | 이주/철거 | 334 | 15,608 | 주택재개발 |
| 동소문동2가 | 동소문제2구역 | 조합설립인가 | 494 | 20,657 | 주택재개발 |
| 석관동 | 석관동261-22일원 | 기본계획 | – | 48,178 | 주택재개발 |
| | 석관동62-1일대 | 기본계획 | 1,500 | 62,086 | 주택재개발 |
| | 석관1-1구역 | 조합설립인가 | 280 | 9,746 | 가로주택 정비사업 |
| | 석관1-8구역 | 조합설립인가 | – | 4,662 | 가로주택 정비사업 |
| | 석관1-3구역 | 조합설립인가 | 210 | 8,559 | 가로주택 정비사업 |
| | 석관1-7구역 | 조합설립인가 | 276 | 9,762 | 가로주택 정비사업 |
| 성북동 | 성북제2구역 | 조합설립인가 | 608 | 75,073 | 주택재개발 |
| | 성북제1구역 | 추진위 | – | 109,640 | 주택재개발 |
| 안암동3가 | 대광빌라 | 조합설립인가 | 112 | 5,264 | 가로주택 정비사업 |
| 장위동 | 장위10구역 | 이주/철거 | 2,004 | 91,362 | 주택재개발 |
| | 장위14구역 | 조합설립인가 | 2,822 | 14,358 | 주택재개발 |
| | 장위15구역 | 조합설립인가 | 2,884 | 189,450 | 주택재개발 |
| | 장위11-1구역 | 조합설립인가 | 172 | 5,556 | 가로주택 정비사업 |
| | 장위11-2구역 | 조합설립인가 | 157 | 6,685 | 가로주택 정비사업 |
| | 장위13-4구역 | 조합설립인가 | 252 | 9,786 | 가로주택 정비사업 |
| | 장위13-6구역 | 조합설립인가 | 182 | 7,977 | 가로주택 정비사업 |
| | 장위11-3구역 | 조합설립인가 | 210 | 8,486 | 가로주택 정비사업 |
| | 장위13-9구역 | 조합설립인가 | 185 | 3,805 | 가로주택 정비사업 |
| | 장위11-4구역 | 조합설립인가 | 210 | 7,190 | 가로주택 정비사업 |
| | 장위13-8구역 | 조합설립인가 | 150 | 8,367 | 가로주택 정비사업 |
| | 장위3구역 | 추진위 | 1,078 | 66,011 | 주택재개발 |
| 정릉동 | 정릉골주택재개발사업 | 관리처분 | 1,411 | 203,857 | 주택재개발 |

| 동 | 구역 | 단계 | 예정 세대수 | 면적(m²) | 사업 유형 구분 |
|---|---|---|---|---|---|
| 정릉동 | 정릉동898-16일대 | 기본계획 | - | 53,971 | 주택재개발 |
| | 정릉동218-1번지일대 | 조합설립인가 | 140 | 6,471 | 가로주택 정비사업 |
| | 정릉동226-1번지일대 | 조합설립인가 | - | 7,066 | 가로주택 정비사업 |
| | 길음5재정비촉진구역 | 조합설립인가 | 808 | 36,334 | 주택재개발 |
| | 정릉동385-1번지일대 | 조합설립인가 | 147 | 5,095 | 가로주택 정비사업 |
| | 정릉동545-12번지일대 | 조합설립인가 | 68 | 3,437 | 가로주택 정비사업 |
| 종암동 | 종암동개운산마을 | 관리처분 | 130 | 5,094 | 가로주택 정비사업 |
| | 종암동3-10일대 | 기본계획 | - | 25,351 | 주택재개발 |
| | 종암동125번지일원 LH참여형 | 조합설립인가 | - | 11,359 | 가로주택 정비사업 |
| | 종암동3-745번지일대 | 조합설립인가 | - | 2,082 | 가로주택 정비사업 |
| | 종암동112번지일대 | 조합설립인가 | 196 | 6,232 | 가로주택 정비사업 |
| 하월곡동 | 하월곡동70-1일대 | 기본계획 | 1,900 | 79,756 | 주택재개발 |
| | 신월곡1구역 | 이주/철거 | 2,244 | 55,112 | 도시환경정비사업 |
| | 하월곡2구역 | 조합설립인가 | 210 | 8,433 | 가로주택 정비사업 |

## ▶ 재건축 단지 리스트

| 동 | 단지명 | 사업 단계 | 총세대수 | 예정 세대수 |
|---|---|---|---|---|
| 안암동3가 | 대광 | 조합설립인가 | 346 | 425 |
| 하월곡동 | 구동신 | 조합설립인가 | 90 | 145 |

# 18. 송파구

## 재개발 구역 리스트

| 동 | 구역 | 단계 | 예정 세대수 | 면적($m^2$) | 사업 유형 구분 |
|---|---|---|---|---|---|
| 가락동 | 가락현대6차 | 조합설립인가 | 202 | 7,550 | 가로주택 정비사업 |
| | 가락7차현대 | 조합설립인가 | 113 | 2,971 | 가로주택 정비사업 |
| 거여동 | 거여동555일원 | 기본계획 | 359 | 12,616 | 주택재개발 |
| | 영풍빌라 | 이주/철거 | 45 | 1,154 | 가로주택 정비사업 |
| | 거여새마을 | 조합설립인가 | 1,654 | 71,922 | 주택재개발 |
| 마천동 | 마천4구역 | 관리처분 | 1,372 | 60,653 | 주택재개발 |
| | 마천5구역(재촉지구) | 기본계획 | 2,178 | 106,101 | 주택재개발 |
| | 마천3구역 | 조합설립인가 | 2,350 | 133,830 | 주택재개발 |
| | 마천1구역 | 조합설립인가 | 2,413 | 148,498 | 주택재개발 |
| 방이동 | 광동주택 | 관리처분 | 106 | 3,576 | 가로주택 정비사업 |
| 삼전동 | 쌍용하이츠빌라 | 조합설립인가 | 55 | 2,095 | 가로주택 정비사업 |
| 석촌동 | 석촌동224-4번지일원LH참여형 | 조합설립인가 | 55 | 1,224 | 가로주택 정비사업 |
| 오금동 | 오금동143번지일대 | 조합설립인가 | 90 | 2,205 | 가로주택 정비사업 |
| | 오금동147번지일대 | 조합설립인가 | 90 | 2,594 | 가로주택 정비사업 |
| | 오금동35-1번지일대 | 조합설립인가 | 108 | 3,651 | 가로주택 정비사업 |
| 풍납동 | 풍납동483-10일원 | 기본계획 | – | 43,339 | 주택재개발 |

## ▶ 재건축 단지 리스트

| 동 | 단지명 | 사업 단계 | 총세대수 | 예정 세대수 |
|---|---|---|---|---|
| 가락동 | 극동 | 조합설립인가 | 555 | 975 |
| | 미륭 | 조합설립인가 | 435 | 614 |
| | 삼환가락 | 사업시행인가 | 648 | 1,101 |
| | 우성1차 | 구역지정 | 839 | 967 |
| | 프라자 | 사업시행인가 | 672 | 1,068 |
| 문정동 | 현대1차 | 조합설립인가 | 514 | 842 |
| 방이동 | 대림가락(방이대림) | 조합설립인가 | 480 | 929 |
| | 올림픽선수기자촌 | 안전진단 | 5,540 | – |

| 동 | 단지명 | 사업 단계 | 총세대수 | 예정 세대수 |
|---|---|---|---|---|
| 방이동 | 한양3차 | 조합설립인가 | 252 | 507 |
| 송파동 | 미성맨션 | 조합설립인가 | 378 | 810 |
| | 삼익 | 사업시행인가 | 936 | 1,531 |
| | 한양2차 | 조합설립인가 | 744 | 1,270 |
| 신천동 | 미성 | 착공 | 1,230 | 1,859 |
| | 장미1차 | 조합설립인가 | 2,100 | - |
| | 장미2차 | 조합설립인가 | 1,302 | - |
| | 장미3차 | 조합설립인가 | 120 | - |
| | 진주 | 착공 | 1,507 | 2,678 |
| | 크로바 | 착공 | 120 | 1,859 |
| 오금동 | 상아1차 | 사업시행인가 | 226 | 405 |
| 잠실동 | 우성1,2,3차 | 조합설립인가 | 1,842 | 2,680 |
| | 우성4차 | 사업시행인가 | 555 | 825 |
| | 잠실주공5단지 | 조합설립인가 | 3,930 | 6,491 |
| 풍납동 | 유천파크 | 조합설립인가 | 114 | 81 |

# 19. 양천구

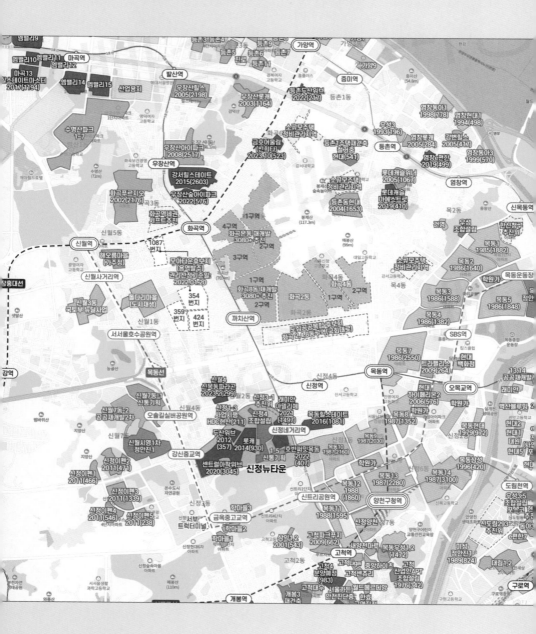

## ▶ 재개발 구역 리스트

| 동 | 구역 | 단계 | 예정 세대수 | 면적(m²) | 사업 유형 구분 |
|---|---|---|---|---|---|
| 목동 | 목2동232일대 | 기본계획 | – | 21,161 | 주택재개발 |
| | 서울목동LH참여형 | 이주/철거 | 85 | 2,918 | 가로주택 정비사업 |
| | 서울목동2LH참여형 | 조합설립인가 | 159 | 3,811 | 가로주택 정비사업 |
| | 목동657-1가로주택정비사업 | 조합설립인가 | 300 | 9,938 | 가로주택 정비사업 |
| 신월동 | 신월 | 관리처분 | 127 | 2,793 | 가로주택 정비사업 |
| | 신월7동2구역 | 구역지정 | 2,228 | 98,295 | 주택재개발 |
| | 신월7동1구역 | 기본계획 | 2,880 | 119,137 | 주택재개발 |
| | 신월동173일원 | 기본계획 | 1,494 | 80,031 | 주택재개발 |
| | 신월동102-33일원 | 기본계획 | 1,829 | 74,094 | 주택재개발 |
| | 신월5동72일대 | 기본계획 | – | 29,665 | 주택재개발 |
| | 신정1-3지구 | 사업시행인가 | 211 | 11,364 | 주택재개발 |
| | 삼진연립 | 이주/철거 | 50 | 1,419 | 가로주택 정비사업 |
| | 남도연립 | 조합설립인가 | 38 | 1,220 | 가로주택 정비사업 |
| | 신월동477-3번지일대 | 조합설립인가 | 184 | 5,092 | 가로주택 정비사업 |
| | 신월동1006번지일대현대주택 | 조합설립인가 | 120 | 2,750 | 가로주택 정비사업 |
| | 신월동461-3일원 | 조합설립인가 | 110 | 2,732 | 가로주택 정비사업 |
| | 대경4차일원 | 조합설립인가 | 163 | 5,382 | 가로주택 정비사업 |
| | 신월7동995 | 조합설립인가 | 159 | 4,898 | 가로주택 정비사업 |
| | 세화연립 | 조합설립인가 | 52 | 1,767 | 가로주택 정비사업 |
| | 미도연립 | 조합설립인가 | 77 | 2,412 | 가로주택 정비사업 |
| 신정동 | 신정동1152번지일대 | 구역지정 | 956 | 44,083 | 주택재개발 |
| | 신정3-1구역 | 기본계획 | – | – | 주택재개발 |
| | 신정3-2구역 | 추진위 | 310 | 35,584 | 도시환경정비사업 |

## ▶ 재건축 단지 리스트

| 동 | 단지명 | 사업 단계 | 총세대수 | 예정 세대수 |
|---|---|---|---|---|
| 목동 | 목동신시가지1단지 | 안전진단 | 1,882 | − |
| | 목동신시가지2단지 | 안전진단 | 1,640 | − |
| | 목동신시가지3단지 | 안전진단 | 1,588 | − |
| | 목동신시가지4단지 | 안전진단 | 1,382 | − |
| | 목동신시가지5단지 | 안전진단 | 1,848 | − |
| | 목동신시가지6단지 | 안전진단 | 1,368 | − |
| | 목동신시가지7단지(고층) | 안전진단 | 2,070 | − |
| | 목동신시가지7단지(저층) | 안전진단 | 480 | − |
| 신정동 | 목동신시가지10단지 | 안전진단 | 2,160 | − |
| | 목동신시가지11단지(고층) | 안전진단 | 1,515 | − |
| | 목동신시가지11단지(저층) | 안전진단 | 80 | − |
| | 목동신시가지12단지(고층) | 안전진단 | 1,440 | 1,860 |
| | 목동신시가지12단지(저층) | 안전진단 | 420 | 1,860 |
| | 목동신시가지13단지 | 안전진단 | 2,280 | − |
| | 목동신시가지14단지 | 안전진단 | 3,100 | − |
| | 목동신시가지8단지 | 안전진단 | 1,352 | − |
| | 목동신시가지9단지 | 안전진단 | 2,030 | − |
| | 수정 | 사업시행인가 | 220 | 276 |

# 20. 영등포구

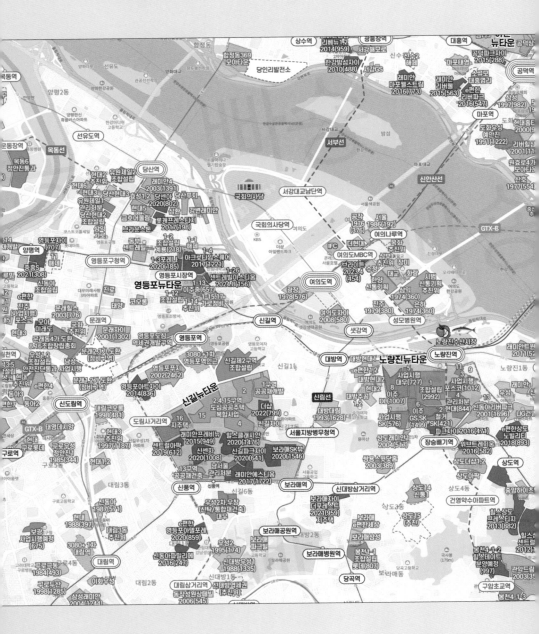

## ▶ 재개발 구역 리스트

| 동 | 구역 | 단계 | 예정 세대수 | 면적(m²) | 사업 유형 구분 |
|---|---|---|---|---|---|
| 당산동2가 | 영등포유통상가시장정비사업 | 추진위 | 970 | – | 기타(도심,시장재개발) |
| 당산동6가 | 당산동6가104번지일대 | 기본계획 | 771 | 30,973 | 주택재개발 |
| 대림동 | 대림동855-1번지 | 기본계획 | 1,000 | 42,505 | 주택재개발 |
| | 보령,금강연립 | 조합설립인가 | – | 1,801 | 가로주택 정비사업 |
| 도림동 | 도림동247-48일원 | 기본계획 | – | 92,057 | 주택재개발 |
| 문래동1가 | 문래동1,2가 | 구역지정 | – | 279,472 | 도시환경정비사업 |
| | 영등포대선제분일대 재개발2-1구역 | 구역지정 | – | 2,481 | 기타(도심,시장재개발) |
| | 영등포대선제분일대 재개발2-2구역 | 구역지정 | – | 1,888 | 기타(도심,시장재개발) |
| | 영등포대선제분일대 재개발2-3구역 | 구역지정 | – | 1,744 | 기타(도심,시장재개발) |
| | 영등포대선제분일대 재개발2-4구역 | 구역지정 | – | 1,345 | 기타(도심,시장재개발) |
| | 영등포대선제분일대 재개발2-5구역 | 구역지정 | – | 2,441 | 기타(도심,시장재개발) |
| | 영등포대선제분일대 재개발2-6구역 | 구역지정 | – | 3,929 | 기타(도심,시장재개발) |
| | 영등포대선제분일대 재개발2-7구역 | 구역지정 | – | 3,442 | 기타(도심,시장재개발) |
| | 영등포대선제분일대 재개발2-8구역 | 구역지정 | – | 2,074 | 기타(도심,시장재개발) |
| 문래동3가 | 영등포대선제분일대 재개발1-2구역 | 구역지정 | – | 2,185 | 기타(도심,시장재개발) |
| | 영등포대선제분일대 재개발1-3구역 | 구역지정 | – | 2,542 | 기타(도심,시장재개발) |
| | 영등포대선제분일대 재개발1-4구역 | 구역지정 | – | 18,963 | 기타(도심,시장재개발) |
| | 영등포대선제분일대 재개발1-5구역 | 구역지정 | – | 3,387 | 기타(도심,시장재개발) |
| | 영등포대선제분일대 재개발1-6구역 | 구역지정 | – | 954 | 기타(도심,시장재개발) |
| | 영등포대선제분일대 재개발1-7구역 | 구역지정 | – | 3,809 | 기타(도심,시장재개발) |

| 동 | 구역 | 단계 | 예정 세대수 | 면적(m²) | 사업 유형 구분 |
|---|---|---|---|---|---|
| 문래동3가 | 영등포대선제분일대 재개발1-1구역 | 사업시행인가 | 141 | 2,201 | 주택재개발 |
| 문래동4가 | 문래동4가 | 조합설립인가 | 1,114 | 94,087 | 도시환경정비사업 |
| 신길동 | 영진시장 | 구역지정 | 104 | 2,754 | 기타(도심,시장재개발) |
| | 신길1촉진구역 | 기본계획 | 985 | 62,696 | 주택재개발 |
| | 신길역세권 | 조합설립인가 | 999 | 25,490 | 주택재개발 |
| | 신길동4377일원 | 조합설립인가 | – | 1,207 | 가로주택 정비사업 |
| | 신길제2구역(190일대) | 조합설립인가 | 2,550 | 116,896 | 주택재개발 |
| 양평동2가 | 양평제13구역 | 조합설립인가 | 556 | 27,442 | 도시환경정비사업 |
| | 양평제14구역 | 추진위 | 308 | 11,082 | 도시환경정비사업 |
| 양평동6가 | 유성빌라 | 조합설립인가 | 81 | 3,139 | 가로주택 정비사업 |
| 영등포동4가 | 영등포도심역세권 | 조합설립인가 | – | 23,094 | 주택재개발 |
| 영등포동5가 | 영등포1-13구역 | 이주/철거 | 659 | 27,049 | 도시환경정비사업 |
| | 영등포1-12구역 | 조합설립인가 | 1,182 | 31,215 | 도시환경정비사업 |
| | 영등포1-11구역 | 조합설립인가 | 715 | 17,392 | 도시환경정비사업 |
| 영등포동7가 | 영등포1-2구역 | 조합설립인가 | 218 | 5,392 | 도시환경정비사업 |

## ▶ 재건축 단지 리스트

| 동 | 단지명 | 사업 단계 | 총세대수 | 예정 세대수 |
|---|---|---|---|---|
| 당산동4가 | 유원1차 | 이주/철거 | 360 | 550 |
| | 현대2차 | 조합설립인가 | 116 | 145 |
| 당산동5가 | 유원2차 | 조합설립인가 | 410 | 703 |
| 문래동2가 | 남성 | 사업시행인가 | 390 | 488 |
| 문래동3가 | 국화 | 추진위 | 270 | 354 |
| 문래동5가 | 진주 | 관리처분계획 | 160 | 324 |
| 신길동 | 남서울 | 이주/철거 | 518 | 812 |
| | 삼성 | 조합설립인가 | 384 | 657 |
| | 신미 | 조합설립인가 | 130 | 587 |

| 동 | 단지명 | 사업 단계 | 총세대수 | 예정 세대수 |
|---|---|---|---|---|
| 신길동 | 우성2차 | 조합설립인가 | 725 | 1,212 |
| | 우창 | 조합설립인가 | 214 | 1,212 |
| 양평동1가 | 신동아 | 조합설립인가 | 495 | 619 |
| 여의도동 | 공작 | 조합설립인가 | 373 | 570 |
| | 광장 | 조합설립인가 | 744 | – |
| | 대교 | 조합설립인가 | 576 | – |
| | 목화 | 조합설립인가 | 312 | 352 |
| | 미성 | 추진위 | 577 | – |
| | 수정 | 추진위 | 329 | – |
| | 시범 | 추진위 | 1,584 | 1,584 |
| | 한양 | 조합설립인가 | 588 | 992 |

# 21. 용산구

## ▶ 재개발 구역 리스트

| 동 | 구역 | 단계 | 예정 세대수 | 면적(m²) | 사업 유형 구분 |
|---|---|---|---|---|---|
| 갈월동 | 남영동업무지구2구역 | 조합설립인가 | 565 | 17,659 | 도시환경정비사업 |
| 동빙고동 | 한남5구역 | 조합설립인가 | 2,592 | 183,707 | 주택재개발 |
| 동자동 | 동자동제2구역 | 사업시행인가 | 70 | 10,533 | 도시환경정비사업 |
| 보광동 | 한남2구역 | 사업시행인가 | 1,537 | 114,581 | 주택재개발 |
| | 한남4구역 | 조합설립인가 | 2,167 | 160,258 | 주택재개발 |
| 서계동 | 서계동33일대 | 기본계획 | – | 112,599 | 주택재개발 |
| | 서계동116번지일대 | 조합설립인가 | 239 | 9,983 | 가로주택 정비사업 |
| 원효로1가 | 원효로1가역세권 | 기본계획 | – | 94,115 | 기타(도심,시장재개발) |
| 원효로4가 | 원효로4가71일원 | 기본계획 | – | 21,690 | 주택재개발 |
| 이태원동 | 이태원로주변 | 기본계획 | – | 287,413 | 기타(도심,시장재개발) |
| 청파동1가 | 청파2구역 | 기본계획 | 1,953 | 82,360 | 주택재개발 |
| 청파동2가 | 청파1구역 | 조합설립인가 | 581 | 32,390 | 주택재개발 |
| 한강로1가 | 한강로구역 | 조합설립인가 | 476 | 41,744 | 도시환경정비사업 |
| 한강로2가 | 신용산역북측제1구역 | 사업시행인가 | 324 | 13,963 | 도시환경정비사업 |
| | 신용산역북측제2구역 | 사업시행인가 | 340 | 22,325 | 도시환경정비사업 |
| 한강로3가 | 65-100번지일대<br>특별계획구역 | 기본계획 | – | – | 기타(도심,시장재개발) |
| | 빗물펌프장주변<br>특별계획구역 | 기본계획 | – | 25,640 | 도시환경정비사업 |
| | 아세아아파트<br>특별계획구역 | 기본계획 | 999 | 51,936 | 기타(도심,시장재개발) |
| | 정비창전면제1구역 | 조합설립인가 | 777 | 71,901 | 도시환경정비사업 |
| | 용산역전면제1-2구역 | 추진위 | – | 14,578 | 도시환경정비사업 |
| 한남동 | 한남3구역 | 이주/철거 | 5,816 | 386 | 주택재개발 |
| | 한성아파트 | 조합설립인가 | 154 | 2,202 | 가로주택 정비사업 |

## ▶ 재건축 단지 리스트

| 동 | 단지명 | 사업 단계 | 총세대수 | 예정 세대수 |
|---|---|---|---|---|
| 서빙고동 | 신동아 | 조합설립인가 | 1,326 | 1,620 |
| 원효로4가 | 산호 | 사업시행인가 | 554 | 647 |
| | 풍전 | 조합설립인가 | 138 | 209 |
| 이촌동 | 반도 | 안전진단 | 192 | – |
| | 삼익 | 사업시행인가 | 252 | 329 |
| | 왕궁 | 조합설립인가 | 250 | 250 |
| | 한강맨션 | 관리처분계획 | 660 | 1,441 |
| 이태원동 | 청화 | 안전진단 | 578 | – |
| 한강로1가 | 삼각 | 기본계획 | 130 | – |
| 한남동 | 한남시범 | 조합설립인가 | 120 | 120 |

# 22. 은평구

## ▶ 재개발 구역 리스트

| 동 | 구역 | 단계 | 예정 세대수 | 면적(m²) | 사업 유형 구분 |
|---|---|---|---|---|---|
| 갈현동 | 갈현제1구역 | 이주/철거 | 4,116 | 23,967 | 주택재개발 |
| | 이화연립일원 | 조합설립인가 | 137 | 5,351 | 가로주택 정비사업 |
| 대조동 | 구산역세권(대조동)재개발 | 구역준비 | – | 101,612 | 도시환경정비사업 |
| | 대조동89일원 | 기본계획 | – | 40,848 | 주택재개발 |
| 불광동 | 불광동170일원 | 기본계획 | – | 51,523 | 주택재개발 |
| | 불광제5구역 | 사업시행인가 | 2,387 | 117,939 | 주택재개발 |
| | 독바위역세권재개발정비구역 | 조합설립인가 | 1,457 | 47,788 | 도시환경정비사업 |
| 수색동 | 수색8구역 | 이주/철거 | 578 | 29,884 | 주택재개발 |
| | 수색1구역 | 조합설립인가 | – | 4,422 | 도시환경정비사업 |
| 신사동 | 신사동200일대 | 기본계획 | – | 62,270 | 주택재개발 |
| 증산동 | 증산5재정비촉진구역 | 관리처분 | 1,775 | 112,804 | 주택재개발 |
| | 증산4재정비촉진구역 | 조합설립인가 | 2,884 | 172,932 | 주택재개발 |

## ▶ 재건축 단지 리스트

| 동 | 단지명 | 사업 단계 | 총세대수 | 예정 세대수 |
|---|---|---|---|---|
| 신사동 | 성락타운(연립) | 조합설립인가 | 96 | 124 |

# 23. 중구

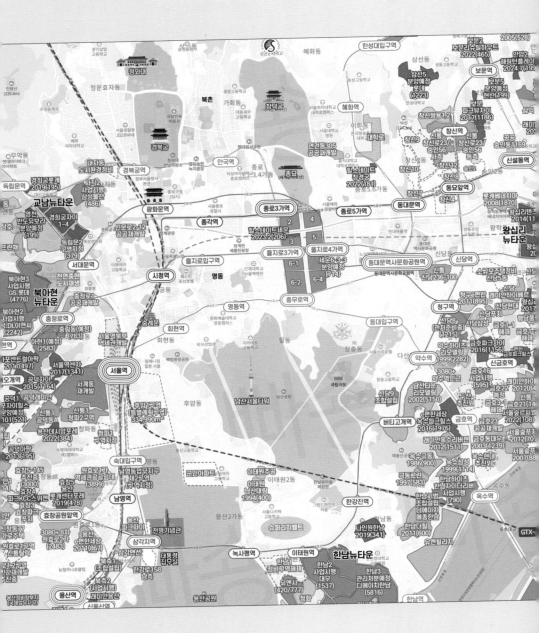

## ▶ 재개발 구역 리스트

| 동 | 구역 | 단계 | 예정 세대수 | 면적(m²) | 사업 유형 구분 |
|---|---|---|---|---|---|
| 다동 | 다동구역제16지구 | 구역지정 | – | 3,520 | 도시환경정비사업 |
| 산림동 | 세운5-1·3구역 | 사업시행인가 | – | 3,211 | 도시환경정비사업 |
| 서소문동 | 서소문구역10지구 | 관리처분 | – | 3,531 | 도시환경정비사업 |
| | 서소문11·12지구 | 사업시행인가 | – | 9,532 | 도시환경정비사업 |
| 수표동 | 을지로3가구역1·2지구 | 관리처분 | – | 4,756 | 도시환경정비사업 |
| 신당동 | 신당동50-21일원 | 기본계획 | – | 91,591 | 주택재개발 |
| | 신당동156-4일원 | 기본계획 | – | 97,273 | 주택재개발 |
| | 신당제8구역 | 사업시행인가 | 1,213 | 58,651 | 주택재개발 |
| | 신당제10구역 | 조합설립인가 | 1,423 | 63,893 | 주택재개발 |
| | 신당제9구역 | 조합설립인가 | 266 | 18,653 | 주택재개발 |
| 을지로1가 | 무교다동29지구 | 구역지정 | – | 2,208 | 도시환경정비사업 |
| | 무교다동31지구 | 조합설립인가 | – | 2,191 | 도시환경정비사업 |
| 을지로2가 | 명동구역제1지구 | 구역지정 | – | 2,735 | 도시환경정비사업 |
| 을지로3가 | 을지로3가9지구 | 관리처분 | 108 | 1,976 | 도시환경정비사업 |
| | 세운3-9구역 | 이주/철거 | 432 | 10,358 | 도시환경정비사업 |
| 입정동 | 세운3-2구역 | 관리처분 | – | 5,020 | 도시환경정비사업 |
| 중림동 | 중림동398번지일대 | 구역지정 | 791 | 28,316 | 주택재개발 |
| 충무로4가 | 세운6-4-22·23구역 | 구역지정 | – | 5,724 | 도시환경정비사업 |

## ▶ 재건축 단지 리스트: 없음

# 24. 중랑구

래미안아트리치
2019(1091)

석관동
261-22
모아타운

한국예술종합
석관캠퍼스

이문동대림

의릉경종왕릉

이문휘경뉴타운

이문3-2
분양예정

이문1
분양예정
래미안
라그란데
(3069)

이문3-1
분양예정
아이파크
자이
(4321)

이문2
역세권재개발
(1527)

신이문역

이문동
쌍용

이문4
조합설립

외대앞역

3080+4차
중랑역인근
(1161)

중화뉴타운

리버센SK뷰
롯데캐슬
2025.11
(1055)

중화역

중화1동

중화3
분양예정
라온(296)

중화122구역
공공재개발2차

2-1
2-7
2-9
2-2
2-6
2-3 2-5
2-8
3-5
3-2
3-1
3-3

세광하니
가주정
조합설립
라온(223)

1구역

상봉역

상봉2동

중화한신
1996(1544)

모아타운
2차

성원아

태영데시앙
데시앙아

대명삼보
가주정
(조합설립)1동

중화고등학교

망우역
11

촌진8(479)
프레미어스엠코

8구역
촌진7
(931)

9구역
촌진9
(999)

7구역
사업시행
6구역
추진위

3구역
(247)
10
9
8 7
1 2 3
4 5
6

4구역
2구역

5구역

중랑역

휘경3
분양예정
휘경자이
디센시아
(1806)

래미안
2차아파트

휘경SK뷰
2019(900)

휘경
센트레빌

브라운스톤
휘경

삼육보건
대학교

회기역

GTX-C

전농9
공공재개발

립대앞사거리역

전농8
조합설립(1515)

면목선

전농2동주민센터역

래미안
크레시티
13(2397)

래미안
미드카운티
2018
(1009)

전농SK1,2
2000(2007)

청솔우성
2000(1599)

답십리
래미안위브
2014(2652)

전농답십리
뉴타운

답십리2동

휘경2동

휘경여자
고등학교

래미안아름숲
2010(719)

배봉산
(106.03m)

휘경공업
고등학교

휘경주공1,2
2001(2042)

장안현대
1984(456)

전농우성
1992(1234)

래미안엘파인
2008(472)

면목2동

면목선

늘푸른공원역

5
라온프라이빗사가정센트럴아팍
2020(435)

3
사가정센트럴아팍
2020(1505)

면목두산
1-6

중랑천

장안2동주민센터역

장안
태영데시앙
2019
(469)

장안힐스
2007(859)

장안래미안2
2005(1786)

경남아너스빌

대봉송

두산
4단지아파트

면목역

면목역

소규모주택
정비관리지역

6-3
6-1

6-4
6-5
6-6

금호역

3080+
도심복합
용마터널

사가정역

3080+
도심복합

면목현대
아파트

한양수
사가정
2019

용마산역

6
늘푸른
동아
아파트

쌍용예가
더클라운드
2020(245)

3080+
도심복합

코오롱하늘채
2015(265)

마포공원

2

420

## ▶ 재개발 구역 리스트

| 동 | 구역 | 단계 | 예정 세대수 | 면적(m²) | 사업 유형 구분 |
|---|---|---|---|---|---|
| 망우동 | 망우동461일대 | 기본계획 | 1,200 | 45,598 | 주택재개발 |
| 면목동 | 면목7구역 | 구역지정 | 1,447 | 58,540 | 주택재개발 |
| | 면목2동139-52일원 | 기본계획 | – | 70,868 | 주택재개발 |
| | 면목3,8동44-6일원 | 기본계획 | 727 | 76,525 | 주택재개발 |
| | 면목본동2구역 | 기본계획 | – | 3,758 | 가로주택 정비사업 |
| | 면목역1구역 | 조합설립인가 | 217 | 8,775 | 가로주택 정비사업 |
| | 면목역4구역 | 조합설립인가 | 209 | 8,681 | 가로주택 정비사업 |
| | 면목역3-2구역 | 조합설립인가 | 204 | 8,274 | 가로주택 정비사업 |
| | 면목역2-5구역 | 조합설립인가 | 267 | 7,699 | 가로주택 정비사업 |
| | 면목역3-3구역 | 조합설립인가 | – | 8,643 | 가로주택 정비사업 |
| | 면목본동5구역 | 조합설립인가 | 207 | 9,170 | 가로주택 정비사업 |
| | 면목동10-2번지일대 | 조합설립인가 | 201 | 7,891 | 가로주택 정비사업 |
| | 면목동194번지일대 | 조합설립인가 | 202 | 7,509 | 가로주택 정비사업 |
| | 면목역2구역 | 조합설립인가 | 259 | 8,966 | 주택재개발 |
| | 면목역6구역 | 조합설립인가 | 175 | 7,659 | 가로주택 정비사업 |
| | 면목역3-1구역 | 조합설립인가 | 185 | 7,435 | 가로주택 정비사업 |
| | 면목역6-1구역 | 조합설립인가 | – | 9,515 | 가로주택 정비사업 |
| 상봉동 | 상봉7재정비촉진구역 | 사업시행인가 | 841 | 16,503 | 도시환경정비사업 |
| | 상봉4구역 | 조합설립인가 | – | 8,552 | 가로주택 정비사업 |
| 신내동 | 신일빌라 | 관리처분 | 68 | 2,112 | 가로주택 정비사업 |
| | 신내동494-6번지일원 | 조합설립인가 | 138 | 5,744 | 가로주택 정비사업 |
| 중화동 | 대명삼보연립 | 관리처분 | 179 | 7,403 | 가로주택 정비사업 |
| | 중화2동299-8일원 | 기본계획 | – | 75,254 | 주택재개발 |
| | 중화1동4-30일원 | 기본계획 | 1,612 | 73,626 | 주택재개발 |
| | 중화촉진3구역 | 이주/철거 | 176 | 6,878 | 도시환경정비사업 |
| | 세광하니타운 | 이주/철거 | 217 | 6,006 | 가로주택 정비사업 |
| | 중화2-1구역 | 조합설립인가 | 285 | 9,961 | 가로주택 정비사업 |
| | 중화2-2구역 | 조합설립인가 | 296 | 9,902 | 가로주택 정비사업 |
| | 중화2-5구역 | 조합설립인가 | 236 | 8,267 | 가로주택 정비사업 |
| | 중화5구역(중화122) | 조합설립인가 | 1,610 | 71,466 | 주택재개발 |
| | 중화동324번지일대 | 조합설립인가 | 54 | 2,578 | 가로주택 정비사업 |
| | 중화역2-3구역 | 조합설립인가 | – | 9,546 | 가로주택 정비사업 |

## ▶ 재건축 단지 리스트

| 동 | 단지명 | 사업 단계 | 총세대수 | 예정 세대수 |
|---|---|---|---|---|
| 망우동 | 염광 | 조합설립인가 | 233 | 420 |
| 묵동 | 우성 | 기본계획 | 190 | – |
| | 장미 | 조합설립인가 | 100 | 214 |
| 중화동 | 우성타운빌라 | 조합설립인가 | 96 | 223 |

## ▶ 재개발 구역 리스트

| 동 | 구역 | 단계 | 예정 세대수 | 면적(m$^2$) | 사업 유형 구분 |
|---|---|---|---|---|---|
| 관수동 | 관수동일대 | 기본계획 | – | 40,812 | 기타(도심,시장재개발) |
| 교남동 | 돈의문제2구역 | 조합설립인가 | 228 | 6,836 | 도시환경정비사업 |
| 내자동 | 내자,필운구역 | 추진위 | 321 | 20,877 | 도시환경정비사업 |
| 사직동 | 사직제2구역 | 사업시행인가 | 486 | 34,269 | 도시환경정비사업 |
| 수송동 | 수송구역 | 구역지정 | – | 73,091 | 도시환경정비사업 |
| 숭인동 | 숭인동1169 | 기본계획 | – | 14,157 | 주택재개발 |
| | 숭인동61번지 | 조합설립인가 | 228 | 8,175 | 가로주택 정비사업 |
| 신문로1가 | 신문로2-12 | 기본계획 | 288 | 1,237 | 기타(도심,시장재개발) |
| 신영동 | 신영제1구역 | 이주/철거 | 199 | 15,669 | 주택재개발 |
| 장사동 | 세운2구역 | 구역지정 | – | 38,963 | 도시환경정비사업 |
| | 세운6-2구역 | 구역지정 | – | – | 도시환경정비사업 |
| | 세운6-4구역 | 구역지정 | – | – | 도시환경정비사업 |
| 창신동 | 창신3구역 | 구역지정 | 170 | 33,481 | 도시환경정비사업 |
| | 창신1-6구역 | 구역지정 | – | 4,000 | 기타(도심,시장재개발) |
| | 창신1-1구역 | 구역지정 | – | 1,578 | 기타(도심,시장재개발) |
| | 창신1-2구역 | 구역지정 | – | 2,070 | 기타(도심,시장재개발) |
| | 창신1-3구역 | 구역지정 | – | 994 | 기타(도심,시장재개발) |
| | 창신1-4구역 | 구역지정 | – | 1,332 | 기타(도심,시장재개발) |
| | 창신1-5구역 | 구역지정 | – | 1,292 | 기타(도심,시장재개발) |
| | 창신1-7구역 | 구역지정 | – | 1,686 | 기타(도심,시장재개발) |
| | 창신1-8구역 | 구역지정 | – | 1,659 | 기타(도심,시장재개발) |
| | 창신1-9구역 | 구역지정 | – | 2,972 | 기타(도심,시장재개발) |
| | 창신1-10구역 | 구역지정 | – | 2,282 | 기타(도심,시장재개발) |
| | 창신1-A구역 | 구역지정 | – | 17,601 | 기타(도심,시장재개발) |
| | 창신2-1구역 | 구역지정 | – | – | 기타(도심,시장재개발) |
| | 창신2-2구역 | 구역지정 | – | 2,246 | 기타(도심,시장재개발) |
| | 창신2-3구역 | 구역지정 | – | 721 | 기타(도심,시장재개발) |

| 동 | 구역 | 단계 | 예정 세대수 | 면적(m²) | 사업 유형 구분 |
|---|---|---|---|---|---|
| 창신동 | 창신2-4구역 | 구역지정 | – | 1,775 | 기타(도심,시장재개발) |
| | 창신동23/숭인동56일대 | 기본계획 | – | 104,853 | 주택재개발 |
| | 창신4구역 | 추진위 | 525 | 11,509 | 도시환경정비사업 |

▶ 재건축 단지 리스트: 없음